Sexe au Vatican

Carmelo
ABBATE

Sexe au Vatican

Enquête sur la face cachée de l'Église

DOCUMENT

*Traduit de l'italien
par Joseph Antoine*

J'AI LU

Titre original
SEX AND THE VATICAN, VIAGGO SEGRETO
NEL REGNO DEI CASTI

Éditeur original : Edizioni Piemme.

Note de l'éditeur

Au cours de l'année 2010, l'auteur du présent ouvrage s'est infiltré dans le milieu des prêtres gays à Rome. Son enquête, publiée dans le magazine *Panorama* à la fin du mois de juillet, a provoqué un scandale mondial.

Dans ce livre, l'auteur approfondit son investigation. Une première partie est consacrée aux coulisses de son infiltration. La deuxième partie, quant à elle, élargit le sujet en décrivant les relations complexes et conflictuelles que les catholiques entretiennent avec la sexualité en général.

Le propos dépassera la question des prêtres homosexuels et, bien sûr, les vicissitudes du clergé romain, pour embrasser les difficiles – et souvent douloureuses – questions posées par le célibat des prêtres, le vœu de chasteté et les abus commis à l'intérieur même de l'Église aux quatre coins du monde.

Certaines scènes peuvent choquer le lecteur. Les témoignages d'ecclésiastiques sur leur vie sexuelle sont rares, ils ont donc été reproduits intégralement. Ce que tend à dénoncer ce document n'est pas les personnes mais la culture du secret qui règne au sein de l'Église ainsi que la présence de deux codes de valeur : un pour ceux qui en font partie et un autre pour le reste du monde.

À Lavinia.

PREMIÈRE PARTIE

1

Vendredi 2 juillet au soir. Peu après 9 heures. Dans un pub-restaurant du quartier Testaccio, à Rome, les seules femmes encore présentes sont les serveuses.

L'une est jeune, blonde, jolie, mannequin – « Je fais la serveuse le week-end pour payer mes études à la fac. » L'autre, plus mûre, plus âgée, genre femme de taxi avec deux enfants en bas âge.

Les murs sont en pierre, sans fenêtres. On a l'impression d'être dans une grotte. Le bar a été réservé pour une fête. Une fête avec buffet : chips, cacahuètes, tapas, salade de pâtes et salade de riz, bruschetta, boulettes de viande. Une fête dont le rythme sera donné par un DJ que l'on aura fait venir de Toscane.

Sont présents au moins quarante hommes.

On bavarde, on fait connaissance, on mange et on boit en attendant qu'il se passe quelque chose. On sent dans l'atmosphère que la soirée peut basculer d'un instant à l'autre.

Ça y est. La porte des toilettes vient de s'ouvrir. Deux garçons baraqués apparaissent, vêtus de shorts en jean très courts, type pagnes. Avec de larges ceintures. La fermeture Éclair du pantalon est ouverte. Bottes montant jusqu'aux genoux. Noires. Gilets de couleur brodés. Ouverts.

Comme de vraies stars, ils se fraient un passage dans la foule et rejoignent la scène au milieu de la salle. Ils ont la peau brune. Enduite de gel. Cheveux courts coiffés en arrière – Richard Gere dans *Officier et gentleman*. Corps musclés sculpturaux. Des muscles sobres, tendres. Même avec une loupe, on ne verrait pas le moindre poil sur ces corps plus huileux que les toasts à la mortadelle restés sur les plateaux du buffet.

Deux escorts. Arrivés l'après-midi même du Piémont par voie aérienne pour être la cerise sur le gâteau d'une soirée que quelqu'un a voulu spéciale. Très spéciale.

La musique commence. La lumière baisse. On se met à danser. L'ambiance se réchauffe. Les deux strip-teaseurs attaquent de lentes ondulations. Puis ils accélèrent le rythme. Sur scène, ils attirent un homme. Dans les trente-cinq ans. Il porte un jean, une ceinture blanche, une chemise rose déboutonnée jusqu'au nombril. Il est bronzé. Il est français. Il vit à Rome. C'est l'organisateur de la soirée. C'est lui qui a pris contact avec les deux danseurs. Lui qui les a engagés et payés. Lui qui est allé les chercher tout à l'heure à l'aéroport Fiumicino.

Maintenant ils lui rendent hommage. Ils le prennent en sandwich. L'entraînent dans un ballet très sensuel. Se frottent, s'enroulent autour de lui. Ouvrent sa chemise. Le caressent. Le touchent. Danse lascive à trois, variante homo.

La foule observe de bas en haut, et apprécie. Elle applaudit. Encourage. Siffle. Échange des coups de coude.

Le Français est un prêtre. Voilà quelques jours, il célébrait la messe au petit matin à la basilique Saint-Pierre. Au Vatican.

Le Français n'est pas le seul prêtre présent à cette fête. Il y a aussi un prêtre italien, avec des lunettes, il a entre quarante et cinquante ans. Et un prêtre allemand. Et un prêtre brésilien, jeune, grand, beau gosse. Et sûrement d'autres encore.

Pour le moment, je n'en sais guère plus. Je ne suis même pas sûr de l'identité exacte des personnes en question. Je pourrais aussi être tombé sur des gens de mauvaise foi, des mythomanes. Mais je ne veux négliger aucune hypothèse.

Ni rien tenir pour acquis. Cependant la soirée n'en est qu'à ses débuts ; cette nuit s'épanouiront sous mes yeux d'imprévisibles scénarios.

Personne ne sait qui je suis vraiment. Ils pensent seulement que je suis homosexuel, et que suis venu avec mon fiancé.

Tout a commencé dans un sauna. Un après-midi de fin juin. Michele est un garçon romain de vingt-cinq ans. Il travaille dans un show-room. Il est gay. Il a rompu voilà quelques semaines avec son fiancé. Maintenant il est seul.

Profitant d'un moment de liberté, il fait un saut dans un des lieux de rencontre homosexuels de Rome les plus vastes, les plus discrets, les plus célèbres : un Wellness Center situé à deux pas du ministère de l'Économie.

À l'accueil, il présente sa carte de l'Arci [1] et sa pièce d'identité ; il retire les clefs d'un casier, une paire de mules, et se prépare à s'offrir un moment de détente absolue. Il n'a pas en tête de grandes aventures : ces choses-là, il les a déjà expérimentées avec succès en ce même lieu. Tout ce qu'il veut, c'est lâcher prise l'espace de quelques heures.

Il se déshabille. Il enlève sa chemise, son pantalon, ses chaussures, son caleçon. Il fourre le tout dans son casier, met le cadenas, entoure sa taille d'une petite serviette de couleur blanche. Il emprunte l'escalier conduisant à la zone chaude. Après avoir pris une douche, il pénètre dans le sauna. À cause de la vapeur et de la lumière tamisée, il a du mal à trouver un banc libre. La cabine est occupée par plusieurs personnes. Ici, un homme dont on distingue seulement le ventre ; là, un autre en train de se masturber.

Michele s'assied, s'allonge sur le dos. Il ferme les yeux. Écarte légèrement les jambes. La serviette glisse un peu. Il s'abandonne.

---

1. Association culturelle et militante défendant en Italie les droits des minorités, dont la minorité homosexuelle.

Une main. Une main s'est posée sur sa cheville. Une main délicate. Michele ne bouge pas. La main remonte le long de la jambe, du mollet, du genou, de la cuisse. À présent elle est tout près, légère, respectueuse. Voilà. Non. Il n'en a pas envie. Il l'arrête fermement.

Il se lève. Prenant sa serviette, il sort. Avant de quitter la cabine, il y jette un œil pour voir à qui appartenait cette main. Un tout petit visage. Un corps maigre.

Il sort.

Michele fait un saut sous la douche. Il se glisse dans le bassin d'hydromassage. Là aussi il y a déjà plusieurs personnes. Il s'allonge. Ferme les yeux. Quand il les rouvre, il voit passer la silhouette de tout à l'heure. Leurs regards se croisent. Il est mignon.

Michele s'attarde encore un peu dans le bassin. Il en sort, s'essuie, et se dirige vers une sorte de labyrinthe où se succèdent des cabines à peine éclairées, ces *dark rooms* dont les écrans diffusent des films pornos. Dans l'une, quelqu'un a laissé la porte ouverte : couché sur le ventre, il attend dans une position engageante. Dans une autre, on entend des halètements. Plus loin, un garçon se fait gifler. À chaque entrée quelqu'un regarde, attend, se masturbe.

La Main est là, debout, derrière une porte. Michele passe. Il le regarde. Ils se regardent. Puis il revient sur ses pas. Passe de nouveau. La Main lui arrache sa serviette et l'attire dans une cabine.

Ils s'embrassent. Se touchent. S'aiment.

Ce n'est pas la rencontre sexuelle ordinaire. Tout est très soft, paisible, poli, léger. Beau. Ayant atteint l'orgasme, la Main s'étend auprès de Michele. Il se met sur le côté. Le prend dans ses bras. En silence. Ils s'endorment.

Au réveil, aucun des deux n'est gêné. Ils se présentent. La Main veut savoir ce que Michele fait dans la vie, où il habite, quel est son âge.

– Et toi ? dit Michele. D'où es-tu ?

– Je suis français, répond la Main.

– Qu'est-ce que tu fais, à Rome ? demande Michele.
– J'étudie la théologie.
– Arrête !
– C'est vrai, dit la Main.
– Idiot !
– Mais tu as compris ?
– Bien sûr, dit Michele.
– Si tu as des questions, vas-y, propose la Main.
– Tu es prêtre ? dit Michele.
– Oui, dit la Main.

Michele rit.

– Ça va ? dit la Main.
– Très bien. Il n'y a aucun problème. Je suis croyant, dit Michele.

Rire. Le prêtre rit aussi.

Michele demande comment il se fait qu'un prêtre ne suive pas l'enseignement de l'Église. Qu'il n'arrive pas à être cohérent avec ses propres prêches en chaire. Il ne juge pas. Il pose des questions. Il veut comprendre.

La Main ne se dérobe pas. Il répond. Il veut être compris. La Main parle de la beauté et de la majesté du Seigneur, de l'importance du Credo. Du fait surtout qu'un prêtre, avant d'être un prêtre, est d'abord un homme.

Michele est abasourdi. La tranquillité avec laquelle la Main affronte ces questions le sidère.

Ils passent plus d'une heure dans la cabine. Puis ils sortent, prennent une douche, s'habillent. La Main offre de l'accompagner en voiture jusqu'à la station de métro la plus proche. Tout en conduisant, il lui parle des prêtres gays.

Lui-même, dit-il, ne s'imaginait pas qu'il y en avait autant, surtout à Rome. Il dit aussi que beaucoup se fiancent les uns aux autres. Tels deux amis à lui, un Allemand et un Brésilien, qui sont devenus un petit peu cons depuis qu'ils sont en couple fixe. Il dit que l'Église a parfaitement conscience du phénomène mais qu'elle se tait, tant qu'ils ne provoquent pas de scandales.

Il ouvre la boîte à gants. Il en tire un col blanc. Le lui montre.

Parvenus à la station de métro, ils échangent leurs numéros de portables. La Main le salue, et l'invite à une fête donnée vendredi dans un bar du quartier Testaccio. Il dit qu'il y aura tous ses amis, plusieurs prêtres et deux escorts.

Dans les jours qui suivent, les communications bouillonnent entre le portable de Michele et celui du Français. Le prêtre l'appelle tantôt « mon trésor », tantôt « mon toutou ». Il lui détaille son emploi du temps, lui parle d'aller prendre une douche bronzante avant la messe qu'il doit célébrer à 18 heures, au cours de laquelle il a l'intention de « prier pour [lui], [s'il] veut ».

Il propose ensuite de lui faire « deux câlins », perspective qui le fait rire – « Hi ! hi ! hi ! j'adore les câlins ! ». Enfin il renouvelle l'invitation pour la fête du Testaccio, en le priant cependant de ne pas dire « [qu'ils se sont] rencontrés la semaine précédente au sauna ».

Michele demande s'il peut venir avec une amie. « L'amie », c'est moi. Le Français répond qu'elle « risque d'être la seule fille (hi ! hi ! hi !) de la soirée, vu qu'il n'y aura que des amis à [lui], du prêtre à l'escort athée ». Mais Michele le rassure : son « amie » est un garçon, et le Français lui donne son feu vert.

Me voilà donc à cette fête.

Je joue le rôle du fiancé de Michele. Pour tout le monde, je viens de Palerme où je dirige un salon d'esthétique ; je suis de passage à Rome, en route pour une foire du bien-être à Bologne.

Le Français vient à notre rencontre. Michele me présente. Il est sympa. Mignon. Il nous donne deux tickets pour les consommations et s'en va jouer les maîtresses de maison auprès des invités qui arrivent.

Je commande un verre de vin rouge. Michele, un mojito.

Les quelques tables sont toutes occupées. Nous nous asseyons en compagnie de deux garçons. L'un est sarde. De petite taille, cheveux courts, sourcils fins et soignés, débardeur blanc, collier en acier, une infinité d'anneaux et de bracelets, musculature discrète. L'autre est des Pouilles. Plus grand, avec une chemise.

Le Sarde est sympathique. Très sympathique. Il dit qu'il est venu exprès de Cagliari pour cette fête. Il veut savoir comment nous avons, nous, connu le Français.

– Au confessionnal ?

Il rit.

– Comment ça, au confessionnal ? dis-je, feignant de tomber des nues.

Le Sarde, grand gardien des secrets d'autrui, débite la carte d'identité du Français et nous apprend que presque tous les invités ont échangé avec lui sur les divers chats homos, tels GayRomeo ou Me2.

Le garçon des Pouilles, énervé de devoir supporter ces bavardages rien que pour mettre l'autre dans son lit après la fête, décide de s'épancher. Il dit que ça l'énerve, ces prêtres qui le jour prêchent une chose, et la nuit font tout le contraire. Il dit que Rome en est pleine, et qu'il y a une basilique très célèbre où les homosexuels vont au « distributeur de billets ». Il lui est même arrivé d'accompagner un ami devant cette église : il s'y est fait 300 euros en vingt minutes.

La conversation se poursuit sur nos régions d'origine ; il est question des Pouilles, de la Sicile, de la Sardaigne. On se dispute pour savoir lesquels sont les meilleurs au lit. C'est la première fois que je parle d'hommes en employant le féminin.

Les chaussures montantes. Deux chaussures montantes noires ont atterri sur notre table. Dans ces chaussures : deux jambes. Plus haut, un minuscule short en jean. Encore plus haut, un gilet ouvert. On entrevoit tout au-dessus le visage d'un des deux escorts : il nous regarde de haut en bas tandis que tout son corps ondule.

Le message est clair : fini de tergiverser. Le bal est ouvert. On danse. On se frotte. On parle en se criant à l'oreille. Sans arriver à s'entendre davantage. La musique est très forte. Les deux escorts sautent d'une table à l'autre. Ils aiment ça, rester en hauteur, dominer la scène. Et ils n'aiment pas que ça. L'un des deux s'approche de moi. Il me prend les cheveux à deux mains et me force à mettre la tête au niveau de son short ouvert. Brusquement. Je me débats. Je reste en apnée. Je ne m'attendais pas à ça. À vrai dire, j'avais peut-être envisagé que ça puisse arriver. Je lui dis que j'ai honte et m'écarte de lui. Il se met à rire et me retient avec plus de force. Je lui dis que je ne peux pas comme ça devant tout le monde, et que j'aimerais mieux l'avoir rien que pour moi en privé. Il me sourit. Il a compris. Il dit que ce n'est pas possible pour le moment, et me lance un clin d'œil. À tout à l'heure. À plus tard.

Il me lâche et s'en prend à un prêtre qui danse un peu plus loin. Un Italien. Un peu plus grand que le Français. Il est en jean, avec une chemise rayée bleue et blanche. C'est son tour de jouer le hot dog entre les deux escorts tranches de pain. Entraîné dans le coin le plus sombre de la pièce, il y demeure une vingtaine de minutes. Quand il réapparaît dans la lumière, il a perdu ses lunettes, n'a plus de chemise et son pantalon est ouvert.

La nuit continue ainsi ; on se retrouve devant le club, à fumer. Le prêtre italien parle de sa rencontre avec le pape, la semaine précédente. Et qui l'aurait cru ? Ce prêtre italien se révèle blagueur. Il nous fait rire quand il se lance dans une imitation : l'accent allemand de Joseph Ratzinger – *« Fenez à moi, les enfants, fenez. »*

Pendant ce temps, dans le petit groupe, on dresse le programme du lendemain. Quelqu'un propose une balade à la mer : l'Italien décline car il a ses messes à célébrer, celle du matin et celle du soir. Le Français, en revanche, a un plan immédiat : aller tous boire un verre chez mon « fiancé » et y rester pour dormir.

Mais, une fois à destination, étant donné qu'il a déjà assez bu, il préfère sauter cette étape et se glisser directement dans la chambre de mon « fiancé ». Il se déshabille, exhibe fièrement son caleçon fashionissime à rayures horizontales. Michele lui avoue alors être excité par le fait qu'il soit prêtre. Le top, ce serait qu'il enfile sa soutane. Le Français ouvre son sac, va se cacher derrière une colonne de la pièce puis revient, toujours en caleçon mais avec une chemise grise de prêtre, le col blanc, les lunettes sur le nez.

– J'ai l'air de quoi ? demande le Français.

– D'un prêtre de merde, répond Michele.

Le Français rit, vient à lui, le prend dans ses bras, l'embrasse. Ils ont un rapport. Ils s'endorment. Michele se réveille le premier. Ils ont de nouveau un rapport.

2

Le lendemain matin, le Français n'a plus seulement un prénom, mais un nom de famille. Mais j'ignore encore dans quelle structure ecclésiastique il vit, où il célèbre la messe. Convaincu que le mieux est d'avancer avec précaution, je préfère penser à lui comme à un genre de folle, ou de maniaque qui se travestit en prêtre pour vivre des aventures transgressives.

J'ai besoin de vérifier toutes mes informations, d'avoir des éléments objectifs et des preuves irréfutables. J'avance sur un terrain miné. C'est un long travail d'enquête qui débute. Pendant presque un mois, je resterai à Rome, bien intégré à la communauté gay. Je vais même à la messe deux à trois fois par jour. Planqué au milieu des fidèles, je me glisse dans les sacristies ou les presbytères pendant les services eucharistiques. Je m'inscris comme volontaire dans les associations paroissiales, je participe à l'organisation des événements dominicaux. Je me fais de nouveaux amis, non seulement en fréquentant les bars, mais aussi sur Internet. Surtout sur Facebook qui se révèle une mine d'informations inépuisable.

Je finis par fixer tous mes repères, tandis que se forme le tableau d'une partie du clergé romain. Un tableau qui n'est pas constitué de cas isolés. Beaucoup ne font pas mystère de donner libre cours à leur sexualité, de vivre à l'enseigne des vices privés et des vertus publiques.

Le lendemain de la fête, en fin d'après-midi, sur Facebook, j'accepte une demande d'amitié qui m'aide à mieux cerner le profil du prêtre français.

Ses pages comportent beaucoup de photos : de la cérémonie pour son ordination à la prêtrise, jusqu'aux nombreuses messes qu'il a célébrées au Vatican. Plusieurs images le montrent aux côtés du pape Benoît XVI. Et le voilà en train de se promener en compagnie de l'Italien et de deux autres garçons.

La double vie du prêtre français n'est pas seulement réelle, elle est aussi virtuelle. Il a sur Facebook une deuxième page privée montée sous pseudonyme. Sa photo de profil est une vue très rapprochée de son œil droit. Dans sa description, il n'évoque pas son sacerdoce. En revanche, on trouve sur sa page des modèles gays à moitié nus, des culturistes vêtus d'un pagne et un assortiment infini de phallus. Une image, plus que les autres, retient mon attention. Peut-être un photomontage, qui sait ? Deux garçons (autres que lui) couchés sur l'autel d'une église. Ils sont nus. Vêtus seulement d'un col blanc et noir.

Après Facebook je vais sur un site de chat homo. C'est devenu une habitude quotidienne, en particulier aux heures tardives. Je cherche des prêtres. Je veux comprendre comment ils se situent vis-à-vis de la sexualité, ce qu'ils écrivent, le genre de relations qu'ils établissent.

Pendant mon séjour à Rome, je n'ai rencontré que des hommes homosexuels. Ils m'ont dit avoir eu des relations sexuelles avec des prêtres rencontrés surtout sur deux chats, Me2 et GayRomeo. Un de mes nouveaux amis me parle d'un contact qu'il a eu peu avant avec un homme affirmant qu'il était disponible dans le quartier de la gare centrale. Un prêtre, non italien, mais établi à Rome depuis de longues années. Il aime faire le ménage et avait offert de venir faire le ménage chez mon ami.

Je retrouve ce contact. Son surnom est Ciaotesoro. Je lui écris en me faisant passer pour mon ami.

Il m'invite à venir le voir dans son couvent. Il est direct. Presque trop :

Je veux de la transgression. J'aime masser, mais je n'encule pas.

Moi : Très bien. Mmmm. Parfait.

Lui : Tu embrasses ?

Moi : Oui.

Lui : Mmmm...

Moi : Partout.

Lui : Tu te risquerais dans le couloir du couvent ?

Moi : Et comment. Ça va être hyper excitant.

Lui : Nus ?

Moi : Évidemment ! Mais tu as une chambre rien qu'à toi ?

Lui : Oui.

Moi : Parfait. Comme ça, on finira dans la chambre.

Lui : Bien sûr. On fera tout dans la chambre... Et dehors aussi.

Moi : OK. Très bien. Ça me plaît, ça me plaît.

Lui : Jusqu'à quelle heure tu pourras rester ?

Moi : Aussi longtemps que toi tu le voudras.

Lui : Qu'est-ce que j'en sais ?

Moi : Tu me dis. Pas de problème.

Lui : Si tu viens à 21 heures, il y a quelqu'un. Après, on peut. Plus tard. C'est mieux pour faire ça dans le couloir.

Moi : Plus tard, c'est trop.

Lui : Trop quoi ?

Moi : Trop tard pour rentrer chez moi.

Lui : C'est vrai. J'ai compris.

Moi : OK ?

Lui : OK.

Moi : Mais tu connais d'autres prêtres gays ?

Lui : Non. Tu es poilu ?

Moi : Normal, pas tellement. Je me suis rasé la poitrine.

Lui : Et ta queue ?

Moi : Je suis très bien monté. Et toi ?

Lui : Pas trop bien. Dans les 16, 17.

Moi : La mienne est plus grande.

Lui : Combien ?

Moi : 21, 22 centimètres.

Lui : OK. Tu es cochon ?

Moi : Très. Dis-moi ce que tu veux.

Lui : Être battu.

Moi : Et ensuite ? Dis-moi tout.

Lui : Ensuite on verra.

Moi : Allez, dis-moi. Ça m'excitera et j'aurai plus d'idées.

Lui : Tu es un peu bâtard ?

Moi : Oui, oui, comme personne... Dis-moi comment tu veux que je te domine.

Lui : Je préfère la surprise... On verra ce que tu sais faire.

Moi : C'est toi qui me diras d'arrêter... Chaussures ? Pissing ? Crachats ?

Lui : Oui. Quelles chaussures ?

Moi : En ce moment, des Superga. Les pieds, tu les aimes comment ?

Lui : Normaux. Tu chausses du combien ?

Moi : Du 45. Tu lèches les chaussures et les pieds ? Même quand ils sentent ?

Lui : Oui.

Moi : Mmmm. Super.

Lui : Et les sous-vêtements ? Tu portes quoi ?

Moi : Là, je mets des slips. Ça te va ?

Lui : Oui.

Moi : Ou tu préfères que je vienne directement sans... Et toi, tes sous-vêtements ?

Lui : Tu le portes depuis quand ?

Moi : Depuis hier matin. Ça ira ou j'en mets un propre ?

Lui : Non ! Reste comme ça.

Moi : Tu aimes quand ils sentent ?

Lui : Oui, je les préfère quand ils sentent. Un peu usés.

Moi : Mmmm.

Lui : Tu dis des gros mots ?

Moi : Évidemment. Mais il faudra tout faire dans un silence religieux ?

Lui : Non. Mais dehors, oui.

Moi : Comment elle est, ta chambre ?

Lui : Grande.

Moi : Mais meublée dans le style couvent ?

Lui : Non. Ça te plairait de faire ça dans la chapelle ?

Moi : Mon Dieu... Ce serait fabuleux. C'est possible ?

Lui : Oui.

Moi : Putain, je veux venir. Même pour pas longtemps.

Lui : J'aimerais que tu mettes tes couilles dans le calice.

Moi : Mmmm. Vraiment ?

Lui : Oui.

Moi : Attends, ce n'est pas trop risqué, tout ça ? Vous êtes combien dans ce couvent ? Quel est ton rôle ?

Lui : Tu veux ou pas ?

Moi : Bien sûr que je veux.

Lui : OK. Mais tu es agnostique ou athée ?

Moi : Sans mentir ? Je suis catholique. C'est pour ça que les prêtres m'excitent.

Lui : Mais tu es pratiquant ?

Moi : Non.

Lui : Pourquoi tu veux le faire ?

Moi : Ça m'excite énormément.

Lui : Tu l'as déjà fait ?

Moi : Tout ça, non. Je l'ai déjà fait avec un prêtre, et c'est pour ça : j'adorerais trop une orgie avec plein de prêtres en soutane... Ce serait très beau...

Lui : Qu'est-ce que tu as fait d'autre avec ce prêtre ?

Moi : Tout.

Lui : C'est-à-dire ? Dans le couloir ?

Moi : On a eu un rapport complet mais chez moi, à la maison.

Lui : Il était habillé en prêtre ?

Moi : Évidemment. Avec rien sous la soutane... Alors ça t'irait de faire tout ça avec moi ?

Lui : Oui. Ça me plairait de te lécher le trou du cul sur l'autel.

Moi : Oui, je suis prêt à tout, vraiment.

Lui : Mais il risque d'y avoir du monde entre 21 heures et 22 heures. On n'aura pas assez de temps pour tout.

Moi : Vous êtes combien dans ton couvent ?

Lui : On est dix.

Moi : Incroyable. Vous êtes nombreux. Personne d'officiellement gay ?

Lui : Qu'est-ce que j'en sais.

Moi : OK, OK, OK. Écoute, c'est risqué mais excitant. On pourra s'enfermer dans la chapelle ?

Lui : Non. On peut fermer la porte mais pas à clef.

Moi : OK. Plus c'est risqué, plus ça excite.

Lui : Viens avec un pantalon facile à baisser. Sans boutons.

Moi : Genre bermuda. J'enlève la ceinture et ça tombe tout seul, il n'y a rien à déboutonner.

Lui : Tu as les jambes poilues ?

Moi : Pas trop.

Lui : Alors voilà...

Moi : Dis-moi tout.

Lui : Je dois partir.

Moi : OK. On fait comment ? Je t'appelle en arrivant ?

Lui : Laissons tomber... OK... Ça ne me va pas.

Moi : Mais pourquoi ?

Lui : C'était juste pour s'exciter.

Cette conversation est vraiment surréaliste. Je n'y crois pas. Ce n'est pas possible. Ce n'est pas un prêtre. Plutôt un maniaque qui se masturbe pendant qu'il m'écrit. Le scénario se répète le lendemain soir, et de nouveau le surlendemain. On finit par fixer un rendez-vous auquel je ne me rends pas car je suis sûr que c'est juste un vicieux, pas du tout un prêtre. J'avais sauvegardé notre conversation : je la mets dans la corbeille de l'ordi sans me douter qu'il va me recontacter deux semaines plus tard.

Entre-temps, arrive le samedi 3 juin. Rome vit une de ses grandes journées : la Gay Pride.

Le cri de ralliement éclate : « Un baiser contre la peur et les préjugés, contre toutes les agressions et la négation des droits ! ». L'après-midi, sept chars diffusant à fond une musique hypnotique démarrent de la Pyramide pour gagner la piazza Venezia.

Imma Battaglia, la présidente de Di'Gay Project, demande à tous d'offrir une belle réponse pacifique à la vague de violence qui s'est abattue récemment sur les homosexuels. Elle demande de l'unité, de la paix, de la motivation et du calme. Il faut aller plus loin que la loi contre l'homophobie.

La Gay Pride est un extraordinaire festival de sons et de couleurs. Les nombreux transsexuels en talons aiguilles ressemblent à des échassiers. Ils ont revêtu toutes sortes de paillettes et de voiles. Il y a des couples de lesbiennes en robe de mariée, des filles jeunes qui se donnent la main, un avocat avec son fiancé. Les membres de l'association Famiglie Arcobaleno, qui regroupe les parents d'homosexuels. Une dame explique : avec son mari, ils ont failli perdre leur fille qu'ils rendaient malheureuse en refusant de comprendre et d'accepter son homosexualité.

« L'amour entre personnes du même sexe, ce n'est pas si différent ! », proclame une pancarte tenue par Laura et Anna, l'une employée et l'autre agent immobilier. Ensemble depuis sept ans, elles voudraient se marier et avoir des enfants. Elles s'en prennent aux politiques qui pratiquent une double morale : ils laissent leur famille à la maison pour aller voir des trans, puis ils nient les droits des autres.

Elles ont raison. Elles ont sacrément raison.

Les chars défilent. La marée humaine s'ouvre pour laisser le passage au cortège. Un garçon prend son copain dans ses bras, l'embrasse. Aujourd'hui au moins, dit-il, il n'a pas peur d'être frappé. Il y a aussi beaucoup de banderoles et de pancartes dénonçant le Vatican comme une « relique fasciste ».

Quelques heures plus tard, je suis attablé dans un pub avec Michele et une bande d'amis. La conversation roule sur l'atmosphère lourde de tensions qui règne sur la ville à propos des homosexuels. Un jeune homme qui était la veille au Village gay [1] raconte une mauvaise expérience qu'il y a vécue. Il est encore sous le choc. Pendant qu'il dansait avec des amis, sont arrivés quatre hommes encagoulés qui ont jeté au milieu de la foule des pétards et des feux de Bengale, semant la panique. Plusieurs garçons ont été blessés. L'affaire aurait pu tourner au tragique. Pour sa part, il ne se sent plus de vivre à Rome. Au cours de l'année écoulée, dit-il, dix hommes au moins se sont fait agresser, frapper, taillader. Rien que pour avoir eu des gestes tendres dans des lieux publics.

De tous, c'est Michele qui s'indigne le plus. Il se sent traqué. Il approuve l'idée des organisateurs de la Pride : que la manifestation s'ouvre symboliquement par un grand baiser collectif. « Car chaque baiser est une révolution. »

Giorgio est un Méridional d'une trentaine d'années qui a migré au nord pour ses études, et y est resté après avoir trouvé du travail. Il raconte son odyssée. Beaucoup de ses amis peinent à trouver un logement à louer. Selon lui, ils subissent une discrimination du fait de leur orientation sexuelle. Il suffit de voir les sites d'annonces qui souvent ajoutent cette précision : « Gays s'abstenir. » Sur un site très célèbre, les annonces de chambres excluent carrément plusieurs catégories de gens : « Fumeurs, ronfleurs, homos s'abstenir ; réservé aux personnes qui ont les moyens de payer leur loyer. »

La même histoire s'est produite à Bologne à propos d'un appartement : « Gays, fêtards et fumeurs s'abstenir. » C'est la même chanson dans la région de Turin : on y cherche des locataires « à même de présenter des références » en précisant bien : « Hommes hétéros, gays s'abstenir. » Un garçon de Naples raconte à son tour sa mésaventure alors qu'il cherchait une chambre dans le quartier Vomero. Après un premier

---

1. Célèbre boîte gay de Rome.

contact, la logeuse lui a demandé de patienter quelques jours, le temps pour elle de s'entretenir avec l'autre locataire de l'appartement. La réponse a été sans appel : « Je lui ai parlé. Il m'a dit qu'il n'était pas favorable. Il ne le sent pas. »

– C'était pourtant une chambre indépendante ! explose notre ami napolitain.

Il y a dans notre bande de copains un garçon romain. Il a entre trente et quarante ans. Il s'est inscrit au Parti radical, et milite activement. Il s'appelle Marco. Il s'en prend bec et ongles aux hiérarques du Vatican, coupables à ses yeux de nourrir la haine envers les personnes homosexuelles, les lesbiennes, les bis, les trans. Ce qui le fait le plus enrager, c'est que ces mêmes hiérarques savent parfaitement que, parmi ces « déviants », on trouve beaucoup de prêtres obligés de vivre leur condition dans la clandestinité et la terreur. Marco dit que beaucoup de prêtres gays fréquentent les mêmes bars que lui. Et ils ne se posent pas de question sur l'hypocrisie gigantesque qu'il y a à prêcher quelque chose le jour et à faire le contraire la nuit. Il s'est laissé dire qu'il y avait, dans l'enceinte même du Vatican, une zone de *battuage*[1] fréquentée non seulement par de simples prêtres, mais aussi par des cardinaux gays.

Je demande ce qu'est le « *battuage* ». Tous se mettent à rire. Ils se fichent de moi pendant dix minutes.

Il est tard quand nous nous retrouvons tous, y compris les deux escorts, au Village gay, où nous sommes rejoints par le prêtre français, ainsi que par le prêtre italien, rescapé des deux messes qu'il a célébrées le jour même.

Ils affirment l'un et l'autre qu'ils ne se seraient en aucun cas approchés de la Gay Pride, mais ils s'amusent à écouter nos histoires, surtout celle des deux escorts : imbibés d'alcool jusqu'aux cheveux, ces derniers vantent les mérites d'une manifestation à laquelle ils ont assisté en tant que

---

1. Rencontres et pratiques sexuelles à l'extérieur, en plein air.

protagonistes. Ils ont réussi à se glisser dans le char de la Luxure télévisuelle ; il y avait là un député dont ils ont oublié le nom, ils jurent qu'ils se tenaient juste derrière lui quand l'a télé l'a interviewé. Ce sont nos héros.

Pourtant, l'un des deux est préoccupé. Il espère que sa mère et sa fiancée, qui vivent en Sicile, ne l'ont pas vu à la télévision. Elles croient qu'il est danseur à Turin.

Mais ça ne sert à rien de s'en faire pour le moment. Nous sommes au Village gay et, quand on est au Village gay, le monde extérieur n'existe plus.

Les deux escorts sont déchaînés. Ils dansent. Ils lancent le jeu « Qui a la plus dure ? », puis celui du glaçon passant de bouche en bouche. Ils embrassent tous ceux qui arrivent à le leur retirer.

Le prêtre italien fait profil bas, il bavarde un peu et part avant les autres. Mais non sans avoir flirté un peu avec mon « fiancé » qu'il trouve mignon et sympathique. Il lui parle de son appartement dont les fenêtres donnent sur le Panthéon, autrement dit sur une des plus belles vues de Rome.

Maintenant il a un nom de famille lui aussi, ainsi qu'une structure ecclésiastique d'appartenance.

Le Français, à un moment, disparaît avec l'un des deux escorts.

Il entre à nouveau en piste quelques instants plus tard, puis disparaît encore, disant avoir aperçu un collègue qu'il préfère éviter. Il s'éclipse une troisième fois à cause d'un catéchiste de sa connaissance. Mais il se fait tard, et sa soirée s'achèvera dans le même lit que la veille.

3

Le lendemain c'est dimanche. Le Français a promis de dire une messe. Une messe rien que pour nous.

Mais, quand nous sortons du lit, c'est déjà l'heure de déjeuner. Avec Michele et le Français, nous allons manger une salade de poulet au McDo. Les deux escorts sont là : marcels de combat, colliers et valises à roulettes, prêts pour prendre leur avion en fin d'après-midi.

Tout le monde nous regarde. Les mamans, les papas, les enfants. Ils se retournent sur nous.

À table, on parle de tout et de rien, mais le personnage du groupe, incontestablement, c'est le Français. L'un des escorts (celui dont la mère et la petite amie sont en Sicile) nous parle de son rêve : pouvoir au moins une fois être assis à côté de Ratzinger. Le Français affirme qu'il a eu cette chance pendant toute une année : il chantait la messe du pape. Lui qui le connaît affirme que Joseph Ratzinger est moins dur que ne le disent les médias. De toute façon, avoir à gérer l'héritage de Karol Wojtyla n'aurait été facile pour personne.

Il évoque les appartements du pape, de Ratzinger qui, à son arrivée, n'a rien voulu de spécial, ni décoration florale, ni tableau de prix : il s'est contenté de faire repeindre les murs en blanc et d'acheter quelques meubles chez Ikea. De plus, le pape allemand serait tellement bon qu'il reverserait aux œuvres de charité tous les revenus de ses livres. À entendre le Français, l'âme noire de l'Église serait un prélat haut placé dont il connaîtrait le nom et le prénom.

Nous sortons de table vers 14 heures. Alors que nous nous dirigeons vers la maison de mon « fiancé », où le Français projette de célébrer sa messe dominicale, un téléphone sonne : celui d'un des deux escorts. C'est un client. Il veut les voir tout de suite, et leur demande de le rejoindre chez lui. Le risque, c'est qu'ils ratent leur avion. Pas de problème. Ce sera une passe rapide. Ils rient et sautent dans un taxi en nous laissant leurs bagages.

Avant d'entrer chez Michele, le Français récupère dans sa voiture une mallette aux armes du Vatican. Nous prenons place dans le salon. Il étend sur la table basse un carré de lin blanc, une croix rouge est brodée en son milieu. Il y dépose le calice, la grande hostie, les deux flacons avec l'eau et le vin, un crucifix. Il allume un petit cierge. Enfin, il se retire dans la chambre à coucher, puis en revient vêtu de l'aube blanche sacerdotale. Il porte aussi autour du cou une étole verte qui tombe jusqu'à ses pieds.

La messe peut commencer – une messe pour deux fidèles et trois icônes accrochées au mur du salon : Audrey Hepburn, Uma Thurman version *Pulp Fiction* et Valentina, l'héroïne de BD de Guido Crepax.

Je propose d'éteindre les téléphones. Le Français dit que ce serait bien.

« Au nom du Père, du Fils et du Saint-Esprit. Nous sommes réunis pour célébrer cette messe du dimanche, laquelle est aussi l'occasion de remercier Dieu de notre amitié, de prier Dieu pour que s'accomplisse tout ce que nous avons dans le cœur. »

Avant d'entamer l'eucharistie, il nous demande de « reconnaître nos péchés et de nous fier à la miséricorde de Dieu ». Il ne nous reste plus à tous les trois qu'à confesser d'une seule voix à Dieu tout-puissant et à nos frères que nous avons « beaucoup péché, en pensées, en paroles, en actions et en omissions ». Nous nous frappons la poitrine. « C'est ma faute, ma faute, ma très grande faute. Et je supplie la bienheureuse Vierge Marie, les anges, les saints et vous aussi mes frères de prier pour moi le Seigneur notre Dieu. »

Le Français lit. Moi, je connais tous les mots par cœur. Michele remue les lèvres comme les footballeurs italiens au Mondial, avant le match, quand on joue l'hymne national.

Le Français nous rassure, il dit que Dieu tout-puissant aura pitié de nous, nous pardonnera nos péchés et nous conduira à la vie éternelle.

Amen.

Seigneur, prends pitié. Seigneur, prends pitié. Seigneur, prends pitié.

Jamais comme durant cette messe je n'ai réclamé la pitié de Dieu avec une telle ardeur et un tel transport. J'ai la gorge nouée. Je suis angoissé. Je me tourne pour regarder Michele assis à ma droite. Il est catatonique. Absent.

Durant le reste de la messe, je tente de m'évader par la pensée, loin de ce que je suis en train de vivre. L'idée la plus banale devient un bateau à même de me transporter hors de ce lieu. Je me sens blasphémateur. Je me sens sale.

Le Notre-Père est un calvaire. Chaque mot de cette prière est un coup de lanière mouillée sur ma peau.

« Notre Père, qui es aux cieux, que Ton nom soit sanctifié, que Ton règne vienne, que Ta volonté soit faite sur la Terre comme au ciel. Donne-nous aujourd'hui notre pain de ce jour, et pardonne-nous nos offenses comme nous pardonnons aussi à ceux qui nous ont offensés. Et ne nous soumets pas à la tentation mais délivre-nous du mal. *Amen.* »

Je finirai en enfer. Sans pouvoir arguer d'aucune juste cause.

Le Français nous donne la communion, nous bénit. « Dieu tout-puissant, Père, Fils et Saint-Esprit. » *Amen.*

C'est fini. Nous allons tous en paix.

Le Français, après avoir rangé sa mallette dans le coffre de sa voiture avec les bagages des deux prostitués qui nous ont rejoints, s'installe au volant et les accompagne à l'aéroport : ils sont fiers et radieux, car leur passe a été vite expédiée.

Je rentre à mon hôtel surfer quelques heures sur Internet, Facebook, le chat... En début de soirée, après avoir pris une douche, je passe prendre Michele afin que nous allions dîner au cœur du Trastevere.

Le petit restau que nous avons choisi est tout à fait charmant. Il ressemble à un de ces endroits que l'on trouve dans les magazines people. Il y a un peu de monde dehors, qui fume, qui patiente en attendant qu'une table se libère. Nous, nous avions réservé.

Nous sommes accueillis par un géant disgracieux. Il a tout à fait l'air d'être le propriétaire. Il nous manifeste un tel respect que les clients attablés nous regardent comme si nous étions des VIP.

L'atmosphère est chaleureuse, hospitalière. Il y a une douzaine de tables environ, presque toutes occupées par des couples. À croire que c'est la Saint-Valentin. Deux garçons sont assis non loin. Michele a l'œil, il est infaillible : pour lui, c'est sûr, ce sont des gays. En effet, un jeu de regards entre eux et nous se poursuit pendant tout le dîner.

Nous mangeons des plats romains typiques mais en petite quantité, accompagnés de bon vin rouge. Quand nous nous levons et réglons la note, le patron nous salue encore une fois avec beaucoup de chaleur. Quel type bizarre... Michele lui trouve une ressemblance avec les homos *bears*, poilus et tatoués, qui vont en boîte danser torse nu sur de la musique techno. Moi, je n'ai pas la moindre idée de ce qu'est un homo « *bear* ». Mais si Michele le dit, ça doit être vrai.

Nous marchons un peu. Il y a dans la même rue un pub minuscule qui a l'air très agréable, vu de l'extérieur. Dehors, il y a foule. Des gens bien, selon Michele.

Nous entrons.

Au bar est assis un homme jeune, mignon, vêtu d'un pantalon et d'une chemise avec un col blanc. Lui et d'autres discutent avec le barman. Michele et moi nous installons sur des tabourets près de lui. Le barman est un type de grande taille, musclé, rasé de près, aux sourcils épilés. Le prêtre lui ressemble beaucoup, mais ses sourcils sont moins soignés. Ils parlent, ils rient. J'essaie de tendre l'oreille mais ne parviens pas à saisir ce qu'ils disent.

Je promène un regard autour de moi. L'endroit est exquis : quelques bougies posées çà et là, la musique adéquate. On dirait un cercle d'habitués composé de gens de toutes sortes et de tous âges : le pseudo-gothique, le bobo un peu *bizarre*, le néo-lycéen, l'étudiant diplômé…

Nous commandons une bière.

Michele me montre deux garçons. Très soignés, bien vêtus aussi. Ils ont l'air déphasés. Comme s'ils venaient là pour la première fois. Ils ricanent, chuchotent et jettent des coups d'œil autour d'eux mais très discrètement. Nous échangeons des regards. Michele affirme que son radar lui transmet un signal sans équivoque : ce sont des gays. Voilà le secret : un radar gay. Et moi qui croyais qu'il suffisait d'avoir du flair…

Le prêtre assis près de nous paraît très à l'aise. Il connaît tout le monde. À coup sûr, ceux qui l'entourent ne sont pas romains. Michele dit que ce sont des provinciaux venus passer le week-end en ville. Il attire mon attention sur leur façon de s'habiller. Quelques-uns ont une banane accrochée à la ceinture. Après avoir bu du vin rouge, ils s'en vont, suivis du prêtre.

Michele tient la jambe au barman. Il lui demande ce qu'il y a à faire dans le coin, prétendant ne pas être romain. Le barman s'appelle Lorenzo. Il a vingt-huit ans. Il vient du Midi. Il travaille là depuis un an et demi environ. Tous deux commencent à échanger des confidences. Michele est un garçon très curieux. Il se renseigne sur le café. Lorenzo répond qu'il a deux propriétaires, des gays qui ne vivent pas à Rome. Un avocat et un entrepreneur qui possèdent des restaurants dans tout le Latium.

Ils discutent longuement. Michele l'interroge :

– Je ne suis pas sûr d'avoir bien vu, tout à l'heure, mais n'y avait-il pas un prêtre dans l'assemblée ?

– En effet, dit Lorenzo.

– Ça arrive souvent, de rencontrer des prêtres ici ?

– Tous les soirs. Beaucoup vivent près d'ici, répond Lorenzo.

– Je me trompe ou ils ont essayé de te draguer ?

Lorenzo sourit. Il hoche la tête. Puis il remplit nos verres.

– Tous les mêmes, dit-il.

Et il s'éloigne.

L'endroit, peu à peu, devient plus intime. Les gens sont moins nombreux. Les deux garçons signalés par le radar de Michele s'approchent. Ils abandonnent près de nous leurs verres de cocktail, nous regardent et se dirigent vers la sortie. Avant de refermer la porte, ils se tournent encore une fois en notre direction.

Quelques minutes encore, et c'est nous qui partons. Michele salue Lorenzo qui lui tire l'oreille.

La station de taxis est à deux pas. Michele dit que, s'il devait résumer cette soirée en un mot, il lui attribuerait une couleur : sépia. Couleur intime, accueillante. Couleur qui aide à se cacher. Couleur des regards volés, des saluts furtifs. Couleur des gens normaux qui planquent leur solitude immense derrière des fréquentations et des conversations, comme sous un vieux ruban. Je l'écoute.

Je tire un cigare de ma poche. Il me l'allume. Un nuage de fumée m'enveloppe. J'éprouve le besoin impérieux de m'y réfugier. Moi aussi je me sens seul.

4

Peu après, je m'enferme dans ma chambre d'hôtel, les yeux rivés sur l'écran de mon ordinateur jusqu'au cœur de la nuit.

Le prêtre italien rencontré lors de la première soirée et qui nous avait rejoints au Village gay a accepté ma demande d'ami sur Facebook. Sur la page de son profil je trouve une infinité de photos, dont aucune n'est compromettante. On le voit en train de célébrer la messe, tantôt seul, tantôt avec d'autres prêtres. Ou encore partageant des moments de loisir avec d'autres prêtres. Le voici posant avec des amis sur une photo souvenir classique, devant des monuments.

Une image, toutefois, me frappe : un enfant aux boucles blondes, de cinq ans tout au plus, embrassé sur la bouche par un cochon qui passe son museau à travers la clôture. En soi, l'image n'a rien de scandaleux. Il peut même s'agir d'un photomontage : le coup du cliché téléchargé sur Internet. Non, ce qui retient mon attention, c'est la phrase ajoutée dessous : « C'est là que tout a commencé. »

Je vais sur Google taper le nom et le prénom de mon prêtre, afin d'en apprendre un peu plus. Beaucoup de pages s'ouvrent. Des articles de presse, des interviews, des photos. Il est toujours présenté aux côtés d'un homme politique italien dont il serait le conseiller spirituel.

Il n'y a plus de doute : l'homme rencontré à la fête avec les escorts est bien un prêtre. Mais, quoi qu'il en soit, je m'oblige à ne rien considérer comme acquis, pas même la preuve la plus flagrante. Après tout, il peut s'agir aussi d'un ex-prêtre ; l'Église peut même l'avoir chassé la veille sous un motif quelconque. Je n'ai pas droit à l'erreur. Il me manque un dernier élément : il faut que je voie de mes yeux l'Italien en train de dire la messe.

Pendant ce temps Michele échange avec lui des SMS. Réponse de l'Italien au premier message : « Ravi de ce nouveau contact même si je n'ai pas de terrasse mais vue formidable de la fenêtre ☺ je suis comme le pape à Saint-Pierre ☺ À très vite. Bise à toi. »

Les informations utiles, il les lâche au compte-gouttes. D'une part, les avances de Michele par texto n'obtiennent pas de résultats immédiats, car, écrit-il, « La chose me surprend un peu, je ne suis plus tout jeune et pas franchement top. Pour être honnête, j'ai commencé à envisager une relation avec quelqu'un, et je pense que ça pourrait marcher. » D'autre part, il a une vie sociale très intense, et il sort souvent le soir, ce qui l'oblige à décommander ses rendez-vous, y compris à la dernière minute. Dans ce cas, il demande « à quelle punition il s'expose » et, quand des amitiés se présentent il écrit : « Qu'est-ce que ça m'apporterait de plus ? ». Enfin il parle de célébrations programmées pour le lendemain, seul ou avec d'autres, mais sans préciser où, ni dans quelle église. C'est ainsi que j'assiste pendant plusieurs jours à tous les services donnés tôt le matin et le soir dans les églises autour du Panthéon. Le problème, c'est qu'il y en a une infinité, et que je ne trouve aucune trace de l'Italien.

En revanche, je trouve l'homme avec lequel il dit avoir noué une relation.

Il était avec le prêtre italien le soir de la fête au Testaccio. Ils sont arrivés et repartis ensemble. Il s'appelle Raffaele. C'est un Romain d'une quarantaine d'années. Dans la vie, il prend en charge des touristes, notamment ceux qui souhaitent visiter le Vatican.

Je fréquente Raffaele pendant quelques jours, je fais avec lui des sorties en ville, il me fait découvrir mille aspects de Rome qui m'étaient jusqu'alors inconnus. Il en profite pour me raconter son histoire. Père médecin généraliste, mère enseignante. Famille traditionnelle : école primaire chez les sœurs, collège et lycée chez les prêtres, éducation stricte, intérêt pour les disciplines humanistes. Piano. Université La Sapienza à Rome. Diplôme d'histoire de l'art, activités bénévoles.

Pendant quelques années, Raffaele fréquente les jeunes du Cercle Saint-Pierre. Jusqu'à trente ans, pas de copine, aucune aventure amoureuse. La lecture d'un livre l'amène à se poser des questions, à se demander s'il est voué à passer sa vie enfermé dans un bureau, à jouer le rôle du gentil garçon. Il ressent un besoin d'autre chose, d'un ami, de quelqu'un avec qui partager ses états d'âme, ses sentiments. Une lecture va l'éclairer dans cette découverte de soi : *Maurice* d'Edward Morgan Forster ; ce roman est l'icône du milieu gay en Angleterre.

Raffaele me parle de sa mère, dit comment elle s'est efforcée, depuis son enfance, de ruiner l'image de son père. C'est ainsi qu'elle a instillé en eux, chez lui et son frère, une hostilité envers le sexe et les femmes.

Aujourd'hui, Raffaele se vit comme une personne sereine, méthodique, scrupuleuse. Il fait de la gymnastique tous les matins, et suit deux fois par semaine des cours de taï chi. Pendant ses loisirs il écrit de la poésie.

Le prêtre italien, il l'a connu sur un chat. Il m'a raconté en détail leur premier rendez-vous, lors d'une chaude journée de fin juin. Le matin, le prêtre italien lui avait demandé s'il accepterait une relation avec un officier ou un prêtre. Pour Raffaele, c'était égal. Ils se sont rencontrés piazza Argentina. Ils se sont salués en échangeant une poignée de mains, puis le prêtre a dit à Raffaele qu'il avait mis une bouteille de prosecco au frais dans son appartement.

Raffaele l'a suivi. Passé la porte cochère, ils ont pris l'ascenseur, et sont entrés chez le prêtre. Il lui a fait visiter l'appartement, et ils ont admiré le panorama : depuis la chambre on voyait la coupole de Saint-Pierre. Ils discutaient quand soudain le prêtre a fermé la fenêtre et a ordonné à son invité de le suivre dans le petit salon.

C'est à ce moment-là que Raffaele est devenu son esclave.

Pas de questions inutiles. Le prêtre s'est assis sur le divan et lui a ordonné de se déshabiller. Puis il l'a fait mettre à genoux, nu, devant lui, les mains sur la nuque et les yeux baissés.

Dans l'armoire, il a pris un collier. Il l'a passé au cou de son « esclave » et l'a fermé avec un cadenas en disant : « À partir de maintenant, tu m'appartiens. »

Il lui a expliqué qu'il existait un code dans le sadomasochisme. Vert : la torture est supportable. Jaune : niveau d'alerte. Rouge : ça suffit, ce n'est plus tenable. Raffaele devait se servir de ces couleurs pour lui signifier son niveau de satisfaction, et lui dire s'il pouvait endurer le jeu.

Ensuite le prêtre lui a mis la laisse et c'est à quatre pattes que Raffaele l'a suivi dans la salle de bains où son « maître » voulait le laver. Il est entré dans la cabine de douche. Le prêtre l'a enduit de mousse pour le bain en disant : « J'aime la propreté. » Raffaele devait rester à genoux. Après l'avoir bien savonné, l'Italien lui a rincé tout le corps en insistant particulièrement sur les parties intimes.

Quand Raffaele est sorti de la cabine, le prêtre l'a essuyé, puis c'est lui qui est entré dans la douche en disant : « Maintenant, lave ton maître. » L'« esclave » s'est exécuté. Puis « le maître » s'est essuyé, et il a revêtu un peignoir. Alors, Raffaele l'a suivi à quatre pattes dans la cuisine-salle à manger. Là, le prêtre l'a fait mettre debout. Il lui a fait passer un tablier et réchauffer le dîner : un minestrone et une mozzarella de buffle. La bouteille de prosecco était au réfrigérateur. Il en a bu un peu. Raffaele n'y a pas eu droit : les animaux ne boivent pas d'alcool. Même sur la table, il n'y avait qu'une assiette. Il devait manger par terre, comme les chiens. Après avoir fini son minestrone, le prêtre a versé ses restes dans l'assiette qui était devant son « chien », et lui a fait lécher le tout, avec un peu de mozzarella et deux-trois bouts de pain. Ensuite il l'a fait se relever. Il a pris dans le frigo un strudel aux pommes et le lui a donné à manger.

Puis il l'a attaché à la cuisinière pour qu'il lave les assiettes. De temps en temps il vérifiait l'état d'excitation de Raffaele. Il lui a dit alors : « Je vais m'allonger. Quand tu auras fini, appelle en disant "Monsieur". »

Après que Raffaele l'a appelé, le prêtre l'a détaché et l'a fait étendre à côté de son lit, pendant qu'il regardait la télévision. Il lui a mis un masque. Il a enlevé son slip. Il a exigé un rapport oral. Raffaele lui a rappelé qu'il utilisait un préservatif. Son partenaire en a enfilé un et a pressé le visage de Raffaele contre son aine. Celui-ci n'a pas tardé à fatiguer : le masque le faisait trop transpirer. Il a demandé à pouvoir l'enlever.

Le prêtre s'est masturbé devant lui.

Raffaele est un être étrange et secret. Il écrit des poèmes noirs et désenchantés. Ses thèmes de prédilection sont la vacuité de la jungle urbaine, la nostalgie du crépuscule ou l'extase de la soumission…

À leur deuxième rencontre, Raffaele est retourné chez le prêtre. Au début, celui-ci était très gentil. Et soudain il est devenu autoritaire : il entrait dans le rôle du maître. Il a dit : « Maintenant tu ne parles plus sans demander d'abord la permission. » Il a dit à Raffaele de se déshabiller et lui a fait revêtir une combinaison de prisonnier à rayures. Il l'a fait agenouiller à côté du lit et lui a passé des menottes, puis de nouveau un masque avec un trou au niveau de la bouche pour pouvoir baver. Et le rituel coutumier a recommencé : cherchant à l'exciter, le prêtre se touchait sous les yeux de Raffaele, qui transpirait comme un chien car la combinaison était en acrylique. Il lui a dit : « C'est pour ça que je te l'ai fait mettre. » Ensuite il lui a fait prendre une douche, non sans l'avoir soumis d'abord au rite du pissing : uriner sur l'esclave. Il lui a dit : « Tu dois avoir confiance en ton maître. » Quand

Raffaele a eu besoin lui aussi, le prêtre a disposé une cuvette près du tapis et a dit : « Les chiens, ça pisse par terre. »

Puis le dîner, nu encore une fois. Deux pizzas surgelées réchauffées au micro-ondes. Raffaele a mangé aux pieds de son « maître », attaché et avec le collier. C'est le prêtre qui le faisait boire en lui versant de l'eau dans la bouche avec un verre. Quand il parlait sans avoir demandé la permission, il le punissait en le frappant deux fois sur les fesses. Puis Raffaele a débarrassé et fait la vaisselle, avec le tablier pour tout vêtement. De temps en temps, le prêtre le lui soulevait jusqu'aux reins.

Leur troisième rencontre a eu lieu le soir de la fameuse fête dans le Testaccio.

L'Italien avait invité Raffaele à une soirée gay dans un bar en affirmant : « Il n'y aura pratiquement que des prêtres. » Ce soir-là, ils se sont donné rendez-vous à la villa Pamphili, un endroit où Raffaele aime se promener. Le prêtre est arrivé à 21 heures au volant de sa voiture. Il était avec un ami, un type débrouillard qui attendait de voir renouvelé son stage dans un ministère important. À leur arrivée dans le bar, ils ont tous trois été accueillis par deux escorts torse nu. Ils ont pris une table un peu à l'écart, près du DJ venu de Toscane. Il y avait à leur table un prêtre brésilien de vingt-neuf ans, dont la paroisse se trouvait non loin de chez Raffaele.

Je procède à des vérifications scrupuleuses à partir de ce qui est sûr : Raffaele était avec le prêtre italien à la fête avec les escorts. En plus, il connaît bien la sphère privée du prêtre, son origine géographique, la famille d'où il vient, le statut social et le métier de ses parents.

Avant de quitter Rome, je prends une dernière fois rendez-vous avec Raffaele.

Nous nous retrouvons sur cette même place où il affirme avoir rencontré le prêtre. Je le presse de m'emmener jusqu'à la maison où vit le religieux. Nous nous arrêtons à la porte cochère. Il se tourne et m'indique l'église toute proche où le prêtre célèbre les services eucharistiques. Je demande à Raffaele de me décrire précisément le trajet entre la porte cochère du palais ecclésiastique et l'appartement du prêtre ; puis, en détail, l'intérieur de l'appartement.

La même chose, à la virgule près.

C'est clair. Raffaele pourrait aussi être un ami du prêtre et comme tel avoir fréquenté son appartement. Il n'y a pas de preuve nouvelle qu'ils aient consommé des rapports sexuels de nature sadomaso. Sur ce point, il n'y a que ses déclarations à lui. Et le problème se pose de savoir si Raffaele n'est pas en réalité une espèce de boulette empoisonnée mise dans mon assiette par quelqu'un qui voudrait discréditer mon travail.

Beaucoup de doutes, peu de certitudes. Je décide de citer les déclarations de mon confident en prévenant qu'elles ne correspondent pas forcément à la vérité. C'est la version d'un des protagonistes. Lequel est digne de foi, selon moi. L'autre, hélas, a disparu, et sa trace est perdue.

Dans tous les cas, y compris dans l'hypothèse défavorable, ces déclarations donnent un aperçu du monde bizarre dans lequel je me suis trouvé devoir vivre une courte période de ma vie.

5

En parallèle avec ces diverses rencontres, mes explorations quotidiennes sur Internet se poursuivent. J'ai choisi un pseudo explicite : « Je cherche des prêtres ». Je suis conscient de frôler les limites. Je sème des pièges sur le terrain et j'attends que les souris finissent par s'y faire prendre. Ma conscience proteste contre ces méthodes, mais je la fais taire. Il n'est plus temps de tergiverser. Maintenant que je me suis engagé dans cette enquête, je n'ai plus envie de faire marche arrière. Et puis… Et puis ce n'est pas moi qui ai organisé cette soirée dans le Testaccio avec les prêtres homos. Pas moi qui ai engagé deux escorts en les payant pour qu'ils exécutent leurs danses interdites. C'est eux qui ont tout fait. Ce sont les prêtres qui ont tout fait. Moi, je me suis contenté de vérifier si ce qu'on m'avait dit était vrai. C'était vrai. C'est vrai.

Maintenant, je veux seulement savoir si l'affaire concerne deux ou trois prêtres, un petit nombre d'entre eux, ou si j'ai mis le doigt sur quelque chose de beaucoup plus gros. Une chose est sûre. Ce n'est pas fini. Pas question de m'arrêter là. Je veux mesurer le degré de pureté qui règne au royaume des chastes. Et si, pour atteindre cet objectif, je dois me piétiner, ou piétiner d'autres personnes, qu'il en soit ainsi. Sans excuse, sans présumer de la vérité ni des conséquences morales. Point.

Je cherche des prêtres.

Sur un chat où l'on peut échanger sans se faire enregistrer, apparaît un type qui se présente sous le pseudo « Je reçois dans le Trastevere » et demande le plus de discrétion possible. Il veut un rendez-vous le soir même et multiplie les questions : il veut savoir mon âge, le quartier où je réside, ce que j'aurais envie de faire, mon poids, ma taille, si je suis masculin ou féminin, actif ou passif.

Je réponds en disant que la seule chose qui m'intéresse, c'est qu'il soit vraiment prêtre. Il dit s'appeler Fabio. Il m'assure qu'il est vraiment prêtre.

Je lui demande s'il mettra la soutane pour moi.

Non.

Je lui demande s'il mettra le pantalon, la chemise et le col de prêtre.

Non.

Je lui demande s'il mettra quelque autre habit sacré.

Non.

Je lui demande s'il me fera voir tout l'attirail du prêtre quand je serai chez lui.

« Oui, je te le promets », dit Fabio.

Je dis que j'ai les prêtres dans la peau. Il me dit de ne pas m'en faire pour ça.

Je lui demande son numéro de portable, afin de pouvoir l'avertir en cas de contretemps.

« En aucun cas », dit Fabio.

Je lui donne le mien. Je lui dis que je suis bi et fiancé. J'espère qu'il a compris le message : la discrétion est aussi une nécessité pour moi.

Nous sommes le mardi 6 juin. Le rendez-vous est fixé le soir même à 21 heures.

À l'heure dite, j'accompagne Michele dans le Trastevere. C'est lui qui jouera mon rôle, tandis que je reste à distance. Leur rencontre a lieu. Fabio porte un pantalon beige et un maillot blanc, des lunettes. Il est grand, maigre, avec les cheveux clairs. Il est chaussé de sandales.

Après une brève présentation, il entraîne Michele dans une rue étroite occupée par une église et la résidence d'une mission catholique. Il continue à poser des questions : « Tu travailles dans quoi ? Depuis combien de temps vis-tu à Rome ? Depuis combien de temps es-tu fiancé ? ». Il veut savoir d'où vient ce fantasme avec les prêtres. Michele lui raconte que tout a commencé par une liaison qu'il a eue avec un jeune prêtre tout juste sorti du séminaire. Il dit qu'il portait la soutane, et que le fantasme lui est resté.

Ils sont arrivés. Fabio tire une clef de son pantalon, ouvre la porte cochère. Ils entrent tous les deux et traversent le hall où quelqu'un est assis, un ordinateur sur les genoux. Ils gagnent le deuxième étage. Fabio ouvre la porte de la chambre occupée par une grande bibliothèque, un bureau, une bible ouverte sur un lutrin. En quelques secondes, il se déshabille et entraîne mon « fiancé » sur le lit.

Pendant le rapport, il s'excite en interrogeant Michele sur ce qu'il faisait avec l'autre prêtre.

Après, Michele lui demande de tenir la promesse qu'il a faite sur le chat.

– Quoi donc ? dit Fabio.

– L'habit, dit Michele.

Fabio ouvre l'armoire et lui montre ses vêtements sacrés : deux soutanes noires, une aube blanche, une verte. Tout en raccompagnant cet amant occasionnel, il lui demande si l'expérience a satisfait sa curiosité, son envie d'avoir un rapport avec un prêtre. Il explique que, d'habitude, c'est le contraire qui arrive : après la drague sur les chats, quand il dit qu'il est prêtre, beaucoup préfèrent cesser les échanges.

Le Français va repartir pour son pays où il doit rester trois semaines. La veille du départ, il dit la messe à 7 heures à la basilique Saint-Pierre.

Je profite de son absence pour faire un saut au couvent où il m'a dit résider. Je demande à le voir en feignant d'appartenir au chœur du diocèse de Rome. On me répond qu'il vient de partir et sera de retour dans une dizaine de jours. Ça peut suffire pour confirmer ses activités. Dans ma quête effrénée des pièces minuscules de ce puzzle, il me reste à finir le tableau de l'Italien, du prêtre blasphémateur avec qui j'ai correspondu sur le chat, et de Fabio, le missionnaire.

L'Italien cède aux avances de Michele et l'invite à dîner dans un restaurant près de chez lui.

Michele arrive ponctuellement à 21 heures. L'Italien porte des chaussures de sport, un pantalon beige, une chemise turquoise et une sacoche noire. Le restaurant se trouve entre la piazza Navona et le Panthéon. L'Italien, qui connaît tout le monde, salue le propriétaire et les serveurs – lesquels sont tous homos et plutôt bien faits.

– Tu comprends maintenant pourquoi je viens ici ? C'est un endroit *gay-friendly*.

Il commande une pizza à la mozzarella et un demi.

À la table voisine, dînent deux hommes : un prêtre et son fiancé, selon l'Italien. Il blague :

– Attention, tu es pris en sandwich.

– Pardon ? dit Michele.

– Derrière toi, tu as un prêtre, devant tu en as un autre. Mais sache que le meilleur, c'est celui que tu vois, dit l'Italien.

À l'en croire, le restaurant est fréquenté par beaucoup de prêtres homos.

L'Italien dit avoir découvert sa véritable identité sexuelle trois ans plus tôt, à son arrivée à Rome, en fréquentant d'autres prêtres. D'après lui, 98 % des prêtres qu'il connaît sont homosexuels, les autres vivent leur sexualité dans la frustration : ce sont eux qui partent en virée avec leurs habits de dentelles. Il dit que l'Église, aujourd'hui, se divise en un courant intransigeant, qui refuse de voir la réalité en face, et un autre plus évangélique, qui admet et accepte l'existence du phénomène. Michele demande comment ces prêtres font pour concilier sexualité et fonction sacerdotale. L'Italien répond par une homélie : lui et les autres, avant d'être des prêtres, sont des hommes. Le prêtre n'exclut pas l'homme, et l'homme n'exclut pas le prêtre.

La pizza avalée, l'Italien entraîne Michele en direction de son appartement ; ils franchissent la grande porte cochère de l'importante structure ecclésiastique à laquelle il appartient. Une fois dans la place, il le conduit à la fenêtre admirer la superbe vue. Puis il se déshabille, enfile un short et s'étend sur le lit.

Quelques jours plus tard, j'entre un soir dans l'église voisine de son domicile, et j'assiste à une messe célébrée par lui.

Je fais le touriste, je mets des lunettes noires pour qu'on ne me reconnaisse pas. J'ai la main qui tremble quand je filme le prêtre avec ma petite caméra tenue bien en évidence. Dans l'autre main, je tiens un plan de Rome pour parfaire le tableau.

À partir de là, j'essaie de retrouver la trace de Fabio, le missionnaire. Mais la façon dont il passe ses journées est auréolée de mystère.

Pendant une semaine au moins, j'assiste à toutes les célébrations données dans une des missions du Trastevere en italien, en espagnol, en portugais.

Rien. Aucun signe de lui.

Alors, je m'informe auprès d'un prêtre plus âgé de la mission. Il me répond d'un ton bourru que Fabio n'est pas là, et tourne les talons, l'air irrité. Je tente une autre approche : je rejoins le groupe de bénévoles qui soutiennent les activités de la mission ; rapidement je connais presque tout le monde, depuis les enfants jusqu'aux prêtres brésiliens et latino-américains.

Je participe même au loto dominical, où l'on remporte toutes sortes de lots, le premier prix étant un ordinateur.

Rien. Pas de Fabio en vue. Pour tâcher de le débusquer, je glisse un mot sous la porte de ce qui est supposé être sa chambre. Je lui demande de me rappeler d'urgence et je signe « le garçon de l'autre soir ».

Toujours rien. Disparu. Volatilisé.

Je finis par poser la question plus ouvertement aux prêtres de la mission. Je dis que j'ai passé un moment avec don Fabio dans la chambre du deuxième étage et je décris le mobilier de la pièce. Les autres se ferment et affirment qu'il n'y a pas de don Fabio ici, ni aucun prêtre italien.

Une vingtaine de jours ont passé depuis la soirée dans le Testaccio. Qui sait ? Don Fabio n'était peut-être pas un vrai prêtre en définitive. Pourtant, il allait et venait dans la mission et dans cette chambre comme s'il vivait bel et bien là.

Au moment de quitter Rome, Michele et moi recevons un message.

C'est l'obsédé, celui qui se fait passer pour un prêtre et propose des rapports sexuels à l'intérieur du couvent, dans les couloirs, dans la chapelle.

Il veut me voir. Il veut avoir un rapport sexuel avec moi.

L'après-midi, il vient au rendez-vous fixé. Michele, qui joue de nouveau mon rôle, est là qui l'attend. Le « prêtre » porte un pantalon noir classique, une chemisette noire, un sac à dos bleu. Il mesure au moins un mètre quatre-vingt-dix. Cheveux châtains coupés court, avec une raie.

Il salue Michele, se présente. Il annonce la couleur en se déclarant prêtre. Il parle un italien parfait, avec un accent étranger.

Ils se rendent ensuite dans une petite chambre. Il ouvre alors son sac à dos et en tire un balluchon de lin beige, qu'il dépose sur la console.

Il se jette sur Michele, l'embrasse. Fourre sa main dans son pantalon. Il cherche tout de suite la fermeture Éclair. Il le masturbe. Puis, ouvrant le balluchon, il produit un calice en or qu'il place sous les testicules de Michele, tout en continuant de le masturber. Il veut ce dont il parlait sur le chat. Michele se bloque, invente une excuse. Il ne le sent pas. Alors le prêtre saisit son sac à dos, en sort des hosties. Il prend la grande hostie. En enfourne une moitié dans sa bouche. L'autre, il la fait manger à Michele.

Il l'embrasse. Puis il lui dit au revoir, sort et s'en retourne dans son couvent.

6

Pour documenter mes journées romaines en compagnie des prêtres, les soirées homos, les escorts et les célébrations religieuses, j'ai travaillé en caméra cachée. J'avais besoin de preuves certaines et irréfutables. Sans quoi, je risquais de me faire massacrer.

Nous sommes le 23 juillet 2010. *Panorama*, le magazine pour lequel je travaille, publie une partie de l'enquête et des photos en ma possession. En couverture, sur fond noir, un prêtre aux mains jointes serre un chapelet entre ses doigts. Il a les ongles laqués de rouge. Titre : « Les belles nuits des prêtres gays ».

La première réaction de l'Église de Rome est diffusée par l'agence de presse Ansa. « Des sources anonymes du Vatican » stigmatisent une enquête « dépourvue d'informations concrètes et circonstanciées » ; elles n'y voient qu'une « tentative de trouver à tout prix des sujets assez forts pour réveiller les lecteurs endormis sous leurs parasols ».

Réponse de Giorgio Mulè, directeur de *Panorama* : « Je souhaite rassurer les sources anonymes du Vatican en les invitant à se rendre dans un kiosque à journaux et à lire l'enquête. Si la chose se révélait impossible je serai heureux, en accord avec la direction du journal, de fournir les prénoms, les noms, les adresses des prêtres qui ont pratiqué des actes sexuels, le tout agrémenté de vidéos incontestables. »

Quelques heures plus tard, paraît une déclaration officielle du cardinal Agostino Vallini, vicaire du pape Benoît XVI : « Le but de l'article est évident : créer le scandale, diffamer tous les prêtres en s'appuyant sur les déclarations d'une des personnes interviewées, d'après laquelle 98 % des prêtres de sa connaissance sont homosexuels ; discréditer l'Église et faire pression sur cette partie de l'Église qu'ils réputent intransigeante, et qui refuse de regarder la réalité des prêtres homosexuels. »

Les faits rapportés ne devaient plus faire débat au sein du Vatican. Vallini continue : « Les faits relatés ne peuvent pas ne pas susciter douleur et désarroi dans la communauté ecclésiale de Rome, qui connaît bien ses prêtres et ne les considère pas comme ayant une "double vie" mais une "vie solitaire", heureuse, pleine de joie, en harmonie avec leur vocation, vouée à Dieu et au service des hommes, consacrée à la vie et au témoignage de l'Évangile, modèle de moralité pour tous.

« Ils sont plus de 1300, répartis dans nos 336 paroisses, ceux des oratoires, des multiples œuvres de charité, des établissements consacrés et autres réalités ecclésiales présentes dans l'université, dans le monde de la culture, dans les hôpitaux, aux frontières de la pauvreté et de la dégradation humaine, non seulement dans notre ville mais aussi dans des pays lointains et dans des conditions passablement difficiles.

« Qui connaît l'Église de Rome, où vivent également plusieurs centaines de prêtres venus du monde entier pour étudier à l'université, sans appartenir au clergé romain ni être impliqués dans des activités pastorales, ne peut se reconnaître le moins du monde dans la conduite de ceux qui mènent cette "double vie". Ceux-ci n'ont pas compris ce qu'est le "sacerdoce catholique" et n'auraient pas dû devenir prêtres. Ils savent que personne ne les oblige à rester prêtres, si c'est seulement pour en tirer des bénéfices. La cohérence voudrait qu'ils se montrent au grand jour. Nous ne leur voulons aucun mal, mais nous ne pouvons accepter que leur comportement salisse l'honorabilité de tous les autres. »

En substance, le Vatican reconnaît que le problème mis au jour par l'enquête existe. Sur ce point, au moins, le doute n'est plus permis.

La déclaration du vicariat s'achève ainsi : « Devant de tels faits, nous adhérons avec conviction à ce que le Saint-Père Benoît XVI a répété à plusieurs reprises ces derniers mois : les péchés des prêtres renvoient tous à la conversion des cœurs et de la vie, et à veiller à ne pas souiller la foi et la vie chrétiennes en entamant l'intégrité de l'Église, en affaiblissant sa capacité prophétique et testimoniale, en ternissant la beauté de son visage. Ce vicariat s'emploie à poursuivre vigoureusement, dans le respect des règles de l'Église, tout comportement indigne de la vie sacerdotale. »

On peut toujours discuter de la forme et, si l'on veut, de la cruauté de l'enquête, mais la matière des faits existe bel et bien. Au point que le vicariat exhorte fermement les prêtres homosexuels à se dévoiler, à enlever leur soutane et à quitter l'Église.

Deuxième point très important. La déclaration officielle du Vatican se résume ainsi : c'est une affaire classique de brebis galeuses comme il y en a dans toutes les bonnes familles. Pour le reste, l'Église est peuplée de prêtres menant une vie conforme à leur vocation et assumant leur tâche. Des prêtres au service de Dieu et des hommes, des témoins de l'Évangile, des modèles de moralité pour tous.

Personne ne veut mettre tout le monde dans le même sac. Je n'ai jamais eu, et je n'ai toujours pas à l'heure actuelle, le moindre doute quant à l'existence de prêtres qui, tous les jours, se consacrent à la messe, viennent en aide aux ados et aux exclus, qui se brisent l'échine dans les oratoires, de missionnaires qui passent leur vie au service des autres dans des endroits où les gens comme nous ne tiendraient pas plus de vingt-quatre heures.

Là n'est pas la question.

Si tu as un ami qui a un problème d'alcool ou de drogue, tu ne lui feras sûrement pas du bien en le plaignant et en mettant la cause de son mal-être sur le dos des autres : sa fiancée qui l'a trompé, son boss qui est un con, la société qui est corrompue et travaille seulement à sa propre chute. Si tu veux vraiment rendre service à cet ami, ton devoir est d'être franc, direct, cruel. Tu ne restes pas les bras ballants pendant qu'il s'éteint doucement. Si son sort te tient vraiment à cœur, tu lui dis ce qu'il en est vraiment. Que le problème est en lui, dans son ventre, dans sa tête. Qu'il faut qu'il se soigne. Tu restes auprès de lui, tu l'accompagnes même aux toilettes s'il le faut, mais tu ne lui donnes pas de petites tapes sur l'épaule. Tu l'obliges à regarder son problème en face, tu le persuades de le résoudre en allant à la racine du mal.

Si tu es vraiment chrétien dans l'âme, et pas seulement en paroles, si ton cœur est réellement habité par les enseignements de Jésus, alors tu veux aller au fond des choses. Quitte à découvrir une vérité qui te fera mal, qui fera mal à tous ceux qui t'entourent et vivent comme toi.

Si tu es vraiment chrétien, tu as à cœur l'équilibre intérieur et la sérénité de tes brebis, y compris des brebis galeuses. Tu ne les chasses pas de ta maison pour laver ta conscience et continuer à vivre dans le mensonge et l'hypocrisie.

Si tu es vraiment chrétien, tu chercheras à comprendre. Comprendre ce que pensent les autres, ce qu'ils ressentent, quel genre de difficulté ils traversent, peut-être à cause de ceux qui feignent de ne pas se rendre compte qu'ils sont là. Qu'ils existent. Que ce sont des hommes. Que ce sont des fils de Dieu.

Des pécheurs semblables au commun des mortels, sauf qu'ils sont obligés de porter le poids du mensonge.

Si tu es vraiment chrétien, tu te demandes si tu es toujours un bon pasteur. Tu acceptes le doute. Tu ouvres le débat. En plein jour, par-devant toutes tes petites brebis.

Si tu es vraiment chrétien, tu veux savoir si les brebis galeuses sont seulement au nombre de trois. Parce que, si ce n'était pas le cas, cela voudrait dire que beaucoup de gens se baladent avec l'âme en souffrance, écrasés par le poids d'un fardeau lourd à porter toute une vie durant.

Si tu es vraiment un chrétien, tu veux savoir enfin si ces personnes consomment du sexe pour le sexe lui-même, ou si elles ne sont pas plutôt en quête d'affection, d'amour, de contact humain. Si elles ne se sentent pas seules, abandonnées de Dieu et des hommes.

Voilà ce que signifie être chrétien.

Cela signifie aimer vraiment. Aimer ton prochain comme toi-même.

Ils sont très nombreux, les prêtres qui ont une sphère sexuelle cachée, une double vie. Peu importe qu'il s'agisse d'homo ou d'hétérosexualité. Car personne ici ne songe à établir une distinction entre les prêtres qui aiment une femme et ceux qui aiment un homme. Au terme de cette enquête, le problème se révèle comme étant exactement le même. Et c'est simple hasard si elle démarre sur des fêtes avec des prêtres gays. Dans les pages qui suivent, seront décrites les vies et les problématiques de tous, y compris des sœurs, et des femmes qui vivent dans l'ombre et l'exclusion leur dure condition de compagnes de prêtre.

Ça n'a pas été une entreprise facile que d'établir des chiffres susceptibles d'aider à circonscrire le phénomène. En effet, comme on s'en doute, il n'existe pas d'études ni de données officielles. Il faut se contenter d'estimations officieuses, partielles, contestables, qui n'auront certes pas la prétention d'affirmer une vérité scientifique, mais peuvent aider à saisir l'étendue du terrain sur lequel nous avançons.

Les tentatives les plus probantes viennent des États-Unis.

Selon les innombrables études du psychiatre Richard Sipe, ex-moine bénédictin, ex-prêtre, 25 % des prêtres américains ont eu des relations avec des femmes après leur ordination. 20 % encore sont impliqués dans des relations homosexuelles, ou ont eu un conflit en rapport avec une activité sexuelle régulière, ou se sont sentis attirés par une activité homosexuelle, ou se sont identifiés comme homosexuels, ou ont eu au moins des doutes quant à leur orientation sexuelle. Richard Sipe a déclaré au *Boston Globe* : « S'il fallait éliminer tous ces prêtres qui ont des tendances homosexuelles, leur nombre serait tellement grand que ça aurait l'effet d'une bombe atomique. Cela signifierait la démission d'un tiers des évêques de par le monde. »

Le sociologue et écrivain James G. Wolfe a également mené des études, par le biais de questionnaires adressés à des prêtres. Il estime que 48 % des prêtres américains sont gays. Ses conclusions sont les suivantes : 58 % d'entre eux pensent que le célibat est un idéal plus qu'une loi à laquelle obéir. Ils sont 35 % à le considérer comme un engagement à ne pas se marier, plutôt qu'à n'avoir aucune activité sexuelle. Et 41 % à séparer leur vie sexuelle et leur vie de prêtre.

À l'automne 1999, le *Kansas City Star* a adressé un questionnaire à 3000 prêtres aux quatre coins des États-Unis. 801 réponses ont été recueillies : 75 % des prêtres interrogés ont déclaré avoir une tendance homosexuelle, 15 % se sont ouvertement déclarés homosexuels, et 5 % bisexuels.

En 1990, un franciscain, le révérend Thomas Crangle, a envoyé 500 lettres à autant de prêtres sélectionnés au hasard ; 398 ont répondu : 45 % d'entre eux ont affirmé être gays.

Au Brésil, le Centro de Estatísticas Religiosas e Investigações Sociais, le Ceris, a mené une enquête anonyme sur un échantillon de 758 prêtres catholiques brésiliens : 41 % ont admis avoir eu des rapports sexuels ; la moitié d'entre eux s'affirment opposés au célibat.

La situation est comparable en Europe.

Eugen Drewermann – ex-prêtre, écrivain, critique, théologien – soutient, études à l'appui, qu'en Allemagne, sur un total de 18000 prêtres, 6000 au moins vivent avec une femme.

Le théologien Paul Zulehner a présidé de 2000 à 2007 la faculté de théologie de l'université de Vienne. Il a déclaré dans le journal autrichien *Österreich* que 22 % des prêtres autrichiens évoquaient des relations avec des femmes. Il approuve par ailleurs d'autres études dans lesquelles le chiffre est de 50 %. Il fait également référence à une enquête récente, effectuée sur un échantillon de 500 prêtres : 81 % des prêtres interrogés prédisent l'abolition du célibat, et 51 % se disent favorables à l'ordination des femmes. En outre, d'après un sondage effectué par des chercheurs de l'université Kepler de Linz sur 406 prêtres catholiques, il ressort que 59 % des prêtres autrichiens réclament l'abolition du célibat obligatoire.

Le *Guardian* a avancé le chiffre de 1 000 enfants nés de prêtres en Grande-Bretagne.

Selon Pat Buckley, évêque irlandais qui a créé un groupe de soutien aux femmes maîtresses de prêtres, 500 Irlandaises au moins ont une relation avec un prêtre catholique, sur un total de 1 900 prêtres en activité.

La revue chrétienne espagnole *21rs* a mené une étude, intitulée « Radiographie du clergé diocésain espagnol », et conclut que 52 % du clergé espagnol souhaitent que le célibat devienne facultatif.

Et en Italie ? Rien de rien. Personne n'a jamais tenté d'ébaucher la moindre étude de ce type. Quant à entrer en contact avec des prêtres psychiatres en charge des cas les plus difficiles de religieux impliqués dans des affaires sexuelles, sûrement pas ! Ils fuient les questions comme la peste. Ils ont peur. On peut parler de tout, sauf de sexe.

Deuxième Partie

7

Pour comprendre ce qui se passe vraiment dans le monde caché des relations entre les prêtres italiens et le sexe, le seul moyen est de prendre sa voiture et d'aller à Pinerolo, dans le Piémont, discuter longuement avec don Franco Barbero. Un homme d'une extraordinaire qualité humaine. Un être plein de douceur, ouvert, capable d'écouter comme personne. Son histoire vaut d'être racontée.

Don Franco Barbero naît en 1939 à Savigliano, province de Cuneo. Il est ordonné prêtre en 1963, à l'âge de vingt-quatre ans. Après ses années de séminaire, il est envoyé dans une paroisse de la banlieue de Turin. Turin qui, à l'époque, est déjà ouvertement une sorte de laboratoire laïque.

Don Franco y rencontre des homosexuels qui viennent se confesser. Jeune prêtre ignorant, fidèle au pape mais très soucieux de la personne qui lui fait face, il écoute.

À la fin des années soixante-dix, l'idée germe dans son esprit de fonder une petite communauté hors les structures paroissiales. Il en parle à ceux qui l'entourent. Ils commencent à se réunir régulièrement pour prier. Et, en 1973, la communauté chrétienne voit le jour, avec son siège à Pinerolo.

Entre-temps a paru en 1968 l'encyclique *Humanæ Vitæ*. En 1975, le pape Paul VI publie le document *Persona Humana*, une déclaration abordant des questions d'éthique sexuelle. Entre autres « abus de la faculté sexuelle », sont répertoriés les rapports prématrimoniaux, la masturbation et les relations homosexuelles. Dès lors, le Vatican « déclare la guerre » à tous les gays et à toutes les lesbiennes du monde.

En 1977, Don Franco rencontre Ferruccio Castellano, jeune croyant homosexuel, qui dès lors vient souvent le voir et avec qui s'établit une relation basée sur une communication intense. Ensemble ils projettent d'organiser un grand congrès national sur le thème « Foi et homosexualité ». Mais leur démarche se heurte à des portes closes et des bouches cousues. La même année, par pur hasard, deux garçons homosexuels viennent à passer par Pinerolo où la communauté a son siège. Don Franco découvre alors qu'il existe à Berlin et à Paris des groupes où l'on célèbre l'amour des couples homosexuels.

Peu après, le 4 février 1978, dans la petite communauté, don Franco célèbre l'eucharistie de mariage des deux garçons. Folie. Émotion fébrile. Isolement.

Don Franco et Ferruccio ont l'âme tumultueuse. Ils n'ont pas renoncé à leur idée d'un congrès national. Ils obtiennent l'appui du pasteur Eugenio Rivoir, directeur du Centre œcuménique piémontais Agapè. Du 13 au 15 juin 1980, leur rêve d'une vaste rencontre sur le thème « Foi chrétienne et homosexualité » se réalise. C'est une manifestation de liberté, de joie et d'espérance, qui suscite des réflexions nouvelles et déclenche des propositions inédites.

Don Franco publie chez l'éditeur Gabrielli un livre intitulé *Omosessualità e Vangelo* (« Homosexualité et Évangile ») :

« Notre optique ne visait pas la transgression mais le dépassement. Il ne s'agissait pas de transgresser un code liturgique, une norme, mais de le considérer tout simplement comme désuet. Nous nous donnions la liberté de célébrer l'amour, non dans l'intention de violer les normes liturgiques, mais parce que nous les considérions inadaptées, inaptes à répondre à la présence d'hommes et de femmes qui étaient de nouveaux protagonistes au sein de la communauté chrétienne. Nous avons assumé l'optique consistant à nous positionner sur des territoires où vivaient des sujets amants et croyants, lesquels occupaient un espace réel dans la communauté. Dès lors, il n'était pas nécessaire de partir à la recherche d'une autre voie quelconque. Ce n'était pas la peine d'entrer dans la sacristie la tête basse. Au contraire il fallait y entrer avec toute la dignité des fils et des filles de Dieu. À part entière. Il fallait dépasser la dynamique et le code précis de la dictée ecclésiastique, non à des fins polémiques, non pour faire des enfantillages ou pour le plaisir de désobéir, non pas pour jouer les rebelles, mais dans un esprit de maturité et de conscience, si limitée et faillible soit-elle. En reconnaissant la dignité des personnes. Il ne s'agissait pas de conférer de la dignité à quiconque, mais de la reconnaître. »

En attendant, don Franco travaille à sa grande passion : la recherche biblique et théologique. Quand il n'est pas à l'écoute de quelqu'un, il lit. Et quand il ne lit pas, il écoute.

Don Franco remercie Dieu de lui avoir ouvert les yeux sur un nouveau territoire de l'amour, et il bénit les couples gays et lesbiens. Il n'entre pas dans les débats concernant les revendications homosexuelles sur le mariage, le Pacs, et ainsi de suite. Il se tient à distance et préfère laisser les protagonistes de ce geste d'union devant Dieu employer le langage qui leur convient : certains parlent de « pacte d'amour ». Don Franco va au-delà de la terminologie : c'est la substance qui l'intéresse. Il voit dans cette forme d'amour un don précieux, il l'accueille, la valorise et la présente à l'Église après avoir jugé qu'il s'agissait d'une route praticable.

Car l'Église, pour lui, n'est pas seulement un lieu où se répète ce qui s'est toujours fait, mais un espace de création, une communauté de croyants où Dieu n'est pas muet, où Dieu n'en a pas fini de son histoire avec l'humanité. Une Église laboratoire au sein de laquelle trouvent à se développer de nouvelles impulsions, de nouvelles avancées.

Si nous ne faisons pas d'expériences nouvelles, si nous n'empruntons pas de nouveaux chemins, si nous ne sortons pas des sentiers battus, si nous ne cherchons pas de nouveaux espaces, de nouvelles théologies, alors nous courons le risque de ne pas trouver et de ne pas accueillir le Dieu nouveau qui ensemence les communautés.

Le 13 mars 2003, à 7 heures du matin, à l'heure où la police frappe à la porte, l'évêque de Pinerolo, *monsignor* Piergiorgio Debernardi, remet à don Franco Barbero le décret lui signifiant son exclusion du sacerdoce.

Démissionné de l'état clérical, dispensé de ses obligations. Le document vient de la Congrégation pour la doctrine de la foi, et porte la signature du cardinal Joseph Ratzinger. Don Franco Barbero y est désigné sous le nom « *Signor* Franco Barbero ». Condamnation suprême, non susceptible d'appel, sans recours. Condamnation éternelle.

Don Franco est touché en plein cœur. Il décide de répondre dans un mensuel catholique au travers d'un texte écrit quelques années plus tôt, figurant dans un livre paru chez Viottoli intitulé *Il Dono dello smarrimento* (« L'égarement comme don ») :

« Ma chère Église, je veux te dire combien je t'aime. Chaque jour je bénis Dieu de m'avoir appelé à la foi, et souvent de m'avoir placé dans cette église… En toi j'ai rencontré les Écritures et me suis épris d'elles… Sans que la chose, en vérité, te fasse tellement plaisir… Au contraire…

« Mais comme tout amour sain et adulte, ma relation avec toi a toujours été un amour difficile, profond et sincère, contrasté cependant. Je sais que cette expérience est partagée par des millions de femmes et d'hommes. À présent je veux te parler à cœur ouvert.

« J'ai l'impression – il s'agit en fait d'une constatation – qu'au fil des siècles tu t'es protégée et structurée comme la tour de Babel : “Allons ! Bâtissons-nous une ville et une tour, dont la tête soit dans les cieux et faisons-nous un nom, pour que nous ne soyons pas dispersés sur la surface de toute la Terre !” (Genèse, 11:4).

« Tu as pris, ma chère Église, une direction périlleuse où domine la volonté de rendre la tour toujours plus haute, de la faire tenir debout, solide et compacte, de surveiller d'en haut toute chose et chacun, de l'enfermer dans des murs, de fermer les fenêtres et de barricader les portes. Mais à trop la regarder d'en haut, la réalité apparaît différente. Ne parviennent plus jusqu'au sommet les voix chaudes et émouvantes des femmes et des hommes, on n'entend plus le bruit de leurs pas, le vacarme de la route, les chants d'amour, les cris de souffrance et les palpitations des cœurs. De là-haut, on perd le plus et le meilleur de la vie…

« L'isolement le plus dangereux est celui que nous sommes capables de construire, nous autres chrétiens, quand malades de narcissisme nous voulons à tout prix défendre notre vieux palais, notre château vétuste, quand nous ne voyons plus le paysage plus large que Dieu a créé et continue de créer pour ses créatures. Quand on s'occupe du palais de façon obsessionnelle, ce sont les personnes réelles qui passent au second plan… et finissent par disparaître. Il ne reste plus que le palais et ceux qui y vivent : les soumis et les obséquieux.

« Ma chère Église, comme tu serais plus belle, plus vive, si au lieu de pleurer chaque fois que se brise un morceau de ta tour, au lieu d'en défendre chaque brique avec les dents, tu étais à même de voir que le Dieu de la vie ne cesse d'ouvrir des espaces plus vastes, et de démolir les tours dans lesquelles nous nous emprisonnons pour que nous nous tournions vers des maisons plus humaines, plus habitables…

« Mais ma chère Église, te souviens-tu d'Abraham ?

« Détache-toi de l'illusion d'être le centre du monde ; de l'illusion que tes dogmes sont une photographie de la vérité, de la présomption d'avoir toujours le dernier mot sur tous les sujets. Nous avons appris à faire le départ avec précision entre les paroles humaines qui passent, et la parole de Dieu qui demeure.

« Renonce aux mensonges que tu persistes à raconter, selon lesquels Jésus aurait interdit l'ordination des femmes ;

renonce définitivement à l'autre mensonge solennel affirmant que ministère et célibat seraient inséparablement liés par la volonté même de Jésus ; renonce à tes lois inhumaines présentées comme la volonté de Dieu.

« Renonce à idolâtrer ton droit canonique, les lois codifiées par toi-même depuis des siècles ; renonce à la politique de la forteresse assiégée, et au mauvais usage de tes traditions : ce sont des expériences historiquement situées, non des momies inaltérables que l'on transporte d'un millénaire à l'autre…

« Finis-en avec les obsessions sexuelles, avec ces sexophobies qui continuent de te pousser à craindre le plaisir et les femmes, à user de mots offensants pour parler des homosexuels, des lesbiennes, des séparés, des divorcés et des concubins, au lieu de bénir Dieu de donner à l'humanité mille formes d'amour et de les faire refleurir là où elles s'étaient éteintes…

« Abandonne cette structure de pouvoir qu'est la papauté afin de mieux redécouvrir un ministère qui serait véritablement un service ; renonce à vouloir jouer les puissants et les *prima donna* ; quitte la prison de tes comportements impériaux, embrasse le rêve de Dieu… »

Les âmes simples et ingénues s'émeuvent à la lecture de cette lettre. Elle m'inspire à moi aussi une forte émotion. Mais une autre raison, bien plus utilitaire, me pousse à me mettre en route pour Pinerolo : don Franco Barbero, au long de ces années, est devenu le point de référence, le refuge, l'épaule sur laquelle sont venus s'appuyer des milliers et des milliers de prêtres en larmes.

Sur les quelque 700 000 lettres reçues par don Franco, plus de 7 000 sont signées par des prêtres et des sœurs. Et 5 000 d'entre eux se sont déclarés homosexuels.

Ce sont des lettres de souffrance. L'un a découvert l'amour d'une femme après avoir promis à Dieu et à son Église une fidélité éternelle.

Un prêtre napolitain de quarante et un ans raconte son tragique Vendredi saint, jour où l'Église commémore la passion de Jésus :

« Cher don Franco, le Vendredi saint, pardon pour le blasphème, je me suis vu en croix. Alors même que se déroulait la liturgie, j'avais devant moi la femme qui m'aime. Elle pleurait et je suis sûr qu'elle pleurait pour moi. »

Ce sont des lettres emplies de culpabilité, de solitude, de silence, de clandestinité. D'accusations envers une hiérarchie aveugle, insensible.

Ce sont des lettres désespérées envoyées par des gens qui signent : « Un misérable prêtre ».

« Je me sens comme un voyou, obligé tous les jours de fuir tout et tout le monde. Le pire, c'est que je jouis d'une bonne réputation, chacun m'estime. L'idée que la chose, un jour, puisse être connue, me fait mourir d'effroi. Je pense à ma mère, je pense à tous ceux qui me connaissent et m'estiment. » Mais il évoque l'amour d'une femme qui devient quasiment une drogue : *« Une force occulte me pousse, à laquelle je ne peux résister. »*

Ce sont d'innombrables lettres de prêtres homosexuels ; innombrables aussi les sœurs lesbiennes. Des gens apeurés.

Je demande à don Franco son aide pour parler à quelques-uns d'entre eux. Sous garantie d'anonymat, bien sûr. Et avec le plus grand respect pour leur histoire humaine. Don Franco est bienveillant, disponible, correct. Il me dit n'avoir pas du tout apprécié ma façon de mettre le sujet sur la place publique avec cet article dans *Panorama*. Il n'a pas aimé non plus le ton employé.

Je n'essaie pas de me justifier. Je ne cherche pas d'excuses. Je réponds seulement que je veux écrire un livre où je voudrais qu'on entende leurs voix, leurs histoires, leur expérience humaine.

Je reste des heures à discuter avec lui. J'y retourne une deuxième fois. Puis une troisième. Don Franco m'emmène faire un tour dans la communauté. Des garçons vaquent à leurs occupations, assistés d'adultes qui, pendant quelques heures, renoncent pour eux à leur propre travail.

Les moments passés auprès de don Franco sont empreints d'une extraordinaire charge émotionnelle. Le temps file. J'oublie la raison pour laquelle je suis venu jusqu'ici. Enfin, par un après-midi de fin d'été, don Franco me dit qu'il a décidé de m'aider ; dans les jours à venir, il entrera lui-même en contact avec des prêtres, des sœurs et même un évêque, et leur soumettra ma demande de rendez-vous.

Ma joie sera de courte durée. La semaine suivante, à mon arrivée à Pinerolo, don Franco se déclare déçu : tous ceux à qui il s'est adressé ont refusé. Ils redoutent de possibles répercussions. Dommage…

Quelques semaines plus tard, don Franco Barbero m'envoie par mail une lettre faisant état de ses propres réflexions sur le thème de mon enquête. Il accepte qu'elle soit publiée, à condition de ne « rien en retrancher ». Dans le cas contraire, je suis invité à la jeter à la corbeille.

La voici :

« Je dirai d'abord que j'appartiens plus que jamais à l'Église catholique comme peuple de Dieu, et que je continue de poursuivre dans la plénitude mon ministère pastoral. Ce n'est pas la hiérarchie qui m'intéresse :

c'est une excroissance pathologique, une dégénérescence institutionnelle. Ce qui m'intéresse, c'est la « maison ». J'aime beaucoup les gens qui l'habitent, l'animent et sont à l'opposé des monsignori, *ces hiérarques qui voudraient en faire une caserne, un asile infantile, une prison.*
Quant aux prêtres gays, je ne suis pas en mesure de faire une statistique. Je n'en connais guère plus de 3 000. Du reste, ceux qui s'adressent à moi sont principalement des prêtres, des frères, des sœurs et des séminaristes homosexuels, des gens très constructifs.
Leur souffrance, grave parfois, ne vient pas de leur condition homosexuelle, mais de la marginalisation, et de la persécution qu'ils subissent au sein même des structures catholiques : on les contraint à la clandestinité sous la menace d'être privés de leur ministère.
Je connais en outre nombre de prêtres gays qui vivent parfaitement heureux, dont plusieurs en excellente compagnie amoureuse. Beaucoup d'homosexuels sont heureux, quand bien même ils sont prêtres.
Je suis las d'entendre et de tomber dans mes lectures sur le stéréotype de l'homosexuel affamé de sexe, tel notre président du Conseil, tourmenté, détruit, déchiré : la statue du malheur.
En gardant les pieds sur terre, en restant bien ancré dans la réalité, la marche sera longue avant l'acquisition des droits. Mais je pense que l'heure est venue d'inventer un nouveau langage pour parler de l'homoaffectivité et de l'homosexualité. Raison pour laquelle je ne partage pas la vision qui s'exprime dans votre article de Panorama : « Les nuits sages des prêtres gays ». Car le langage nouveau auquel je fais allusion ne se fonde pas sur une idéalisation des personnes homo-affectives, ni sur l'occultation des aspects négatifs et immatures de leur caractère ; il exige que l'on

parle des personnes homosexuelles et homo-affectives en tant qu'elles ont acquis une absolue normalité dans leur expérience affective et sexuelle.

En revanche, il y a une façon très courante de parler et d'écrire à coups de scoops et de plaisanteries : elle me paraît pathologique et déviante, d'abord et avant tout parce qu'elle trahit un manque de respect vis-à-vis des personnes singulières et de leur vécu, cela au profit d'un « divertissement » qui n'est que spectacle dégradant.

Au lieu de s'attacher aux « cas » un peu « hors normes » et « excitants » des prêtres homosexuels, il vaudrait mieux à mon avis déplacer l'attention et l'analyse vers le manque d'humanité de l'institution catholique officielle ; masse erratique de contre-démocratie, elle est structurellement misogyne, sexophobe, homophobe et par conséquent répressive. Il s'agit d'une œuvre éducative et culturelle de grande importance susceptible d'intéresser les citoyens croyants, et ceux qu'intéresse le phénomène religieux. L'expérience chrétienne et catholique se distingue avec toujours plus d'acuité des positions réactionnaires défendues par les membres des hiérarchies catholiques, lesquels passent souvent pour être les défenseurs de principes abstraits et d'hypothèses incertaines. La théologienne Ivone Gebara a pu parler de « schisme au sein de la hiérarchie catholique » pour rendre compte de ce qui éloigne les évêques du peuple de Dieu.

Pour que leur engagement soit constructif, journalistes et spécialistes en communication sociale feraient bien de s'inspirer encore une fois du modèle relationnel créé par Jésus de Nazareth, prophète de Dieu ; modèle que la hiérarchie cache sous une montagne de dogmes, de superstitions et de publicités commerciales. Il a toujours privilégié l'attention portée à ceux qui construisaient la liberté, la responsabilité et le bonheur. Il a continuellement orienté son regard et ses propos vers ce qu'il y avait de constructif chez ceux qu'il rencontrait. Voici le langage nouveau : déterrer les fragments d'amour et les faire connaître, au lieu de raconter des histoires en s'attardant sur les petites saletés des palais. Sans doute, ça fera moins d'audience. Mais ça aidera peut-être des gens à vivre ce qu'ils sont sans demander la permission à quiconque. En paix avec soi-même et en paix avec Dieu : il n'existe pas de contradiction entre l'expérience homosexuelle et le vécu chrétien. »

8

Outre don Franco Barbero, il existe une autre façon de se faire une idée approximative de l'étendue du phénomène des prêtres menant une double vie. Gay.it est en Italie le portail Web de référence de toute la communauté lesbienne, gay, bi et trans. Gay-it est un journal en ligne possédant une rédaction à Pise et quarante collaborateurs aux quatre coins du pays. Il touche environ 500 000 personnes par mois.

Ces dernières années, *Gay.it* a eu à plusieurs reprises l'honneur d'attirer l'attention des médias. Pour « Goletta Gay » qui réalise des sondages sur le degré de visibilité des gays et des lesbiennes dans les villes italiennes ; pour ses enquêtes sur le refus de la part de l'Istat – l'Institut national de la statistique – de recenser les couples homos ; pour l'*outing* de plusieurs acteurs de cinéma ; pour ses dénonciations de faits de discrimination et d'homophobie ; pour ses enquêtes sur la présence d'homosexuels au sein de l'Église catholique.

Le premier grand sondage sur le thème « Le sexe au confessionnal » a été effectué par *Gay.it* à l'automne 2007. Plus de 10 000 personnes ont été interrogées.

Voici comment Daniele Nardini a commenté les données à sa disposition à la fin de l'enquête : « Quand nous avons décidé de lancer ce sondage, nous n'imaginions pas qu'il pouvait révéler un phénomène aussi répandu. »

26 % des participants – un sur quatre – ont déclaré avoir fait l'objet d'une approche sexuelle par des hommes d'Église. Dans 25 % des cas cette approche s'est limitée à un compliment appuyé, dans 21 % des cas il s'est agi d'une demande explicite, et dans 25 % des cas il y a eu attouchement.

31 % de ceux qui font l'objet d'une approche sexuelle de la part de prêtres ont consommé avec eux un rapport sexuel consentant. Ils sont 3 % à déclarer avoir été violés.

8 % des personnes de l'échantillon étaient mineures à l'époque des faits. 1 % d'entre elles avait moins de dix ans, 2 % avaient entre onze et treize ans, 5 % avaient entre quatorze et dix-sept ans. 8 % de ces personnes ont affirmé avoir subi un acte sexuel complet et violent. Dans 19 % des cas, le rapport était consenti.

Dans 21 % des cas, l'approche s'est faite par Internet, dans 16 % des cas à l'église ; dans 15 % des cas il s'agissait de lieux publics, dans 14 % des cas du patronage, dans 5 % des cas à l'école, dans 4 % des cas au confessionnal.

La conclusion de Daniele Nardini : « Les données confirment un sentiment partagé par les personnes homosexuelles : la probabilité, pour un adolescent gay, d'être l'objet d'une approche sexuelle par des hommes d'Église est significativement plus grande que parmi les personnes de son âge. Soit du fait d'une apparence parfois efféminée, soit parce qu'ils sont exclus du groupe de leurs pairs, soit à cause de l'insécurité dont sont victimes ceux qui découvrent en eux une orientation sexuelle différente, les adolescents gays sont facilement identifiés par ceux qui ont décidé d'en faire les proies de leurs agressions.

« Ce qui revient à dire qu'il vaut mieux envoyer ses enfants dans une association gay qu'à l'église ou au patronage. Quant aux prêtres qui ont des rapports sexuels avec des adultes, c'est leur affaire, cela ne nous intéresse pas et nul ne songe à les clouer au pilori. Il s'agit seulement de prendre une photo d'une situation existante, mais qui trop souvent est passée sous silence et niée vigoureusement par les hiérarchies vaticanes. »

Début septembre 2010, je prends contact avec Daniele Nardini à la rédaction de *Gay-it*. Daniele est un professionnel courtois et disponible. Je lui demande s'ils ont un autre projet d'enquête. Il répond qu'ils n'y ont pas encore réfléchi, mais il se propose d'en lancer une en ligne dès que possible sur le même thème que la fois précédente. Cependant il précise qu'en si peu de temps il aura du mal à travailler sur un échantillon aussi large qu'en 2007. Mais cela n'a pas d'importance. En l'occurrence, ce qu'il peut être utile de savoir, c'est si la tendance s'est accentuée ou a fléchi.

Résultat. Il y a 800 réponses au questionnaire : 37 % des personnes interrogées déclarent avoir fait l'objet d'une approche sexuelle de la part d'hommes d'Église. Autrement dit, quasiment quatre personnes homosexuelles sur dix.

Quand on entre dans le détail, à savoir l'âge, le lieu les modalités, les résultats sont plus ou moins les mêmes qu'en 2007. L'approche par Internet est en augmentation.

Mais si les données permettent de définir le périmètre du phénomène, les témoignages des intéressés en précisent le contenu.

J'en livrerai quelques-uns sans faire aucun commentaire.

« Il n'a pas dit qu'il était prêtre, et nous avons eu plusieurs fois des rapports sexuels dans un sauna gay. »

« Une belle expérience amoureuse. J'ai éprouvé des sentiments très forts et intenses. Je n'ai pas eu l'impression de subir mais de partager. »

« Nous avons communiqué sur un chat gay, puis nous nous sommes vus. »

« L'aumônier pendant la récréation. Il n'était même pas mon type. Il m'a fait une fellation dans la sacristie. Pour être franc, après, j'ai pleuré. »

« J'ai eu une aventure avec un prêtre pendant un an. Nous avons fait connaissance dans un club de rencontres sexuelles. Je pensais être large d'esprit, mais à un moment je n'en pouvais plus. Je ne le respectais plus. Trop de mensonges, d'hypocrisie. Faites comme je dis, pas comme je fais. Pour un laïque comme moi, il a un comportement immoral. C'est fini, mais je lui souhaite de trouver sa voie. »

« J'avais demandé à me confesser. Le prêtre m'a dit de venir le rejoindre derrière le bureau. Et pendant que je récitais mes péchés, il a commencé à me tripoter. Quand il a entendu quelqu'un arriver, il m'a repoussé brusquement pour m'écarter de lui. »

« Un prêtre qui me plaisait beaucoup, je dois l'admettre, même s'il avait dans les trente ans de plus que moi, m'a poussé à avoir une relation sexuelle avec lui un soir que l'église était vide. D'abord j'ai eu honte… Mais après, ça m'a plu. »

« Un prêtre m'a dragué dans un jardin public… Il était jeune et très mignon… Il m'a approché… Il était en civil, il promenait son chien… Impossible de savoir que c'était un prêtre… Il me l'a dit la troisième fois que nous avons eu un rapport sexuel… J'ai voulu arrêter, ça ne m'intéressait pas en dehors du sexe… Lui aurait continué, en allant vers une liaison… »

« Dans l'avion, à mon retour d'un voyage à Cuba. L'avion était plein de cardinaux qui rentraient de La Havane où ils avaient suivi le voyage de Jean-Paul II… J'étais avec mon copain, nous étions entourés de cardinaux : à droite, à gauche, devant, derrière… Nous n'avions pas honte de ce que nous étions… On avait payé notre billet comme tout le monde, et nous n'allions pas nous laisser impressionner par la présence de tous ces culs-bénits… On s'est fait des câlins, des caresses, des baisers, comme s'ils n'avaient pas été là… Et même, à cause de leur présence toute proche justement, nous avions encore plus envie d'exposer notre amour, et ce n'était pas de la provocation ! Mais leur réaction a été pour nous une vraie surprise : nous nous attendions au moins à les voir se plaindre et aller protester auprès des membres de l'équipage. Pas du tout ! C'est exactement le contraire qui s'est passé. Non seulement ils ne se sont pas plaints le moins du monde, mais ils se sont fait des câlins et des gâteries pendant tout le voyage, et ils nous ont offert des cacahuètes, des sodas et des bonbons avec des airs à la fois amusés et vicieux… Tout ça pendant qu'on se pelotait. »

« Pendant une confession, il m'a été demandé si je voulais faire plaisir au confesseur, en précisant que c'était comme faire plaisir à Dieu. »

« Entre mes treize et quatorze ans, mon père, très catholique, a voulu à tout prix m'inscrire à une groupe de jeunes de l'Action catholique, dans une paroisse de ma ville. Pour commencer, il m'a emmené faire la connaissance du prêtre de cette église. Il m'a présenté à lui, et il est parti. Alors que nous étions, je crois, dans la sacristie, le prêtre m'a fait asseoir à son bureau et m'a interrogé sur mes études, sur mes loisirs. C'était l'été, j'avais un maillot de corps à manches courtes. Il s'est levé, est venu derrière moi et s'est mis à me masser le cou. En même temps il m'a dit que j'étais un garçon désormais, non plus un enfant, et que je devais apprendre à nouer des relations. Mais j'ai compris que ce qui se passait n'était pas normal. De toute façon, je n'aimais pas que l'on me touche. Alors je me suis levé et j'ai trouvé une excuse pour m'en aller. Je suis rentré chez moi en courant, j'en voulais à mort à mon père ; pourtant je ne lui ai rien dit, de crainte qu'il ne pense des trucs bizarres à mon sujet. Mais depuis ce jour-là je n'ai plus remis les pieds dans une église, et quand mon père m'emmenait faire du foot, du tennis, du basket, je redoutais qu'il m'arrive à nouveau le même genre de choses. Je n'arrivais pas à avoir une attitude détendue avec les enseignants et avec les éducateurs hommes en général. Je ne sais pas, je me sentais comme une proie. Je ne sais comment l'expliquer. »

« Tout ce que je peux dire, c'est que ç'a été une des expériences les plus tristes de ma vie. »

« C'était un type rencontré sur un chat. Nous nous sommes donné rendez-vous près de chez lui. J'y suis allé et à ce moment-là j'ai compris que c'était un prêtre. Après m'avoir montré son église, il a commencé à me faire des propositions sexuelles explicites, à me toucher. Quand je lui ai fait comprendre que je ne voulais pas, il a voulu m'imposer un rapport anal sans aucune protection. Comprenant qu'il n'arriverait pas à m'obliger, même en employant la force, il a entrepris de me menacer pour que je ne dise rien à personne. Il m'a dit qu'il était avocat et prêtre, qu'il avait de l'influence au Vatican, que j'avais intérêt à me taire et à ne plus me montrer. »

« C'était un bar gay connu à Rome. J'ai été approché par un type qui m'a harcelé toute la soirée avec des propositions sexuelles explicites. Au début, c'était amusant, mais après c'est devenu lourd et j'ai voulu arrêter. Un ami m'a dit qu'il la jouait à l'usure. Il insistait jusqu'à trouver quelqu'un à emmener dans son lit à la fin de la soirée. Il faisait ça avec tout le monde, surtout avec les nouveaux… Petit détail : c'est un prêtre. Tout le monde le sait et lui-même n'en fait pas mystère, il y en a même qui couchent avec lui à cause de son métier. »

« Il enseignait dans l'école de mes frères. Il m'a courtisé pendant huit mois. Je n'avais pas encore eu la possibilité d'exprimer ma sexualité. Il m'a conquis petit à petit, et j'ai cédé, mais tout s'est fait en douceur. Je suis resté fiancé avec lui, en secret, pendant trois ans. Non sans conséquences. Je l'ai quitté car il me trompait. »

« J'ai eu des expériences sexuelles avec deux prêtres diocésains. De leur part, ce qui m'a frappé, et même un peu choqué, c'est qu'ils prenaient contact, avaient un rapport, puis se lançaient dans des philippiques et des autojustifications du genre le monde est corrompu et profite de leurs moments de faiblesse. En attendant, c'est moi qui me sentais mal à l'aise. Naturellement, quand on discute avec eux, ils sont toujours archiprêts à s'en prendre au milieu gay. Selon eux, il est inadmissible que les homos réclament des droits. Tout cela me paraît un peu ridicule. »

Tourments et préjugés. Mensonges. Privilèges et hypocrisie.

9

« Je te demande, excuse-moi encore, au cas où cette confidence serait utile, de me promettre un anonymat absolu : je dois décider que faire de ma vie, et je ne voudrais pas qu'on décide à ma place. »

C'est un ami qui me parle. Je l'appelle don Contradiction. Don Contradiction est un prêtre.

« Un prêtre, oui, mais moins par vraie vocation qu'à la suite d'une bonne déception sentimentale. »

Ce prêtre est assez célèbre en Italie. Depuis quelque temps, il a plutôt choisi de faire profil bas.

« Je me trouve devoir affronter des difficultés, une crise longue et profonde qu'un laïque définirait comme existentielle. Mais un prêtre, dans sa conscience, sait qu'elle doit être abordée comme une crise de vocation. Même si dans mon cas, le terme "vocation" n'est pas vraiment approprié. »

Il y aurait beaucoup à dire sur don Contradiction. Nombre de détails relevant de sa vie publique et privée, de son sacerdoce aussi, composeraient un tableau plein de fascination et de mystère. Je ne le lui dis pas. Impossible. Pas question de trahir sa confiance. À contrecœur. Je peux seulement poser des questions.

– Prêtre par déception sentimentale ?

– Je sais, ça fait cliché de film à l'eau de rose. Tous les chagrins d'amour ne donnent pas des séminaristes et des ordinations. Moi, à vingt ans, je me suis amouraché, mon cher. Je ne te dis pas : un train à deux étages.

– Un train à deux étages : l'image est bien vue.

– J'étais prêt à tout pour elle. Une étudiante avec qui j'étais à la fac.

– On est tous tombés amoureux à jamais d'une étudiante à la fac.

– Elle m'a remplacé par un autre. Il fallait voir ça. Il m'est arrivé ce qui arrive à beaucoup : la tromperie, la trahison, la farce de l'ami de cœur qui te pique ta fiancée.

– Mais tous ceux qui se font jeter ne finissent pas prêtres…

– Les parents qui ne comprennent pas le mutisme dans lequel tu t'enfermes pendant des mois. Le frère qui tous les soirs change de nana pour bien t'envoyer à la figure son statut de play-boy de la Versilia en Toscane. J'étais mal. Si j'avais trouvé quelqu'un de bien pour me guider, j'aurais pu y voir plus clair. Mais j'avais seulement ce vieux curé qui criait au miracle parce qu'il me voyait tous les jours prier à genoux dans l'église.

– Un miracle en ces temps de chute des vocations…

– Lui non plus, le pauvre, n'y a rien compris. En attendant une idée se faisait insistante : j'avais une poussée de foi. Ne jamais fuir dans la vie, ne jamais fuir la vie.

– Alors tu n'as pas fui…

– Je me suis retrouvé au séminaire, moi qui sortais en boîte trois fois par semaine.

– Le grand saut…

– Papa et maman l'ont tellement mal pris qu'ils ne m'ont plus parlé pendant un an. Même pendant les fêtes. Mon frère a compris tout de suite et essayé de m'en empêcher : un choix imprudent, quoique confortable en apparence.

– Et toi qui restes sourd.

– Rien à faire. Mais pour moi, mieux valait affronter le monde avec une soutane sur le dos plutôt que recommencer à jouer avec les femmes. Je me suis piégé tout seul.

– Piégé ?

– Aujourd'hui, à quarante ans bien sonnés, je suis retombé dans ma situation d'il y a vingt ans. Il me semble entendre mes amis de l'époque : « Bravo, don, tu as donné l'exemple en continuant de prêcher », etc. J'aurais mieux fait de m'inscrire dans une équipe de foot. Sûr que les résultats auraient été meilleurs.

– Tu ne te considères pas comme un bon prêtre ?

– Ce n'est pas que je sois mauvais. Ici, nous faisons beaucoup de choses, et les jeunes participent aux activités du diocèse.

– Les filles aussi ?

– Les filles y participent aussi. Elles aussi sont revenues, ou restées, dans ma vie.

– Dans ta vie de prêtre.

– Il y en a qui restent plus volontiers avec un prêtre. D'autres, quand elles soupçonnent quelque chose, s'arrangent avec un mensonge pas trop éloigné de la vérité. Quand je dois me présenter à des femmes intéressées par le genre d'amitié qui naît dans les discothèques, je suis juste un prof de religion atypique.

– Les réactions ?

– Il y a d'abord un léger trouble, le verre à la main, puis elles acceptent, ou bien elles ont envie d'y croire, et on peut continuer à danser. Je sais que je n'ai pas grand-chose d'un prêtre, pas même un minuscule crucifix pour me ramener à la raison, pas même un petit parfum d'encens. Que de gestes de souffrance, mon Dieu.

– Tu aimes les femmes ?

– Tu me demandes ça comme ça, à brûle-pourpoint ?

– Oui.

– Beaucoup.

– Toutes ?

– Celles qui sont jolies. Pourquoi ? Tu aimes les moches, toi ?

– Oui, les moches aussi.

– Nous avions quasiment fait un pari, toi et moi, à propos de cette vice-directrice de prison, cette doctoresse bien piquante qui me lançait des clins d'œil pendant les réunions. J'aurais pu me la faire. Notamment du fait que je suis prêtre. Atypique, certes, mais prêtre.

– La seule chose atypique, chez toi, c'est que tu as le courage de parler, même si c'est sous le couvert de l'anonymat.

– Je fais bien mon travail. Si l'on peut appeler ça un travail. Ma mission, comme ils disent. Mais mission, c'est trop fort pour moi. J'évite d'employer ce terme. Ainsi je me sens moins hypocrite. Je me donne une sorte d'auto-absolution. Cinq *Ave Maria* et le tour est joué.

– C'est toujours comme ça ? Cinq *Ave Maria* et le tour est joué ?

– J'en récite vingt chaque fois que je transgresse le sixième commandement. Vingt *Ave Maria* me suffisent pour me repentir d'être allé avec une femme. Je ne fais rien d'autre que me déchirer l'âme pour une vocation que j'endure.

– Tu les récites souvent, ces vingt *Ave Maria* ?

– Rarement dans la dernière période. Mais, pendant de longues années, je me suis mêlé aux oiseaux de nuit qui fréquentent les boîtes de Toscane et les discothèques de la marina. Je m'amusais jusqu'à l'aube. Je buvais, je dansais.

– Sans ton col blanc ?

– Quand elles me demandent ce que je fais, je dis que je suis professeur d'éducation religieuse.

– Ça ne les fait pas fuir ?

– Je plais. Les jeunes femmes, et les moins jeunes, me trouvent sympathique et d'agréable compagnie. Il y en a qui me courent après, on se voit dans la voiture ou dans le studio.

– Jamais au presbytère ?

– Non. Jamais de relation au presbytère. Ce serait le bordel.

– Pas de relations sexuelles régulières suivies ? Seulement des rapports occasionnels ?

– Seulement des rapports occasionnels. Deux fois au maximum, et adieu.

– Au suivant…

– Quand une fille commence à poser trop de questions, surtout sur ce que je fais le dimanche, c'est le signal d'alarme.

– Il suffit de peu de chose…

– Les prêtres homosexuels cherchent à avoir des relations, surtout ceux d'un certain âge, c'est-à-dire la plupart.

– Combien de femmes tu t'es fait en une année ?

– Te dire combien… Je peux passer la question ?

– Non.

– Salaud ! Sept, huit, dix par an. Y compris les filles tarifées. Ça, c'est quand je n'en peux vraiment plus.

– Tu vas aux putes ?

– Je suis prêtre, mais d'abord un homme. Un mâle.

– Coureur de putes…

– *Se non caste, tamen caute.*

– Je suis un ignorant. Je ne comprends pas le latin.

– À défaut d'être chastes, elles savent faire attention.

– Le préservatif, tu veux dire ?

– Mais non. Les prêtres ont des activités sexuelles mais ils sont obligés d'être discrets. C'est le cas de beaucoup de mes collègues d'à peu près mon âge.

– Tes collègues ne font pas toujours preuve de discrétion dans leurs ébats sexuels…

– Je n'ai pas été surpris quand tu as sorti ces dénonciations scandaleuses dans ton article de *Panorama*. Ce qui m'étonne, en revanche, c'est que l'on ait publié tout ce qui se sait depuis toujours dans le milieu. Ça m'a fait mal de voir cette photo du prêtre qui célèbre la messe après avoir consommé un rapport sexuel. J'ai tout de suite éprouvé le besoin de réciter un acte de contrition pour lui.

– Pourquoi les dénonciations ne t'ont-elles pas surpris ?

– Parce que les prêtres homosexuels sont connus. Et si Rome est une dangereuse tentation, chez moi, en Toscane, il est plus difficile à un prêtre de se cacher.

– Alors comment faites-vous en Toscane ?

– Tu n'as jamais entendu parler de prêtres qui ont des amants ? Qui louent des films pornos ? Et même qui ont des enfants secrets ?

– Si, bien sûr. Rendez-nous la bonne du curé.

– La bonne du curé a fait son temps, la pauvre.

– Remplacée par la paroissienne…

– Des paroissiennes qui cherchent des jeunes prêtres, il y en a. C'est normal. Il arrive même qu'elles se croient amoureuses pour de bon. Parfois, c'est simplement de la malice : elles veulent satisfaire un caprice, genre un agent de police en tenue, tout ça.

– Et quand une paroissienne t'entreprend, tu réagis comment ?

– Ça m'est arrivé. J'ai toujours gardé mes distances. Jamais d'écart dans la paroisse.

– Que penses-tu de l'engagement du célibat ?

– Le célibat des prêtres, je n'en pense rien. C'est Notre-Seigneur qui aurait quelque chose à en dire.

– Tu ne crois pas que c'est une épée de Damoclès qui menace votre tranquillité, à vous les hommes d'Église ?

– Mon vieux curé de la Versilia, après que j'avais servi la sainte messe avec lui, m'entraînait dans la sacristie et, pendant quelques minutes, me racontait des blagues. Des histoires simples, rien de scabreux. Pour décrire l'état d'esprit qui régnait dans l'Église, il avait cette explication lapidaire : « Quand j'enseignais, il fallait parler aux enfants de la valeur éducative du foot, c'est tout. Jamais d'allusion à la sexualité. »

– Au séminaire, déjà…

– Je me rappelle mon premier jour. L'odeur caractéristique du réfectoire, le jour du minestrone, puis le minestrone est devenu le repas quotidien, comme si rien d'autre ne pouvait sortir de ces cuisines-là. À la maison, on ne mangeait jamais de légumes. J'étais habitué au poisson frais et aux délicieux desserts. Quelle pénitence m'attendait !

– Le sexe au séminaire. Ce sont des histoires vraies ou des légendes urbaines ?

– Je me suis aperçu dès le premier soir que quelque chose ne cadrait pas avec mes habitudes. Un homme faisait une inspection et soulevait brusquement les couvertures pour voir ce que nous faisions de nos mains.

– Des histoires vraies…

– On me le répète aujourd'hui encore, c'est au séminaire que se franchit le premier pas vers l'anéantissement de ce que Dieu nous a donné. La réalité physique est niée, ainsi que la dualité homme-femme, comme si les prêtres étaient nés d'autre chose que d'une relation sexuelle. La règle, c'est d'oublier son corps impur, de nier pour ainsi dire l'existence des femmes. Je n'exagère pas, hélas ! Je me considère comme un miraculé de n'être pas devenu homo comme mes frères.

– Pourquoi ?

– Parce que quand tu vis dans un milieu clos où l'autre sexe est absent, ça finit comment, à ton avis ? Tu te rapproches de ton camarade, tu recherches avec un homme un soulagement physique, peut-être un minimum de compréhension et d'affection. Avec un homme, oui. Ou autre. Je ne crois pas que Dieu soit très content de notre capacité à humilier tout ce qu'il a créé.

– Humilier. Humilier la volonté de Dieu. Voilà une affirmation forte, profonde, efficace. J'en ai presque des frissons…

– Au séminaire, les maîtres mots sont péché, mortification des sens, obéissance aveugle. Personne ne t'explique pourquoi Notre-Seigneur nous a donné pour vivre notre vie un corps nécessitant des soins, des sens, tous les sens…

– « Mortification des sens »... Tu as dans les quarante ans, à peu près mon âge. Comment vit aujourd'hui un homme qui a mortifié ses sens pendant des années ?

– Pour moi, tout est plus difficile aujourd'hui. C'est la conséquence de mon problème fondamental de vocation. Devenir prêtre pour échapper au monde réel des sentiments est l'erreur la plus grave qu'un homme puisse commettre. Une erreur qui se paie avec le temps. Et comment, qu'elle se paie ! Je ne plaisante pas, c'est le début de la fin.

– Tu te sens un homme seul ?

– Oui, il y a aussi la peur de voler de ses propres ailes, sans la protection de notre mère l'Église. Attention, j'emploie le terme avec grand respect, sans la moindre intention de la dénigrer. Des collègues défroqués ont dû affronter la rupture avec l'Église au prix d'une profonde souffrance intérieure. Leur nouvelle vie, au moins dans les premiers temps, s'est révélée très difficile, y compris dans ses aspects pratiques, quotidiens, au simple niveau de la subsistance.

– C'est pour cette raison que tu ne franchis pas le pas ?

– Aujourd'hui je suis prêtre, j'ai la quarantaine, et je me demande à quel point je suis encore un homme. Le fait de continuer à rencontrer des femmes en étant prêtre m'a fait comprendre, certes tardivement, que la vocation était absente. Dans mon cœur, et chez mes proches, ça s'est vraiment su tout de suite. Mais ça m'a placé devant le doute qui ronge l'âme de beaucoup d'entre nous : qu'y a-t-il encore de vrai et de faux dans les règles de vie sacerdotale, au sein de notre sainte mère l'Église ?

– Et tu ne trouves pas la réponse.

– De ce point de vue, voilà deux ans que je vois mes conflits intérieurs grandir et se transformer en peur. Peur de tout rater, de décevoir encore mes parents, d'être obligé à quarante ans d'aller frapper à leur porte pour qu'ils m'accueillent et me soutiennent, d'être montré du doigt dans la rue comme l'ex-prêtre.

– Peur légitime, sacro-sainte.

– Dis-moi la vérité. Tu me juges hypocrite ?

– Non, par charité…

– Oui, je me sens un petit peu hypocrite. Chez moi, dans la Versilia, quelqu'un m'a montré du doigt comme prêtre coureur de femmes.

– Ça ne te fait pas peur, ces rumeurs ?

– C'est la vérité. Que dois-je faire ? Aller moins dans les discothèques, redoubler d'attention avec les filles nouvelles ? Mais dans certaines périodes, c'est ce qui m'a poussé vers le sexe tarifé.

– Tu ne crains pas qu'une prostituée te reconnaisse, et t'attire des ennuis ?

– Je ne suis pas idiot. Je ne fais pas ça dans mon secteur.

– Et tu fais des heures de voiture pour satisfaire tes besoins sexuels. Une folie quand on y pense…

– J'en ai besoin. Un fort besoin. L'homme en moi trahit le prêtre. Toujours. Et je ne suis pas le seul. J'en connais qui ont une femme, la même depuis des années. Comme je connais des homos qui ont des relations régulières ou occasionnelles.

– L'homme trahit le prêtre, mais le prêtre revient…

– Vingt *Ave Maria* à chaque fois. Et à chaque fois je rentre dans ma paroisse le cœur serré : honte envers moi-même, sentiment d'avoir une vie misérable, regard de l'autre. Pas celui du crucifix. Lui me comprend, j'en suis convaincu. Le temps est peut-être venu pour moi de comprendre quel homme je suis.

– Je ne crois pas que l'Église se posera jamais le problème que tu as, en partage avec tant d'autres prêtres. Elle préfère l'hypocrisie à la vérité, à la liberté, à la paix avec soi-même et avec les autres.

– Ça, ce sont tes considérations à toi. Rien de ce que je dis ne doit être interprété comme une attaque gratuite contre l'Église : le problème, c'est moi, et ça doit le rester.

– D'accord. Raconte-moi ta première expérience avec une femme. Je veux dire, la première fois en tant que prêtre.

– C'est arrivé, il me semble, à peine un mois après mon arrivée dans la paroisse. Aujourd'hui encore il m'arrive de prendre pour excuse la chaleur quasi estivale qui régnait alors, et de tous les plaisirs que je m'accordais : déjeuners, dîners, verres de vin.

– Et avec ces excuses, as-tu au moins réussi à calmer ta conscience ?

– Et comment ! Ce sont des excuses auxquelles on ne peut résister…

– Continue.

– Depuis quelque temps, mon frère me parlait d'un bar de la Riviera fréquenté par de belles filles, assez loin de ma paroisse pour pouvoir y aller incognito.

– Le démon tentateur sous le déguisement de ton frère...

– J'ai toujours eu envie de m'amuser. Et cela faisait un moment que je respectais une chasteté absolue.

– Tu es donc parti chasser en discothèque.

– Après m'être lancé sur la piste de danse avec cette femme, j'avais une telle envie de rester avec elle que je ne réfléchissais plus aux conséquences. Ma seule préoccupation, en ces instants de conquête réciproque, c'était de dissimuler ma profession et de me mettre à l'abri des mouchards. C'est tout.

– Le mâle prend le pas sur le prêtre.

– La femme me plaît et, que Notre-Seigneur me pardonne, j'adore. La première fois en tant que prêtre, ce n'est pas comme la vraie première fois avec la gamine dont tu es amoureux ado. Je me suis lancé. « Tu fais quoi ? » « J'enseigne la religion. » « Sérieux ? » « Oui, pourquoi ? J'ai l'air d'un prêtre, peut-être ? »

– C'est vrai qu'habillé comme ça tu ressembles à tout sauf à un prêtre. Sans offense, bien entendu.

– L'enquête de routine l'a satisfaite, et en route. Si ça te va, c'est parfait. Sinon, je vais chercher ailleurs.

– En bon chasseur que tu es.

– Je continue de faire attention à ne pas laisser de traces, numéro de téléphone ou autre. J'avais eu l'occasion de regretter d'avoir donné mes coordonnées à des filles parce qu'elles m'avaient accroché et que j'avais envie de les revoir. Elles t'appellent même le dimanche, va leur expliquer que tu es en train de célébrer la messe et que tu es injoignable sur ton portable…

– Qu'est-ce que tu ressens, le dimanche, quand tu dis la messe ?

– Quand je passe du temps avec une femme, ne t'imagine pas qu'ensuite je suis comme don Camillo qui se confesse devant le crucifix après avoir fait une bêtise. Moi, je récite mes vingt *Ave Maria*, et pendant une semaine j'évite le vin et les gâteaux. Je comprends que ça te fasse rire, tant ça paraît idiot. Mais pour un prêtre, et plus encore pour moi qui ai renoncé à chercher ma vocation, renoncer à la bonne chère représente un sacrifice différent que respecter la chasteté ou un célibat imposé.

– Et après avoir eu une relation sexuelle avec une femme, qu'est-ce que tu fais ? Tout de suite après, je veux dire.

– Que veux-tu que je fasse ? Je prends une douche. Vous autres, les laïques, vous idéalisez trop la figure du prêtre. C'est ainsi que dans certains cas extrêmes, dans le cas des sujets vraiment déviants comme les pédophiles, vous nourrissez leur idée d'omnipotence et d'invulnérabilité.

– Je ne m'attendais pas à cette remarque de ta part.

– C'est-à-dire ?

– Qu'est-ce qui te fait penser que je suis laïque ?

– Je me suis fait cette idée.

– Je comprends. Cette enquête, les choses que j'écris. J'ai l'air d'un bouffeur de curé, d'un anticlérical. Mais non en fait. Je suis catholique. Je revendique mon être catholique. J'ai fait l'enfant de chœur jusqu'à quatorze ans. J'ai fait ma confirmation, je me suis marié à l'église alors même que les prêtres m'opposaient des montagnes de paperasse bureaucratique à t'en faire passer l'envie. On croirait presque à un test pour savoir si tu veux effectivement te marier sous le crucifix. Mes enfants sont baptisés, je les emmène à la messe de temps en temps. Je continue ? Suis-je digne de manger à votre table, même si je bataille pour mettre en lumière une vérité aussi douloureuse pour toi que pour moi ?

– Ce que tu dis me fait grand plaisir, m'emplit de joie.

– Pardon, mais ça me rassure.

– Je te comprends, pour toi non plus ça ne doit pas être facile…

– Pas vraiment. Mais ne parlons pas de moi. Revenons à toi. Tu n'es jamais tombé amoureux ?

– Depuis que je suis prêtre, non. Heureusement. Il ne me manquerait plus que de perdre la tête, ou pire : le cœur ! Là, je serais complètement irrécupérable.

– Et avant de devenir prêtre ? À part la déception dont tu m'as parlé…

– Avant d'entrer au séminaire, j'ai vécu ma vie, libre de toute contrainte et capable de m'offrir de grandes émotions.

Tellement grandes que je n'ai pas su les gérer. Mon premier amour adolescent m'a causé un fort traumatisme. Pourtant je l'ai surmonté, du moins en apparence : elle s'est suicidée en se jetant par le balcon de chez elle, quelques mois après que je l'ai quittée.

– *Mamma mia* ! Il t'en est arrivé ! Je commence à comprendre ton penchant pour la déception…

– Ce n'est pas notre rupture qui a provoqué sa triste fin. Nous avions seize ans. Pourtant, cet épisode doit toujours être gravé en moi, dans un coin éloigné de mon âme. Il m'arrive de me dire qu'il a contribué à me pousser vers les mauvais choix.

– Après, tu as eu de nouveau une copine ?

– Oui. La fille que je devais épouser. À l'église : il n'y avait pas de discussion. Cinq années d'amour, de passion, de projets : notre petite maison nous attendait déjà. Désemparé, je n'ai pas réussi à faire le deuil de notre histoire. L'abandon était trop imprévu et imprévisible. Ça m'est tombé dessus avec un bruit sourd : la ruine de toutes les certitudes.

– Nous y voilà.

– Mon frère est le seul à avoir essayé de me dissuader d'emprunter une route qui méritait le respect absolu, le dévouement, l'abandon à Dieu. Une vocation authentique. Je fuyais. Et je ne pouvais qu'accepter la pénitence.

– Et tu continues de fuir, il me semble. Aujourd'hui encore. Que cherches-tu chez une femme ? Le sexe, l'affection, la compréhension, l'amour ?

– Le sexe. Ni plus ni moins. Le sexe que tout homme cherche chez une femme dont il n'est pas amoureux, mais qui l'attire physiquement.

– Sans aucun investissement émotionnel.

– Ne jamais le rechercher, l'éviter toujours. Une relation d'une nuit, une heure de clandestinité : j'essaie de ne pas nouer des liens.

– Quelle condamnation…

– Une condamnation ? Évitons de dramatiser. Je me considère comme un homme qui essaie de plaire, point.

– De quoi rêves-tu la nuit ?

– Je ne dors pas assez pour rêver.

– Un sentiment de culpabilité ?

– Je vis un conflit. Je suis en pleine crise existentielle. Ce n'est plus une affaire de vocation. Je me suis trompé, aux yeux de beaucoup je devrais certainement finir sur le bûcher, comme au temps de la Sainte Inquisition. Mais quand je pense à mes confrères, à ces prêtres qui se sont souillés en se livrant à d'horribles infamies avec des enfants… Quand je pense à ces évêques qui continuent de couvrir ces crimes en dépit des recommandations du Saint-Père… Alors je me donne l'absolution. Et j'arrive à dormir.

– Comment vois-tu ton avenir ?

– Quand je cesserai de me regarder comme un Peter Pan, alors peut-être que je grandirai.

– Au sein de l'Église ?

– Je ne me vois pas ailleurs. Malgré la crise que je traverse, ou que j'ai toujours traversée, mon avenir est dans l'Église. Je ne veux pas transporter mes problèmes ailleurs. Fais de cette confession ce qui te paraîtra utile, et méfie-toi de la vengeance des palais sacrés.

10

Don Contradiction s'accorde les plaisirs du sexe occasionnel, mais s'efforce par tous les moyens de rester fidèle à celle qu'il a choisie comme légitime épouse : l'Église. Cela dit, son mode de vie ne diffère pas tellement de celui de tous ces pères de famille chrétiens qui retournent dans les bras de la femme aimée après une énième incartade.

Mais chez les prêtres qui ne respectent pas le vœu de chasteté, ils sont très nombreux à mener une vie parallèle, à avoir une compagne avec laquelle non seulement ils ont des rapports sexuels mais vivent aussi secrètement comme s'ils étaient mari et femme.

De l'Allemagne à la France, de l'Espagne à l'Irlande, de la Suisse à l'Autriche, de la Pologne à l'Afrique et de l'Amérique latine aux États-Unis et au Canada, dans le monde entier la même chose se produit, pas seulement à Rome et autour du Vatican.

Cette enquête ne se donne pas de limites géographiques. Elle raconte des expériences, des subterfuges, des mensonges, des amours clandestines, des enfants cachés, des drames humains et familiaux qui envahissent l'univers catholique dans sa totalité.

Avril 1983. Nous sommes en Allemagne. Une annonce paraît dans les pages de la revue *Publik-Forum* : « Je cherche à rencontrer des femmes victimes comme moi du célibat des prêtres, intéressées par un échange d'expériences, et éventuellement par la construction d'une communauté solidaire. Répondre à Anne. »

Anne, qui est allemande, aime un prêtre catholique. Elle sait parfaitement qu'elle n'est pas la seule dans ce cas, elle connaît des personnes très éloignées d'elle et qui vivent la même situation. Mais personne n'a le courage de parler au grand jour. Anne essaie de battre les cartes. Et elle y parvient.

Dans les trois années qui suivent la publication de ces quelques lignes, plus de 300 femmes sortent de l'ombre. 300 femmes « prisonnières de la même chape de silence ».

De l'expérience, naît une association : Initiativgruppe vom Zölibat betroffener Frauen – Groupe d'initiative des femmes victimes du célibat. S'y rassemblent toutes celles qui ont vécu ou vivent clandestinement une relation amoureuse avec un prêtre.

L'association existe toujours, elle a un site Internet. La page d'accueil du site s'ouvre sur une animation en noir et blanc évoquant de façon pertinente la situation qui est la leur : une femme marche au côté d'un prêtre, mais leur avancée est entravée par un énorme boulet attaché au pied de l'homme, qui porte l'inscription : « Célibat ».

Barbara Kremmer est la porte-parole de l'association. Je la contacte par e-mail. Sa réponse tient en quelques lignes : « Nombreux sont les prêtres catholiques qui vivent dans l'ombre une relation avec une femme. Les principales victimes de ces relations clandestines sont d'abord les femmes et leurs enfants. Elles se posent de multiples questions, elles se sentent seules, elles ont peur de l'avenir, elles sont souvent la proie d'un sentiment de culpabilité. »

Barbara Kremmer fait référence à des enquêtes et des estimations précises. Elle me renvoie à d'autres associations à travers l'Europe.

En Suisse, depuis plus de vingt ans, existe ZöFra, une association dont le nom réunit des mots allemands *Zölibat* – célibat – et *Frau* – femme.

La structure offre un service de consultations ouvert aux familles des prêtres catholiques. Elle dit aider actuellement environ 450 femmes et plus de 140 enfants nés de leurs relations clandestines.

J'ai au téléphone Gabriella Loser, la présidente de ZöFra : « Notre mission consiste à accompagner psychologiquement les femmes qui vivent une relation clandestine avec un prêtre catholique. Les situations auxquelles nous sommes confrontés sont nombreuses et diverses. Il y a les femmes qu'un prêtre a quittées pour une autre, celles qui ont des enfants d'un prêtre et qui rencontrent des problèmes parce qu'il poursuit son ministère, celles qui ont été abusées par un prêtre, celles qui ont abandonné leur ordre religieux par amour pour un homme. Il y a aussi celles dont le compagnon est mort, et qui ne savent vers qui se tourner pour trouver du réconfort, parce que leur relation était clandestine. »

La majorité des problèmes vient du poids que représente la double vie. Beaucoup de prêtres finissent par tomber malades, ou dans la dépression, l'alcool, les psychotropes.

« Certains se battent toute leur vie en pensant à abandonner leur sacerdoce et à jouir au grand jour de leur union avec la femme qu'ils aiment, sans jamais arriver à sauter le pas. Ils ne veulent pas renoncer à leur travail. Les prêtres savent bien que, si leur relation venait à être dévoilée, il leur serait très difficile de rester dans l'Église. »

En outre, la maîtresse d'un prêtre développe un sentiment de culpabilité qui ne lui appartient pas en propre. « Bien qu'elle n'ait aucune responsabilité, elle se culpabilise du fait que son compagnon soit forcé de mener une double vie. »

ZöFra a assisté quelque 500 femmes venues des quatre coins de la Suisse.

« Le nombre de cas a plus que doublé en dix ans. Chaque mois, nous recevons des demandes d'aide de deux ou trois femmes. Ne s'adressent à nous que les personnes qui ont de très graves problèmes, et qui ne sont plus en mesure de les résoudre elles-mêmes. D'après mon expérience, je dirais que moins de la moitié des prêtres respectent la règle du célibat. »

En 2003, ZöFra a commandé une enquête anonyme destinée à vérifier la condition réelle des prêtres ayant une compagne cachée : 310 cas ont été étudiés, ce qui représente un total de 620 personnes – à l'exclusion des enfants – habitant pour la plupart dans les cantons helvétiques, y compris le Tessin et les Grisons.

L'enquête a permis de brosser un tableau intéressant. Ces dernières années, il est devenu plus facile pour un prêtre de vivre sa vie familiale sans trop en faire mystère devant les fidèles.

Écoutons encore Gabriella Loser, présidente de ZöFra : « Il est rare que les paroissiens jugent scandaleuse la présence d'enfants, ou d'une femme, dans la vie du prêtre. Par contre, la position des hautes hiérarchies ecclésiastiques est restée aussi rigide qu'avant : l'officialisation d'une relation déclenche la perte immédiate d'un ministère sacerdotal, avec de graves conséquences économiques et psychologiques, tant pour le prêtre lui-même que pour sa famille. »

Les perspectives d'embauche d'un prêtre laïcisé sont limitées. Surtout lorsque le prêtre en question n'a pas reçu d'autre formation que la théologie.

« 10 % des prêtres seulement ont une possibilité concrète de trouver un emploi de même qualification après qu'ils ont quitté leur paroisse. Les autres doivent se contenter de travailler comme magasiniers ou chauffeurs de taxi. »

Selon l'association, cette enquête ne met au jour que la partie émergée de l'iceberg. Elle conclut à l'existence d'un phénomène très répandu. ZöFra en a utilisé les résultats pour soutenir les initiatives en faveur de l'abolition du célibat en Suisse. Elle les a transmis également aux associations d'autres pays européens, ainsi qu'à la Conférence des évêques suisses, non sans les accompagner de propositions concrètes. Propositions qui ont été repoussées.

« Nous avons toujours demandé aux évêques de permettre aux prêtres réduits à l'état laïque de pouvoir continuer de travailler dans l'Église. C'est en effet le milieu où ils peuvent apporter une contribution, dans lequel ils sont à même de travailler avec le plus de facilité. En plus, nous avons toujours demandé à la Conférence des évêques de créer un fonds qui permettrait d'affecter aux prêtres défroqués des prêts à taux zéro, afin de les aider à financer leur requalification professionnelle. Malheureusement, n'ayant obtenu aucun résultat positif, nous avons dû interrompre le dialogue. »

J'adresse un e-mail à ZöFra ainsi qu'à un autre groupe allemand de même nature, le Vereinigung katholischer Priester und ihrer Frauen (VkPF), l'Association des prêtres catholiques et de leurs épouses. Je demande leur aide pour obtenir des témoignages de femmes.

Les réponses, venues d'Allemagne comme de Suisse, laissent entendre qu'il est très difficile d'exaucer mon désir, étant donné que les intéressées ne se confient pas volontiers aux journalistes ; elles ont trop peur d'être découvertes et de voir leur vie bouleversée.

Néanmoins je reçois bientôt deux e-mails signés, des témoignages que l'on me prie de publier de manière anonyme.

Premier e-mail, venu d'Allemagne.
Objet : pour votre livre
Date : 30 novembre 2010

J'ai rencontré mon amour, un jeune prêtre, il y a vingt-trois ans, alors que j'enseignais le catéchisme dans une paroisse de ma ville. Il ne s'est jamais senti prêt à abandonner sa vocation au nom de notre amour, ce qui ne m'a pas empêchée de rester avec lui toutes ces années. Peut-être parce qu'il n'aurait pas la force, sans moi, de supporter la charge de son travail.

Pour moi, c'est sûr, il n'est pas facile de vivre cette relation. Vivre dans l'ombre a entraîné chez moi de graves dépressions, avec les conséquences qui s'ensuivent, y compris sur la vie de mon compagnon. Le plus difficile, durant ces années, a peut-être été de devoir renoncer à avoir des enfants à nous (j'en ai déjà un d'un mariage précédent).

Voilà deux ans, notre relation a traversé une phase critique quand est entrée dans notre vie une femme sans scrupules, éprise de mon compagnon et prête à tout pour l'avoir, même si elle était déjà mariée. La période a été vraiment dure : cette femme m'a inondée pendant des mois de menaces téléphoniques, de SMS au contenu agressif, de toutes sortes d'accusations, y compris en public, dans la rue. Un jour, j'ai découvert qu'elle était allée jusqu'à téléphoner à mon chef, à mon curé et à plusieurs de mes collègues, pour m'accuser d'être une putain. Le pire, c'est quand elle a placardé dans la rue une affiche exigeant du syndic que je sois renvoyée de la communauté et de l'école. Si j'ai survécu à ce lynchage, c'est seulement grâce à l'aide de ma famille, de mes amis et de mon curé. J'ai eu la chance de ne pas me faire renvoyer de mon travail.

Aujourd'hui les blessures ont cicatrisé, j'ai recommencé à vivre et recouvré mon équilibre psychophysique. Et le plus important, c'est que je regarde de nouveau l'avenir avec optimisme.

J'ai énormément souffert, pourtant je ne doute pas : si je pouvais revenir en arrière, je choisirais de vivre la même histoire d'amour.

À qui profite cette souffrance inutile ? Souvent je me pose la question. A-t-elle rendu quelqu'un plus heureux ?

Deuxième e-mail, venu d'Allemagne.
Objet : histoire de la femme d'un prêtre
Date : 2 décembre 2010

J'ai hésité longtemps avant de vous écrire, car je ne peux courir le risque de voir ma relation découverte au grand jour. Finalement je me suis décidée à me fier à votre discrétion, et à vous raconter mon histoire d'amour, belle et triste en même temps.

J'ai rencontré mon compagnon actuel il y a huit ans. Un regard a suffi pour que nous tombions amoureux : avec lui j'ai compris, pour la première fois de ma vie, que le coup de foudre existe pour de bon et pas seulement dans les films.

J'ai découvert au bout de quelques jours seulement que cet homme fascinant était un prêtre catholique. Il était déjà trop tard pour faire marche arrière. Au début tout s'est passé comme dans le meilleur des mondes. Nous nous voyions chez moi, deux fois par semaine. Comme nous l'attendions, sa journée de repos hebdomadaire ! Sans parler des vacances annuelles que nous passions ensemble loin de chez nous.

Les choses ont pris une tournure différente il y a deux ans, quand mon compagnon a été muté dans la paroisse d'un village situé à environ deux heures de voiture de chez moi. Depuis lors, c'est moi qui dois aller le voir le week-end.

La clandestinité dans laquelle nous sommes forcés de vivre est quelque chose d'affligeant : chaque fois qu'il y a un événement, un dîner, une fête paroissiale, je ne peux pas m'y présenter comme ce que je suis, c'est-à-dire sa compagne ; je suis obligée de m'humilier en jouant un rôle pour sauver les apparences. Pour ses paroissiens, je suis devenue la « bonne » qui fait son ménage et lave son linge ; mais je dois avouer qu'il m'est difficile de passer pour une femme de ménage avec toutes les études que j'ai faites.

J'en ai assez de devoir feindre continuellement, de ne pouvoir aller à sa rencontre quand la messe est finie. Je suis lasse de cette situation et, depuis quelque temps, je vais le voir plus rarement. Nos rendez-vous dépendent donc principalement de moi.

J'ai la chance d'habiter une ville, non un village, ce qui me donne une plus grande liberté de mouvement, même si mon compagnon vit constamment dans la terreur d'être découvert.

Nous sommes très unis, nous avons beaucoup d'intérêts en commun, et j'ai vraiment le sentiment que nous sommes de plus en plus complices au fil des années.

Ma famille et nos amis les plus proches sont au courant de notre relation, et jamais personne n'a trouvé à redire au fait que nous soyons ensemble.

Il y a quelques années, j'ai perdu mon travail et je me suis mise en quête d'une nouvelle activité. L'exigence d'avoir assez de temps libre pour nos rencontres a représenté un gros handicap dans mes démarches. Aujourd'hui j'ai trouvé une place qui me plaît et me laisse beaucoup de disponibilité. Tout cela, je le paie au niveau du salaire mais peu importe, ce qui compte, c'est de pouvoir continuer à concilier mon travail et ma relation.

Il est rare que nous parlions argent lui et moi, mais sur ce point il n'y a pas grand-chose à discuter : la femme d'un prêtre ne jouit d'aucune sécurité économique.

S'il devait lui arriver quelque chose, personne ne penserait à moi.

Mon compagnon, je ne suis pas la seule à le penser, est un prêtre extraordinaire. À force d'implication et d'énergie, il a pu réaliser de grandes choses. Je l'admire beaucoup pour cela, et l'idée ne m'a jamais traversé l'esprit de lui demander de renoncer à son travail pour moi.

Je crois que s'il perdait son travail de prêtre, ça le tuerait : il finirait tôt ou tard par perdre son identité, avec de graves conséquences sur son équilibre mental.

Mon compagnon est depuis toujours un homme déchiré. Avec le recul des années, des pensées contradictoires continuent de lui envahir l'esprit.

Il est dévoré par la culpabilité, souvent il se vit comme un traître vis-à-vis de tous : de moi-même, car il sait qu'il ne me donne pas tout ce dont j'aurais besoin, de ses paroissiens, devant lesquels il est obligé de feindre, de paraître masqué.

Je souffre beaucoup du fait qu'il ne peut parler de moi à sa famille, qui aujourd'hui encore ignore jusqu'à mon existence et ma présence à ses côtés. Récemment, des mauvaises langues l'ont fait souffrir en faisant circuler dans le village des bruits selon lesquels il allait devoir quitter la paroisse à cause d'une femme.

Je peux me considérer sans l'ombre d'un doute comme une femme victime du célibat des prêtres.

Cependant j'ai essayé d'organiser mon existence pour vivre cette situation le mieux possible. J'aime mon travail, je cultive de nombreux passe-temps et amitiés. Au fond, je me suis débrouillée pour ne pas avoir à passer toute ma vie à attendre, à faire antichambre éternellement.

J'espère de tout mon cœur qu'un jour viendra, pas trop lointain, où le célibat des prêtres ne sera plus qu'un mauvais souvenir. Ils sont si nombreux à vivre des relations comme la nôtre. À souffrir atrocement, tant les hommes que les femmes.

Comment peut-on attendre d'eux qu'ils soient honnêtes et pieux, qu'ils vivent en paix, alors même qu'on les oblige à mentir quotidiennement ?

Le droit au mariage est un droit humain. Celle qui le croit fermement est une femme qui n'a même plus le droit de signer de son nom.

11

Obligées de rester dans l'obscurité, de mener une existence fondée sur les besoins primaires d'un amant prêtre et surtout de notre mère l'Église, pestiférées, les femmes de prêtres s'épanchent sur Internet. Forums, blogs, sites associatifs : on trouve partout une infinité de témoignages semblables à ceux que j'ai reçus d'Allemagne.

Le facteur décisif, c'est la garantie de l'anonymat. Sûres de ne pas être découvertes, elles se laissent aller et racontent leurs joies, leurs déceptions, leur colère, les injustices et les espérances.

Me voici sur un forum français de femmes compagnes et amies de prêtres. Le blog est tenu par une certaine Angela. La première page montre un logo, un dessin représentant un prêtre qui prend dans ses bras une femme en robe de mariée. En haut, à droite, un slogan : « Le droit d'aimer ».

Le forum est destiné aux « compagnes de prêtres qui souhaitent partager leur histoire, ou qui éprouvent le besoin de dialoguer, de s'exprimer, d'échanger des opinions, de se faire aider ».

Un des problèmes les plus fréquemment soulevés est le sentiment de culpabilité. Celles qui écrivent sollicitent les conseils de leurs « amies imaginaires ». Elles sont dans le même bateau, elles sentent qu'elles peuvent se confier les unes aux autres, librement et sans préjugés.

Je fais un copié-collé de quelques-uns de leurs échanges.

Colombine

Mon ami prêtre a une vie sexuelle très active, mais il m'a toujours dit qu'il plaçait au premier rang le Christ et son Église. Si son évêque lui demandait de mettre un terme à sa vie sexuelle pour le bien de son ministère, il obéirait et vivrait sa souffrance comme une ascèse. Pour lui, un amour romantique sera toujours une liaison parallèle à son engagement prioritaire qui reste l'Église.

Nous nous voyons en moyenne tous les quinze jours, étant donné que nous vivons dans des localités différentes. Nous sommes allés jusqu'à l'acte sexuel en bonne et due forme. L'attrait physique est là, et il est heureux de me démontrer son amour par des baisers pleins de passion quand nous sommes seuls ou entre intimes.

À l'église ou en public, il se conduit comme s'il était mon frère. Au restaurant, nous parlons beaucoup, nous nous murmurons des mots à l'oreille, nous ne sommes jamais loin l'un de l'autre, et souvent nos doigts se touchent en cachette, ou bien nous échangeons une légère caresse.

Nous faisons très attention aux commérages. J'ai bien conscience que si nous venions à nous faire prendre, ce serait l'exil à coup sûr : mon ami en a déjà fait l'expérience parce que de simples bruits étaient venus aux oreilles de l'évêque. Lequel n'a pas besoin de preuves tangibles pour intervenir. Il est obligé de beaucoup se méfier car il ne veut pas s'éloigner de sa mère, atteinte d'un cancer, et dont l'espérance de vie n'est que de quelques années.

Et moi ? La qualité des moments que nous partageons lui et moi est le trésor le plus riche de notre relation, un trésor que nous avons l'un comme l'autre envie de préserver.

Je ne le pousse pas à aller plus loin, je ne veux pas le faire souffrir.

J'attends qu'il prenne l'initiative, je suis dans une attente amoureuse que je trouve exquise.

Voici le témoignage d'une infirmière qui s'exprime sous le pseudonyme de Passion.

Je suis contente de voir que nous sommes nombreuses à vivre une histoire très compliquée avec nos hommes d'Église. En ce qui me concerne, j'attends une évolution positive. Il est très prévenant, prudent, il sait m'écrire des mots d'amour mais il ne sait pas les dire, et il fait preuve de beaucoup de tendresse quand nous nous retrouvons. J'ai confiance en l'avenir.

Sa communauté multiplie les coups bas à son encontre, et il se sent mis à l'écart. Je ne sais combien de temps encore il va pouvoir tenir dans cette situation. En plus, il est espionné par les commères du quartier.

Au récit de Colombine, Passion apporte cette réponse.

Je vois que ton ami a une vie sexuelle active, le mien en revanche a plutôt tendance à la freiner quand nous sommes ensemble. S'il cède, ça le rend malheureux. Moi, je n'ai pas un besoin impérieux d'avoir des relations sexuelles, je me contente de nos grandes et tendres étreintes. Pourtant je sens son désir, et ça me fait de la peine pour lui. Il changera peut-être avec le temps.

Sa vocation consiste à rester proche des gens, c'est ce qui l'a amené à se rendre en Afrique où il a été heureux. C'est depuis son retour en France qu'il n'est pas bien. Le Christ compte beaucoup dans sa vie, c'est vrai, mais je crois qu'il s'éloigne peu à peu de l'Église.

Nous venons de parler une demi-heure au téléphone. Je l'ai senti fatigué, frustré, triste comme presque toujours ces dernières semaines. Je ne l'ai vu radieux que vendredi, à mon arrivée ; il était heureux et plein de tendresse.

Mais que faire ? Quand je lui ai que je voudrais être à ses côtés pour l'aider, il n'a pas répondu, il est vrai qu'il ne répond jamais... Que penser ?

Avant de raccrocher, il m'a dit : « Bonne nuit, petite sœur. » Comme c'est étrange, c'est la première fois qu'il m'appelle ainsi... Qu'est-ce que cela peut bien signifier dans sa bouche, dans son vocabulaire ?

Ce soir, je ne me sens pas bien, j'ai les larmes aux yeux. Quelle souffrance de ne pouvoir aimer sans se sentir coupable, ou de trop.

J'ai peur pour lui et pour sa santé : elle décline. Je voudrais tellement le prendre dans mes bras, le réconforter, le laisser pleurer.

Je l'aime. Je l'aime à la folie.

Aux États-Unis, il y a des blogs sur lesquels on discute beaucoup. Entre autres The Apostles Wives' Club (« Le Club des femmes d'apôtres ») et Secret Lover No More (« L'Amant secret, plus jamais »), tous deux animés par une femme : Marcella Paliekara.

Marcella a épousé un ex-prêtre catholique, Frances Paliekara. Ils se sont connus alors qu'il prenait une année sabbatique, après une mission effectuée en Afrique. Quand leur relation est devenue autre chose qu'une simple amitié, il a renoncé à ses vœux et officialisé leur union.

En 2008, Marcella ouvre le blog The Apostles Wives' Club, y raconte son expérience et commence à analyser le traitement réservé par l'Église aux épouses de prêtres. Elle s'aperçoit que les règles rigides appliquées au célibat finissent par favoriser des amours et des relations clandestines ; et que les prêtres qui abandonnent leur sacerdoce pour se marier sont punis par la hiérarchie.

Marcella est contactée tous les jours par des maîtresses et des femmes malheureuses, insatisfaites, qui demandent à être écoutées et cherchent du réconfort. Mais elles ont moins besoin de conseils que de solutions pratiques à apporter à leurs mille problèmes quotidiens. Marcella pense alors à un deuxième blog, conçu comme un véritable espace de services. C'est ainsi que le site Secret Lover No More voit le jour, lui-même divisé en plusieurs rubriques.

Par exemple, « *Sex in the Forbidden Zone* » (« Le Sexe en zone interdite »). Ce titre s'inspire d'un livre dans lequel le psychothérapeute américain Peter Rutter analyse les relations sexuelles « interdites » parce que nées de situations où l'homme exerce sa domination sur les parties les plus vulnérables, les plus intimes, les plus blessées et réprimées d'une femme : son corps, son psychisme, son esprit.

On peut lire sur le site : « La relation de confiance entre eux s'établit sur la base du rôle professionnel de l'homme : il est médecin, thérapeute, avocat, enseignant ou mentor, prêtre. Cette situation conduit la femme à croire que la partie de son corps ou de son âme qu'elle va lui confier sera utilisée non pas comme instrument de jouissance, sexuelle ou autre, mais pour l'aider à résoudre le problème dont elle souffre. »

Sauf que ça ne se passe pas ainsi. Rutter écrit : « Les prêtres exercent leur autorité et profitent des femmes les plus vulnérables en leur faisant croire que leur relation sexuelle a été ordonnée par Dieu. »

Entre autres rubriques intéressantes qui composent le site de Marcella Paliekara, on trouve « Amours secrètes », « Tu perds ton temps avec un prêtre », « Fatiguée d'attendre », « Vous vous sentez piégées dans une relation clandestine » ou encore « Ton prêtre t'aime-t-il vraiment ? ».

Et également : « Dix bonnes raisons de ne pas fréquenter un prêtre. »

Les voici…

1. Sortir avec un prêtre (ou un homme marié) ne veut pas dire seulement partager un secret, mais devenir soi-même un secret.

2. Vous ne serez pas une partenaire à part égale. Vous n'aurez aucun contrôle sur la direction prise par votre relation.

Vous ne pourrez planifier aucune solution, ni rien décider. Il y a pourtant un choix qui vous appartient : continuer ou arrêter.

3. Le mariage sera impossible.

4. Si vous sortez avec un prêtre (ou un homme marié), vous avez déjà la preuve de son infidélité et du fait que vous ne pouvez pas lui faire confiance.

5. Comme indiqué au point 1, vous serez obligée d'endormir votre conscience et votre foi. Si vous perdez une des deux, alors c'est vous qui êtes perdue. Et ni l'une ni l'autre ne sont faciles à récupérer.

6. Vous deviendrez l'objet non pas de ses désirs mais de sa faute.

7. Même si vous arrivez à vous marier, vous chercherez probablement toujours à vous remettre à flot économiquement.

8. Fréquenter un prêtre et garder un tel secret est destructeur, tant du point de vue physique que psychologique.

9. La relation clandestine ne le concerne pas seulement lui ou vous. Mais d'autres innocents aussi.

10. Sortir avec un prêtre est tout simplement une erreur.

Grâce à ses blogs, Marcella a réussi à aider énormément de femmes en pleine crise.

Elle s'est attiré aussi la plus grande considération de la part des prêtres qui veulent en finir avec la double vie, et décident de se marier afin de vivre librement leur histoire d'amour.

À eux aussi elle offre son soutien. Ce qu'elle n'accepte pas, en revanche, c'est la relation clandestine. Dans ce cas, elle fait tout son possible pour pousser la personne à rompre, y compris quand la rupture est très douloureuse. Elle explique que c'est toujours la femme qui assume ; puis elle en sort blessée et abandonnée, même quand elle porte en son sein le fruit du péché.

12

Good Tidings (« Bonnes nouvelles ») est une association à but non lucratif destinée à soutenir les femmes amoureuses de prêtres.

Sa fondatrice, Cait Finnegan, a épousé un ex-prêtre catholique. Tous deux vivent en Pennsylvanie.

J'ai Cait au téléphone. Elle me communique des chiffres : « Le monde compte environ 100 000 prêtres qui ont quitté l'Église pour se marier. Beaucoup sont restés catholiques et ont continué à pratiquer, voire à célébrer la messe comme nous le faisions nous-mêmes, à la maison, avec nos amis. »

Puis elle me raconte son histoire :

« Quand je me suis éprise de mon mari, il était prêtre depuis plus de trente ans. J'avais moi-même songé à prononcer mes vœux. Nous ne savions que faire, nous sommes allés en parler au supérieur de mon mari. Eh bien, il nous a répondu que je ne manquerais pas de le quitter pour un homme plus jeune (il a plusieurs années de plus que moi) et que la seule chose raisonnable à faire, dans notre intérêt à tous les deux, était de nous séparer. Au contraire, nous avons décidé de nous marier ; et nous venons juste de fêter notre trentième anniversaire de mariage.

« J'ai fondé mon association parce que j'avais envie d'aider les femmes qui se trouvent dans la même situation que moi :

perdues, désorientées. S'est ouvert devant moi un monde nouveau : je me suis aperçue qu'il y avait énormément de prêtres qui se servaient et abusaient de ces femmes vulnérables, après quoi ils continuaient de prêcher comme si de rien n'était. Ça m'a choquée. En effet, j'ai grandi dans une famille catholique d'origine irlandaise, et je n'avais jamais rencontré de mauvais prêtre, seulement des bons. Tout se passait comme si mon mari était le seul prêtre innocent. Je me suis forgé l'idée que ceux qui restaient au sein de l'Église le faisaient parce que c'était plus facile : ils ne se souciaient pas des autres, ni même de Dieu. En revanche, ceux qui étaient obligés de la quitter pour ne plus vivre dans le mensonge étaient plus sincères. Un prélat qui choisit de faire carrière après avoir eu des relations est un égoïste et un individu immature. Il est incapable de prendre ses responsabilités. Et ça s'appelle un abus. »

Depuis qu'elle a fondé son association, au début des années quatre-vingt, 2000 femmes environ sont entrées en contact avec elle.

Sur son site, Cait dénonce tous les méfaits de l'Église. Elle parle de prêtres qui abusent des sœurs, puis les délaissent. Elle parle de femmes qui, s'entendant murmurer le mot « amour » à l'oreille, n'auraient jamais osé penser qu'un prêtre puisse mentir. Elle parle des nombreuses femmes qui ont eu des enfants avec des prêtres, et se trouvent obligées de signer des contrats dans lesquels elles promettent de ne pas révéler le nom du père en échange d'un chèque mensuel. Tout cela, dans bien des cas, après avoir résisté aux pressions pour qu'elles avortent ou fassent adopter le bébé.

Cait affirme posséder des copies de ces contrats. Des documents qui appartiendront à l'histoire de l'Église. Une Église qui dissimule la vérité, qui ne veut pas que l'on sache. Cait dit avoir parlé elle-même avec une cinquantaine de femmes auxquelles le prêtre, voire le supérieur de celui-ci, avait suggéré de faire adopter le bébé à naître.

Terri, une de ces femmes, a raconté qu'après la naissance de son fils le prêtre dont elle s'était éprise lui a avoué s'être amouraché d'une autre qui, elle, par amour pour lui, avait fait adopter le bébé.

Cait a vu passer un très grand nombre de ces femmes au fil des années. « Les femmes d'aujourd'hui sont plus indépendantes et plus fortes que celles qui s'adressaient à moi dans les années quatre-vingt. Pourtant elles en viennent toujours à être utilisées par les prêtres qui savent profiter d'un moment de faiblesse de leur part. Souvent ce sont des femmes mariées, et qui ont des problèmes familiaux. L'attitude que je rencontre le plus fréquemment, et qui me met en rage, c'est qu'elles finissent toutes par excuser le comportement égoïste du prêtre : elles le protègent. »

Pour elle, ces prêtres sont des bourreaux : « Je pense que le principal problème, c'est l'immaturité émotionnelle de la plupart de ces prêtres. Ils entrent très jeunes au séminaire, et on les tient à l'écart des femmes. Un beau jour, ils se retrouvent à devoir affronter leur sexualité sans être à même de la comprendre, et surtout de la gérer. »

Un phénomène nouveau, les femmes d'Amérique latine : « Jusqu'à ces dernières années, on entendait souvent parler des évêques qui couvraient ce genre de choses, des femmes payées pour avorter ou pour faire adopter leur bébé. On en entend moins parler aujourd'hui, mais ça ne veut pas dire que ça n'arrive plus. Dans le cas des femmes sud-américaines, toujours plus nombreuses, vivant aux États-Unis, le secret est encore bien gardé. Par rapport aux Américaines du Nord, elles sont habituées à ces choses, c'est dans leur culture ; ça les gêne, elles en ont honte, elles n'en parlent pas et ne demandent de l'aide à personne. »

À propos des enfants de prêtres : « Ces enfants sont privés de leur identité, de soutien économique et d'une histoire personnelle. Pourtant, l'Église préfère les ignorer. Les ignorer plutôt que les aider. »

Enfin, elle évoque la différence entre l'Europe et l'Amérique : « Je crois que les choses sont différentes en Amérique, par rapport à l'Europe. En effet, nous avons ici une séparation plus nette entre l'Église et l'État. Et même si l'Église catholique essaie de mettre des bâtons dans les roues à ces groupes qui la voudraient différente, elle ne peut leur nuire qu'au niveau économique. Mais, grâce à Dieu, nous avons encore la possibilité de nous réunir pour prier, de former des groupes catholiques et de pratiquer, même sans l'appui financier de l'Église ; surtout, nous avons la possibilité de dire ce que nous voulons, puisque c'est un droit. Nous ne nous en privons pas. »

Après cette discussion avec la fondatrice de Good Tidings, je rumine longtemps ce que j'ai appris. Elle m'a ouvert des pistes, à moi qui vis en Europe, et même en Italie.

Ce qui m'a frappé, c'est l'attitude de la hiérarchie ecclésiastique quand elle vient à avoir connaissance de relations clandestines entretenues par des hommes d'Église. Le comportement des évêques ; les tentatives pour persuader les femmes d'avorter, de faire adopter l'enfant ; les contrats et les chèques pour acheter le silence des mamans sur l'identité du père. Ce sont de graves accusations. Des accusations publiques. Des accusations prouvées par des documents.

Quoi qu'il en soit, Cait Finnegan n'est pas la première femme à parler ainsi d'évêques prêts à couvrir des mensonges et des conduites indignes afin de protéger l'Église de tout scandale.

Une histoire me vient à l'esprit, celle d'Odette Desfonds, une Française mariée à un prêtre. Elle a raconté ses vicissitudes, et celles de nombreuses autres femmes, dans un livre intitulé *Rivales de Dieu*[1].

Odette rencontre Jean à un dîner. Ils parlent de tout et de rien, des choses de la vie. Il évoque son enfance à la campagne, ses parents, ses frères et sœurs. Ils parlent de musique, de chansons. Jean et Odette aiment l'un et l'autre chanter en

1. Odette Desfonds, *Rivales de Dieu*, Albin Michel, 1993.

s'accompagnant à la guitare. Ils parlent de l'Amérique latine, de littérature, des droits de l'homme. Jean est simple, cordial, respectueux.

C'est seulement à la fin du dîner que la femme apprend la vérité : Jean est prêtre. Elle est un peu surprise et un peu amusée en même temps. Jean est le curé d'un quartier cosmopolite de Lyon.

La première pensée d'Odette est la suivante : « En voilà un au moins qui n'essaiera pas de me draguer ! ». Son opinion à l'égard des prêtres est celle de quelqu'un qui n'a jamais approfondi la question : ce sont des hommes qui n'ont pas de femme, ça ne se discute pas plus que de savoir si le soleil se lève à l'est. De l'Église, elle connaît seulement la face visible, celle que l'on montre au grand public. Des bâtiments où l'on se rend pour célébrer solennellement les grands événements de la vie en présence d'un membre du clergé enveloppé d'une aura divine.

Le lendemain, Odette et Jean se découvrent des âmes jumelles. Ils partagent une même émotion en écoutant les mêmes chansons, ils éclatent de rire pareillement devant les mêmes facéties de l'existence ; ils se sentent concernés par les mêmes souffrances, s'indignent des mêmes injustices.

Monsieur le curé et Odette sont tombés amoureux l'un de l'autre. Ils vivent cette expérience commune et merveilleuse partagée par des milliards d'êtres humains sur la Terre.

Jean se rend chez Odette à 22 heures. Sur le seuil, il enlève son casque de moto. Ils s'étreignent. Quand la température est douce, ils vont s'asseoir sur le balcon, admirer les lumières de la ville. Ils parlent, parlent, parlent. Ils ont tant à se dire ; comme s'il leur fallait rattraper des années de séparation. Vers minuit il s'en va et rentre dans sa sacristie.

Quelquefois, le week-end, ils prennent la voiture et font une promenade à la campagne ; les enfants d'Odette sont sur la banquette arrière.

Pour marcher main dans la main, ils cherchent des rues désertes.

Sa vie de famille, Odette l'organise en fonction des visites de Jean. Sous divers prétextes, elle fait en sorte que se relâchent ses liens avec des amis ou des parents qui pourraient se montrer trop curieux. Jean évite de paraître avec elle ; les courses au supermarché, ils les font chacun de son côté, jamais ensemble.

Ces subterfuges leur semblent absurdes. Ils sont persuadés que ce qui les unit n'empêche en aucune façon le travail et le salut spirituel d'un prêtre. Mais Jean n'a pas le courage d'abandonner une fonction à laquelle il se voue depuis vingt ans en toute sincérité et avec plaisir. Odette accepte de dissimuler leur relation dans un recoin sombre et secret.

Les paroissiens ne le soupçonnent pas, mais Jean prépare avec Odette ses sermons dominicaux. Il puise dans leur petite cellule familiale une capacité renouvelée à comprendre les êtres humains et les situations.

Tous deux se consolent de leur amour à distance en songeant aux couples dont l'homme est marin, chauffeur routier, pilote de ligne. Ils n'ont pas réglé leurs comptes avec celui qui, là-haut, gouverne toute chose et sait faire marcher droit, sur des chemins tortueux, ceux qui ont confiance en lui.

En juin 1984, Odette tombe enceinte. La première réaction de Jean est celle d'un homme placé devant une catastrophe. Ils pensent l'un et l'autre à l'interruption de grossesse. Mais, peu après, Jean accepte comme un don du ciel l'enfant qu'elle porte. Il va dans un premier temps voir son supérieur. Lui raconte tout. Son amour pour une femme, l'enfant à naître, son souhait de poursuivre son ministère. La surprise est énorme : l'évêque le rassure. Jean pourra garder sa fonction, à condition que la relation demeure secrète. C'est possible. D'autres l'ont fait.

Elle aurait continué comme ça indéfiniment si Jean, las de vivre dans l'hypocrisie et au sein d'une institution qu'il perçoit comme toujours plus éloignée de l'image idéale, n'avait pris la décision d'en finir.

Noël 1985, il demande à Odette de l'épouser. Leur petite fille a neuf mois.

Odette pose une seule condition : elle en a assez de raser les murs. Elle veut vivre une vie limpide, libre, solaire. Elle refuse de baisser plus longtemps la tête, comme si elle avait commis un crime.

Jean démissionne en adressant une lettre ouverte aux paroissiens. L'histoire est sur la place publique. On en parle dans les journaux, à la télévision. Odette devient la soupape de sécurité de nombreuses femmes qui vivent dans l'ombre une relation amoureuse avec un prêtre. Elles lui écrivent, lui téléphonent, sonnent chez elle pour lui parler dans l'interphone. Des femmes qui croyaient être un cas unique, comme Odette elle-même l'avait cru.

Mais il y a aussi énormément de prêtres qui s'adressent à Odette et Jean. Par besoin de réconfort, de soutien, de conseils. Ils disent les tourments qu'ils endurent et les réactions de leurs supérieurs quand tout est découvert.

Nicolas, par exemple, a confié à l'évêque que Christine attendait un enfant de lui, et que des bruits commençaient à circuler sur leur compte. Résultat, il s'est vu invité à faire ses valises au plus vite. L'évêque s'est montré clair : « Oublie cette fille. Ne t'en fais pas, la mère élèvera ton enfant sans problème. L'épiscopat lui enverra un chèque jusqu'à sa majorité. »

L'évêque à qui s'est adressé Roberto, en revanche, a eu une réaction pragmatique. Il lui a carrément proposé une petite paroisse à la campagne où s'installer avec la gouvernante de son choix.

L'œil ne voit pas, le cœur ne souffre pas.

13

Le magma ruisselle dans les viscères les plus profonds de la Terre. Chaque fois que s'ouvre la gueule d'un volcan, il jaillit avec une force dévastatrice et emporte tout avec lui.

Il en va toujours ainsi. Celui qui saute le pas devient la soupape de sécurité de tous ceux qui pourrissent en silence, et qui la veille encore pensaient être un cas unique au monde.

C'est arrivé avec Marcella, avec Cait, avec Odette. C'est arrivé avec un prêtre italien dont je dois taire le nom. Lui aussi est las des mensonges, lui aussi s'est aperçu qu'il n'était pas le seul à souffrir.

Le lendemain du jour où il a déclaré *urbi et orbi* qu'il aimait une femme, raison pour laquelle il avait décidé de quitter l'Église, il est submergé par les e-mails, les appels téléphoniques et les visites. Tout le monde vient lui demander de l'aide ou une écoute. La plupart sont des femmes qui lui confessent leurs amours secrètes, comme dans les lignes qui suivent :

« Je ne sais pas si j'ai raison de vous raconter mon expérience, mais je sens néanmoins que vous me comprendrez mieux que ne le feraient mes meilleurs amis.

Voilà plus de neuf ans qu'est arrivé dans ma paroisse un nouvel aumônier, un nouveau don. J'étais petite encore, j'étais en quatrième, je participais aux activités. Et, quand vous participez aux activités, le prêtre, vous le voyez encore comme une idole, comme un guide. Surtout quand le prêtre en question se montre extraverti, charismatique, sympathique et attentif à l'humanité de chacun.
Un prêtre différent des autres. Son énergie m'a plu tout de suite, à moi aussi. Mais ce qui m'a frappée surtout, c'est son insouciance, sa légèreté. Il ne ressemblait pas tellement à un prêtre, c'était un jeune parmi les jeunes. Au fil des années, j'ai été gagnée par sa vitalité et par sa passion pour les enfants. J'ai commencé à passer beaucoup de temps en milieu paroissial. Je suis devenue animatrice. Les expériences partagées avec le prêtre se sont multipliées, notre connaissance mutuelle s'est approfondie. Il me prenait toujours dans ses bras pour m'aider à trouver l'énergie, pour me consoler, ou juste pour me dire bonjour, et qu'il m'aimait bien.
J'avais véritablement trouvé un ami, une personne qui savait m'écouter, lire en moi, voir au premier regard comment j'allais, deviner quand et comment j'avais besoin d'être remontée, qui m'aidait à avoir confiance en moi et à donner en toute circonstance le meilleur de moi-même.
Si j'ai grandi, c'est grâce à lui. Je suis devenu une femme. Cette relation affectueuse et complice s'est poursuivie jusqu'au jour où le prêtre m'a appris qu'il était tombé amoureux de moi, que je lui inspirais des sentiments très forts. J'écoutais, et j'avais très peur de ce qui allait arriver. Sur le moment, je suis restée muette, je n'arrivais pas à prononcer un mot. J'avais besoin de réfléchir. Comment était-ce possible ? Le prêtre était amoureux de moi !?!?!?!?!

Mais aussitôt les questions se sont refermées et le sentiment a pris le dessus. Effectivement, moi aussi j'étais amoureuse de lui, même si je ne l'avais jamais voulu, même si je n'étais jamais parvenue à mettre concrètement un nom sur ce que je ressentais.
Peut-être avais-je trop peur.
C'est ainsi qu'a commencé une douloureuse relation clandestine. Plusieurs fois, nous avons essayé de nous éloigner l'un de l'autre, de faire l'un sans l'autre. « Pour ton bien et pour mon bien », nous disions-nous. Mais tôt ou tard nous retombions dans les bras l'un de l'autre, nous nous donnions des rendez-vous dans tel ou tel endroit pour être ensemble, pour nous retrouver dans notre cage de mensonges et d'excuses emboîtées à la perfection pour que personne ne sache.
C'était déchirant, pesant, et en même temps très beau, merveilleux. Nous nous sommes tellement aimés ! Nous ne devions jamais plus éprouver comme alors la sensation d'être vivants.
Plus d'une fois il m'a demandé : « Que penses-tu de moi, d'un prêtre qui tombe amoureux fou d'une fille ? ». Je répondais toujours que ce n'était pas un problème pour moi, et même que j'aimais sa façon de rechercher le règne de Dieu en tant que prêtre. J'ai toujours pensé qu'un homme et une femme ne s'accomplissent qu'en aimant et en étant aimés.
Chacun a besoin d'avoir quelqu'un auprès de soi, quelqu'un qui n'est pas là que par intérêt, que pour donner de temps en temps un baiser, une caresse, un peu d'affection. Quelqu'un qui est là parce qu'il croit en vous, parce qu'il veut progresser avec vous, parce qu'il partage avec vous un grand projet de vie.
Ces deux années de ma vie, jamais je ne les oublierai. Et puis, oui, l'heure de la séparation a fini par arriver. Il est parti en mission, et je me suis retrouvée seule à

vivre ma vie quotidienne, toujours la même, entre mes études à la fac et mon travail d'animatrice.
Mon cœur aurait voulu tout envoyer promener, j'aurais voulu crier au monde mon amour pour lui, commencer à vivre ensemble.
Mais c'est l'injustice qui à la fin l'a emporté.
J'ignore ce que nous réserve l'avenir. Tout ce que je sais, c'est que je ne peux cesser d'aimer. Je n'arrive pas à imaginer ma vie sans lui. Deux ans ont passé depuis son départ. À certains moments, je lui en ai terriblement voulu. À cause de tout ça, j'ai perdu de précieuses années de ma jeunesse. À d'autres moments, j'ai éprouvé un très fort sentiment d'injustice. Pourquoi ? Pourquoi a-t-il fallu que je tombe, moi, amoureuse d'un prêtre ? Pourquoi faut-il respecter ces règles absurdes ?
Il m'est arrivé de remercier Dieu de m'avoir permis de rencontrer l'amour. D'autres fois, j'espérais revivre ces instants magiques. Mais, le plus souvent, j'étais la proie du doute, de l'incertitude, de la précarité.
Je me demande ce que la vie attend de moi. Ce que Dieu attend de moi. Que cherche-t-il à me dire ?
Je n'ai pas encore dépassé mon chagrin, j'y suis même jusqu'au cou. J'ai le cœur noyé.
Je ne vous écris pas pour que vous me répondiez, mais parce que j'avais besoin de partager mon expérience avec quelqu'un. Mes amis, les quelques amis que j'ai, sont fatigués de mon histoire désormais. D'après eux, je suis guérie. L'heure est venue pour moi de trouver un fiancé. Malheureusement ça ne se passe pas comme ça.
J'admire votre courage : vous êtes allé à contre-courant. J'aurais bien voulu l'avoir aussi, ce courage-là.
Merci pour votre écoute.
Vivez bien ! »

Cette lettre, je l'ai lue et relue.

Cette lettre m'a frappé. M'ont frappé la pureté, l'ingénuité, le désenchantement, la sérénité, la découverte de l'amour, les sentiments, la trahison. J'ai ressenti de la tendresse, j'ai ressenti de la colère. J'ai été ému, j'ai pété les plombs. Je me suis demandé si cette fille n'était pas débile. Puis je me suis dit que le débile, c'était moi.

J'ai pris le nom et le prénom de son amoureux prêtre, et je suis allé faire des recherches sur Internet. Je l'ai retrouvé. Je suis tombé sur un article paru dans la presse locale, où il parle de son départ imminent et fait ses adieux à la paroisse. J'ai lu ses mots. Ses mots pour évoquer les années qu'il a passées, les expériences qu'il a vécues, les personnes qu'il a le mieux connues.

Et après avoir lu ces mots, j'ai relu à cinq ou six reprises la lettre de la fille. Et après avoir relu la lettre de la fille, je suis parti sur Facebook à la recherche du prêtre amoureux.

Je l'ai trouvé : heureux et tout sourire.

Vis bien ! Vis longtemps !

14

Comment une femme peut-elle tomber amoureuse d'un prêtre ? J'ai cette question en tête alors que je prends ma voiture pour aller trouver Marzia en Vénétie, à plus de trois cents kilomètres.

Nous sommes début septembre 2010.

Marzia est une femme d'environ trente-cinq ans. Elle a une fille. Elle est séparée de son mari depuis longtemps.

L'histoire de Marzia ressemble à celle de beaucoup d'autres femmes. Elle fréquente la paroisse de son village, elle y est animatrice, elle s'occupe d'un groupe de jeunes. Flavio est aumônier et vicaire. Entre Marzia et lui, naît une belle amitié. Elle se confie à lui, elle lui dit tout, elle le considère comme son meilleur ami.

Un soir, le père Flavio lui téléphone. Il est triste, il se sent seul, il vient de se séparer de la fille avec laquelle il avait une liaison depuis quelque temps. Il lui raconte tout. Il lui parle de l'autre, beaucoup plus jeune que lui, animatrice également. Marzia n'est pas surprise, elle soupçonnait qu'il y avait de la tendresse entre Flavio et cette fille.

Dès le lendemain, le père Flavio et Marzia commencent à se voir plus souvent. Il passe la chercher le soir et ils sortent, ils vont faire un tour, manger une glace, une pizza. Marzia lui trouve une sensibilité qu'elle n'a pas remarquée chez les autres hommes. Il sait écouter, est de bon conseil. Il n'est pas envahissant, il lui propose de faire un bout de chemin en la laissant libre d'arrêter quand elle le voudra.

Mais bientôt la femme est en pleine crise. Elle se confesse auprès d'un autre prêtre. Elle lui raconte tout. Mal lui en prend. Ce prêtre peu srcupuleux voit là une bonne occasion de la séduire à son tour. Il se dit peut-être qu'ayant succombé au charme d'un de ses confrères, elle succombera au sien. Mais Marzia le repousse. Vexé, il se libère par la suite du secret de la confession pour aller moucharder auprès de l'évêque. Le père Flavio est muté dans une autre paroisse. L'évêque lui dit qu'il peut continuer à voir sa femme à condition de respecter la discrétion la plus absolue. Il ne veut pas de scandale. Le père Flavio est déçu. Il demande une année sabbatique. Elle ne lui est pas accordée. Il quitte l'Église.

Marzia reste toujours à ses côtés. Elle lui offre son amitié, une épaule, un refuge. Leur amour s'épanouit.

Marzia et Flavio vivent ensemble désormais. Ils sont heureux. Et ils seraient plus heureux encore si Flavio arrivait à trouver un emploi à même d'assurer à sa famille un avenir convenable. Mais ce n'est pas facile. L'Église lui a claqué la porte au nez. Du jour où il a renoncé à la prêtrise, il a dû cesser d'enseigner la religion à l'école.

Je fréquente Marzia et Flavio durant plusieurs semaines. Nous sortons dîner, je rencontre leurs amis. Je m'attache beaucoup à un couple : Federica, dans les quarante ans, et un ex-prêtre du même âge.

Pour moi, Federica est un témoin très important. D'abord parce qu'elle a une expérience directe du problème, ensuite parce qu'elle connaît énormément de femmes qui vivent ce qu'elle-même a vécu il n'y a pas si longtemps.

Elle a une conversation très intéressante.

– Qu'est-ce qui peut pousser une femme à tomber amoureuse d'un prêtre ? demandé-je.

– Peut-être leur sensibilité, leur sens de l'écoute, leur douceur.

Sensibilité, écoute, douceur. Voilà qui donne à réfléchir.

Une femme consent à rester dans l'ombre, à ne pas s'accomplir, à vivre comme la maîtresse d'un homme marié, ou avec l'espoir que tôt ou tard il lâchera tout pour courir vers elle, la prendre dans ses bras et l'emmener en ville se promener au vu et au su de tous.

Federica évoque l'attrait de l'habit clérical : « Cet attrait existe, car de toute façon il joue un rôle important dans la communauté, surtout au sein de ces petits villages où le pouvoir des prêtres est grand. Le prêtre est un homme doux, toujours disponible, doté d'une sensibilité particulière envers les enfants ; en même temps il donne des conseils rassurants. Bien souvent, ce qui plaît aussi, c'est sa culture : elle transparaît dans la prédication dominicale. »

Federica me parle de la solitude du prêtre. Elle dit également comment cet état d'homme seul finit par attirer les femmes : « En creusant la question, on s'aperçoit que la femme est attirée par la solitude même du prêtre. Dès qu'elle s'approche, et parvient à conquérir son amitié, ou du moins une certaine complicité, elle découvre un homme fragile, souvent obligé de traverser seul les moments importants. Un homme pauvre du point de vue des sentiments personnels et de l'amitié, bien qu'il vive au milieu des gens du matin au soir. S'il n'a pas sa famille à proximité, c'est dans la solitude qu'il passe les dimanches et les fêtes.

« J'ai vu des prêtres basculer dans une attention excessive à eux-mêmes, au point de devenir des paons imbus de leur personne, encore une chose qui attire un certain type de femmes.

« Mais ma conviction, c'est que les prêtres sont hommes pour moitié seulement. Il est facile de prêcher l'amour cosmique quand tu as tout à portée de main. Le sacrifice économique, tu ne le ressens pas. Si tu es fatigué, tu vas te reposer. S'il te faut quelque chose, il y a quelqu'un pour s'en occuper. Et il est clair que tu n'as pas l'angoisse des factures.

« Dès lors, pourquoi se castrer d'une exigence naturelle comme le sexe ? Et voilà comment se produisent des situations absurdes partagées par ces femmes que j'ai connues. Des femmes qui mènent une existence difficile, et recherchent quelque chose d'interdit.

« Un jour, une amie m'a dit que le prêtre était l'amant idéal. Pas de problème de femme et d'enfants. Tu sais surtout qu'il ne viendra jamais te ruiner la vie en exerçant un chantage : un prêtre est à l'aise dans sa fonction. En plus, si tu as des problèmes économiques, il se chargera de te les résoudre. »

Avant que nous nous séparions, Federica me fait une promesse : elle va m'aider à entrer en contact avec des femmes qui vivent la condition de maîtresses cachées de prêtres toujours en fonction, non d'ex-prêtres comme son compagnon. Federica dit qu'il sera très difficile, pour elles, d'accepter de se retrouver face à moi. Cependant elle fera tout son possible pour les convaincre. Avec le temps, elle a construit avec nombre d'entre elles des relations personnelles fortes, parfois même une amitié.

La première est Lucia. Elle refuse de me voir. Federica me parle de leur rencontre. Elles se connaissent car elles ont travaillé ensemble, par le passé, pour l'action catholique. C'est une femme de cinquante ans, pas très grande, robuste, avec un regard étrange, qui vit seule dans un petit quartier de banlieue. Federica a rendez-vous avec elle un matin dans un bar. Elle arrive essoufflée, mal fagotée, l'air triste. Elle commence par dire combien ses deux enfants lui manquent. Ils sont grands maintenant, et indépendants. Ils vivent dans une autre ville, trop loin pour qu'elle puisse les voir tous les dimanches. Elle occupe un poste de secrétaire depuis des années.

Federica et Lucia boivent un café presque sans rien dire ; des gens arrivent, que Lucia connaît et salue d'un air las. Puis, elle commence à s'épancher et à se libérer.

Elle vivait dans une autre région. Sa situation familiale n'était pas des meilleures, son mari la négligeait, ainsi que les enfants. Il gaspillait tout son revenu au café : l'alcool, le jeu. Les enfants étaient petits. La seule distraction de Lucia, c'était la paroisse. C'est là qu'elle a fait la connaissance de Giacomo, le curé. Il avait dix ans de plus qu'elle. L'homme était doux, il avait un regard sincère. Peu à peu, leur relation s'est transformée en une grande complicité. Un matin, alors qu'ils se rendaient ensemble en voiture au centre commercial faire les courses pour la fête de la paroisse, il a fait le premier pas, le premier baiser, la première caresse, le premier soupir. Lucia n'a ressenti aucune peur, seulement de la joie, une joie adolescente. Dès lors, le soleil a resplendi dans sa vie.

Elle raconte des sorties, des dîner, des réunions à deux dans la chambre de Giacomo. L'excuse était toujours la même : organiser quelque chose pour la paroisse. Bientôt, les mauvaises langues se sont réveillées ; et les femmes de la paroisse ont commencé à la regarder différemment.

Une très belle année faite de rencontres, de mains qui s'effleuraient, de regards complices. Jusqu'au jour où l'affaire est devenue publique : le curé a été muté. Lucia a été forcée de déménager.

À ce point de son récit, Federica lui demande s'ils n'ont jamais songé, elle et Giacomo, à s'enfuir pour aller quelque part vivre ensemble. Sa réponse la laisse un peu pantoise. Elle dit qu'elle n'a jamais eu le courage d'aborder le sujet. De sorte qu'elle ne sait pas s'il le voudrait vraiment, au fond. Elle admet qu'elle a peut-être peur de lui. C'est un homme qui réussit, tandis qu'elle n'est rien.

Lucia continue de rencontrer Giacomo en cachette. Pas souvent, de moins en moins souvent, mais, quand le rendez-vous approche, elle se prépare comme pour une noce. Elle se sent comprise, heureuse ; et quand ils font l'amour, elle le vit chaque fois comme si c'était la dernière.

Voici Paola.

Federica l'a prévenue du sujet de la conversation, et rencontre quelques difficultés d'approche. Paola non plus ne veut pas me rencontrer.

Après plusieurs messages et quelques échanges téléphoniques, elle accepte un rendez-vous avec Federica, qui doit d'abord jurer qu'elle viendra seule, sans magnétophone, et surtout que par la suite je ne mentionnerai pas son vrai nom, pas plus que je n'indiquerai de détail susceptible de l'identifier.

Paola a une quarantaine d'années, elle enseigne dans une école de centre-ville. D'après Federica, elle a des façons douces et presque fragiles dans sa manière de s'exprimer. Elle paraît soumise à une vie qui n'est pas la sienne.

Les deux femmes se rencontrent dans un jardin public du centre. Paola s'assied, tire une pomme de son sac à main, écarte de son front une mèche de cheveux. Federica entame la conversation, et Paola commence aussitôt le récit de son histoire.

Lorsqu'elle a rencontré Marco à un cours diocésain, elle était mariée depuis quatre ans. Elle s'était mariée très jeune pour obtenir une liberté que sa famille lui refusait. Elle a eu de belles années avec mon mari, mais leur relation ressemblait davantage à celle d'un frère et d'une sœur qu'à celle de deux amants.

Marco était différent. Il était doux, sensible, il l'écoutait en silence et la comprenait. En même temps il la reprenait en main, il voulait s'occuper d'elle et la rendre meilleure. Elle n'aurait jamais cru tomber amoureuse de lui. Elle est profondément catholique et cette pensée la glaçait.

Un soir, après une rencontre, Marco lui a proposé d'aller manger une pizza. Elle a accepté l'invitation : son mari était au foot, il rentrerait tard. Et puis l'idée d'être seule avec Marco lui plaisait. La pizza pouvait se révéler un bon prétexte pour lui poser toutes les questions qu'elle avait en tête depuis longtemps : elle nourrissait beaucoup de doutes sur sa foi, et si quelqu'un pouvait l'aider, c'était bien lui.

Sur le chemin de la pizzeria, il a profité d'un arrêt à un feu rouge pour l'embrasser. C'était un baiser doux et violent. Elle en est demeurée pétrifiée, satisfaite, heureuse, épouvantée. En l'espace de quelques secondes, mille pensées ont traversé son esprit. La pizza, ils ne l'ont jamais mangée. Ils sont restés dans la voiture arrêtée sur un parking, à discuter, à s'embrasser. Il était mystérieux, viril, et en même temps plein de douceur et d'agressivité.

Aujourd'hui, avec trois années de recul, elle se rend compte qu'il ne renoncera jamais à son sacerdoce. Il est curé et ça lui plaît. Il dit qu'il se sentirait en faute, mais qu'il ne veut pas la perdre non plus. Elle n'est pas une maîtresse. Elle est sa femme. Ils se voient souvent car elle s'occupe de nombreuses activités paroissiales ; cette année, ils sont même allés suivre un cours ensemble. En définitive, c'est sa vie, et elle n'a pas envie d'envisager autre chose.

Son mari ne sait rien et ne saura jamais. Il ne se passe pas une nuit sans qu'elle adresse au Bon Dieu cette prière : « Faites que ça s'arrête. » Le matin, elle prie pour que Marco lui envoie ce qu'elle désire : un petit message pour lui dire bonjour.

Autre témoignage d'une autre femme, Erika, qui accepte de rencontrer Federica.

C'est une jeune femme très belle. Quasi un mannequin. Souliers à talons, minirobe. Elle redoute que ses parents découvrent sa situation, bien qu'ils vivent dans une autre région ; aussi elle demande des garanties avant de raconter son histoire.

Elle adore la mode. Elle est fana des discothèques et des restaurants. C'est du reste dans une discothèque qu'elle fait la connaissance d'Andrea, un garçon très gentil avec les caractéristiques typiques des gens du Sud. Elle est avec ses amies. Il s'approche et il commence à lui faire la cour. Ça continue toute la soirée. Un mojito, un spritz, et le tour est joué : elle commence à jouer et à flirter avec lui. C'est un garçon très séduisant, qui porte un jean de marque, des chaussures parfaites, une chemise ouverte. Il parle peu mais ses yeux sont très expressifs.

C'est un mâle. Elle est la proie. Discussions, baisers, mojito, danse. À l'aube, avant de se dire au revoir, ils échangent leurs numéros de portables. Aussitôt, elle jette le bout de papier. D'abord parce qu'elle est pompette. Et puis c'est la routine de ses soirées en boîte.

Pendant plusieurs semaines, elle ne pense plus à lui. Ç'a été une soirée amusante comme tant d'autres ; et lui, comme tant d'autres, lui a fait passer des moments de reine.

Au bout d'un mois, arrive le premier SMS : le message l'intrigue et l'excite. C'est lui. Il a envie de faire l'amour avec elle. Elle répond sans se rappeler qui il est. Elle se prend au jeu, c'est tout. La semaine suivante, ils décident de se voir. Rendez-vous est pris à la mer, à quelques kilomètres de chez elle. « Étrange, se dit-elle, c'est l'hiver, à la mer il n'y a personne. »

Il est au rendez-vous, toujours aussi séduisant et bien mis dans des fringues griffées. Excellent parfum, attention aux détails. Ils passent ensemble deux journées de feu : le sexe, le sexe, le sexe. Il lui laisse une écharpe superbe et un billet à la faire pleurer. Sur quoi il disparaît de nouveau dans le néant.

Un lundi matin, il lui demande de sauter un cours à la fac. Il veut lui parler. Elle songe à une nouvelle fantaisie érotique. Il lui dit qu'il est prêtre, qu'il va être muté sous peu dans une autre paroisse, et qu'il ne veut pas la perdre. Au secours ! Que faire ? Un prêtre. Elle n'a pas parlé à un prêtre depuis l'école élémentaire et le patronage. Et puis un prêtre, c'est gros, non ? Laid. Négligé. Puant dans son vêtement noir. En même temps, le boulot qu'il fait, elle s'en tape. La messe, elle n'y va pas. L'église, elle ne la fréquente pas. Et elle n'a pas l'intention de se marier. Seulement de s'amuser. Sans tomber amoureuse surtout. Et, à bien y réfléchir, l'idée qu'il vive une réalité très éloignée de la sienne l'intrigue beaucoup.

En ce moment, il fait le curé dans un village voisin. Ils se voient souvent. Il a loué pour la voir une petite mansarde près de l'université : il l'y rejoint dès qu'il le peut. Il la couvre de cadeaux et de plaisirs. Ils ne peuvent pas se voir dans la journée, mais pour le moment ça lui va. Car, tôt ou tard, il sera à elle. Et si ce n'est pas le cas, tant pis.

Federica reste sans voix. Cette rencontre avec Erika l'a marquée.

Un peu à cause du côté sûre d'elle et effronté de la fille ; un peu pour son jeune âge. Mais surtout Erika sort du cliché de la femme qui recherche chez les prêtres la douceur, le confort, la sécurité. Erika veut et trouve de l'argent, des cadeaux, du sexe et de la transgression.

Cependant Federica n'est pas au bout de ses surprises. La dernière rencontre sera celle de Carla.

Federica dîne au restaurant avec une amie. Carla est serveuse. Elles se connaissent mais ne se sont pas vues depuis longtemps. Elles sont restées en contact grâce à Facebook.

À la fin du dîner, Carla vient s'asseoir à leur table. Elle a quarante ans, elle semble forte, mais plus elle parle, plus ses silences et ses regards en quête d'approbation trahissent une fragilité.

« J'en veux à mort à l'Église et à ses règles hypocrites. Je suis fille mère. Ma fille n'aura jamais de père car le père est prêtre. Un prêtre qui préfère les avantages de l'Église aux responsabilités d'une famille. Un faible, il n'a pas de couilles. Il s'est amusé à coucher avec moi. Sauf que maintenant il a peur de la vraie vie, et de ce que pourrait être la réaction de sa famille.

« J'aurais pu faire du scandale, écrire aux journaux. Je connais des femmes qui l'ont fait. Moi, je ne le ferai pas, parce que je ne veux pas que ma fille ait un père qui, ne l'ayant pas acceptée spontanément, la reconnaisse seulement contraint et forcé.

« Il m'envoie de l'argent tous les mois, me demande si j'ai besoin de quelque chose, puis me laisse me bagarrer toute seule avec tout et avec tous. Quand je pense qu'il m'a promis, quand je l'ai rencontré, de tout lâcher pour moi. Il m'a pratiquement obligée à faire l'amour sans protection, parce qu'il préférait, ça lui plaisait davantage comme ça.

« J'ai pleuré, je l'ai supplié de tout laisser tomber et de venir vivre avec nous. J'ai tout essayé mais il ne veut pas. Sa famille refuserait de le regarder encore en face. Sa vie serait bouleversée. Et je suis là, à l'attendre les bras ouverts, tout ça parce que je n'ai jamais connu un homme tel que lui. Je le hais et je l'aime. Je me précipite auprès de lui dès que je le peux, car je ne vois mon avenir qu'avec lui. Il me rend visite chaque dimanche soir. Pour ma fille, pour sa fille, c'est un oncle, un homme sympathique et bon. »

Federica m'écrit quelques lignes dans la marge :

« Entre deux coups de fil avec toi, Carmelo, j'estime que j'ai de la chance.

Mon homme a choisi. Je crois que je ne serai jamais abandonnée dans un sombre tunnel. La pomme, j'aime bien la manger tout entière, pas seulement la déguster par petits morceaux. Je connais et j'ai connu énormément de prêtres. Ils partent avec de grands idéaux, un grand esprit, mais tôt ou tard ils se heurtent à la réalité de la nature, et voient comment Dieu nous a faits.

Castrer un homme et le forcer à la chasteté est contre nature. Heureusement, tôt ou tard, le corps se rebelle.

Parfois j'ai envie de remercier ces femmes : leur patience et leur silence permettent d'éviter d'innombrables déviations sexuelles, comme la pédophilie.

Je connais même des prêtres qui, à mon avis, ne seraient pas capables de faire autre chose dans la vie. Ils se sont accrochés à l'Église comme des tiques, par souci de leur confort ; ils exploitent la situation mais, au fond d'eux-mêmes, ils sont vides et tristes.

Beaucoup de femmes vivent des aventures secrètes avec des prêtres. J'ai accepté de les aider pour faire savoir aux personnes naïves que derrière la porte de ce qu'on appelle l'église, près de chez eux, se cache un monde. »

Peu avant Noël, Federica m'envoie un petit message. Sa fille est née. Sa fille a de la chance.

L'Italie est un pays volcanique. Le magma trouve toujours une ouverture pour remonter à la surface.

En mars 2010, environ quarante maîtresses et compagnes de prêtres ont adressé une lettre ouverte au pape Benoît XVI.

La presse italienne n'en a pas parlé. L'information a été diffusée par quelques sites seulement, par l'agence de presse internationale GlobalPost, et par le quotidien britannique *Guardian*. Pourtant, quarante personnes qui écrivent au pape pour demander l'abolition du célibat et signent leur lettre « les femmes de prêtres italiennes », voilà qui représente un fait sans précédent.

Elles se déclarent « habituées à vivre dans l'anonymat les rares instants que le prêtre parvient à leur consentir » et à endurer quotidiennement « les doutes, les peurs et le sentiment d'insécurité de [leurs] hommes, en suppléant à leurs carences affectives et en subissant les conséquences du célibat obligatoire ». Un célibat obligatoire qu'elles définissent comme un « suaire déchiré », alors que leurs hommes exerceraient mieux leur ministère s'ils avaient la possibilité d'être mariés.

Voici un extrait de la lettre :

« Elles sont connues les raisons qui, autrefois, ont poussé la hiérarchie ecclésiastique à inscrire cette discipline dans son propre système juridique : l'intérêt économique, le profit. Ensuite tout ça a été agrémenté au fil des siècles d'une certaine dose de misogynie et

d'hostilité envers le corps, le psychisme et leurs exigences primaires.

Il s'agit donc d'une loi « humaine » au sens large du terme. C'est de là qu'il faut partir et s'interroger : cette loi ne doit-elle pas être rediscutée, modifiée, voire supprimée, comme on le fait de toutes les lois humaines quand est venu le moment historique de le faire ?

Mais peut-être n'arrivez-vous pas à voir que le prêtre est douloureusement seul ? Il en a des choses à faire ! De quoi remplir sa journée. De quoi vider son cœur. Souvent il ne s'en rend même pas compte, pris comme il l'est par la liturgie et les obligations de sa charge.

Et il peut arriver qu'il y ait parmi ses connaissances une personne spéciale qui, dès le premier regard, semble exister exprès pour lui réchauffer le cœur, compléter et même enrichir son ministère. Voilà ce qui arrive, très simplement.

Mais la discipline ecclésiastique lui dit : « Non ! Tu as été choisi pour quelque chose de plus grand. » Et lui, il se sent en échec parce qu'il n'arrive pas à imaginer quelque chose de plus grand que ce qu'il essaie de faire. Pourtant il se fie à sa promesse, il lui obéit, car elle représente selon lui la volonté de Dieu, le plan de Dieu pour lui et pour d'autres comme lui. Le héros célibataire retourne à la trappe d'une institution qui le veut ainsi et, peut-être, a déjà préparé pour lui une promotion en échange de la nécessaire séparation. »

La lettre est signée :

Antonella Carisio, Maria Grazia Filippucci,
Stefania Salomone et les autres,
au nom de toutes celles qui souffrent
à cause de cette loi injuste.

15

Tout amour clandestin avec un prêtre recèle un drame humain et familial. C'est juste une question de temps. La douceur, la sensibilité, l'ivresse des sens, le déchaînement sexuel, tôt ou tard, laissent la place aux larmes, aux nuits sans sommeil et aux psychotropes.

Christian, trente-sept ans, vit à New York. Il est biologiste en mer. Il est le fils du père Marcel et de Judy.

Judy enseignait dans l'État du Maine. Elle avait vingt-huit ans quand elle a fait la connaissance de Marcel, un prêtre qui avait dix ans de plus qu'elle. Tous deux vivent une histoire d'amour pleine d'engagement et de tendresse. Mais bientôt Judy est enceinte et les choses changent. Marcel la fait monter dans sa voiture, ils bouclent leurs ceintures de sécurité ; il l'emmène dans une clinique de New York City. Pour la faire avorter. Au dernier moment, Judy ne se sent pas de le faire. Elle veut garder l'enfant. Le voyage de retour s'effectue dans le silence. Marcel conduit en regardant droit devant lui. Elle a l'impression de mourir.

Quelques jours plus tard, elle entend frapper à sa porte. Un autre prêtre est sur le seuil, porteur d'un message pour elle. Le message vient de l'homme qu'elle aime, du père de ce bébé qu'elle porte : « Quitte l'État du Maine, mets l'enfant au monde sans regarder à la dépense, et fais-le adopter. » Tous les frais seraient pris en charge par l'Église. Peu après, un prélat lui glisse une enveloppe contenant 3 000 dollars, destinés à couvrir les dépenses médicales. Judy repousse toutes ces offres et mène sa grossesse à terme.

Après la naissance du bébé, elle reste trois ans chez elle, puis reprend son travail d'enseignante et d'assistante sociale de la paroisse. Elle ne révèle à personne l'identité du père. Jusqu'à ce que son fils ait onze ans. À cette date, Judy traîne Marcel devant un tribunal et obtient un dédommagement financier sous la forme d'un chèque mensuel à verser à l'enfant jusqu'à ses dix-huit ans.

En 2008, Judy brise le silence et raconte toute l'histoire dans une autobiographie parue sous le titre *Perfect : a Love Story*, avec des noms d'emprunt. Ensuite, lors d'une interview à la télévision, elle dit la vérité sur son fils et sur cet homme qu'elle a aimé, et aime toujours.

Judy a aujourd'hui soixante-six ans. Marcel en a soixante-quatorze. Ils se sont vus récemment dans la maison de santé où vit le prêtre ; il est atteint de la maladie d'Alzheimer, et semble n'avoir guère de souvenirs de son passé.

Judy est demeurée fidèle à l'Église. Elle dit n'avoir pas de regrets. Elle est convaincue que sa relation secrète et la naissance de Christian sont les fruits de la volonté de Dieu. Elle est certaine également que, si l'Église catholique n'avait pas imposé à ses prêtres la règle du célibat, elle et Marcel se seraient mariés et auraient élevé leur fils ensemble.

Les États-Unis fourmillent d'histoires de cette sorte. Ils sont des milliers, ces femmes et ces enfants – désormais adultes –, dont cet affreux secret a bouleversé la vie. Et rares sont les prêtres qui renoncent à leur sacerdoce pour assumer leurs responsabilités. Qui acceptent de prononcer et d'écrire noir sur blanc le mot fatidique : démission.

Parmi eux, il y a l'évêque James.

En 2002, James a cinquante ans. Secrétaire d'un cardinal, on lui promettait un avenir de représentant de l'Église catholique américaine. Il était souvent accueilli au Vatican. Mais il a renoncé à son sacerdoce après avoir reconnu avoir eu des relations avec plusieurs femmes.

Il a écrit dans sa lettre d'adieu :

« Pendant mes vingt premières années de service, j'ai essayé de mener une vie chaste et célibataire. Mais je dois admettre avec honte et humiliation que je n'y suis pas parvenu. J'ai péché. J'en ai demandé pardon à Dieu voilà bien longtemps déjà. Je reconnais avoir eu des relations inappropriées avec une femme âgée de vingt ans seulement, et d'autres relations sexuelles avec des personnes de sexe féminin. »

D'après certains recoupements, l'Église aurait choisi James comme bouc émissaire pour redorer son blason quand a éclaté le scandale de la pédophilie, quand bien même il n'était coupable d'aucun péché lié à des abus sexuel sur mineurs.

Par la suite, James s'est marié et il est devenu père.

De la même manière, Robert, quarante ans, premier évêque hispanique du pays, a dû présenter sa démission le 19 mars 1993, après presque vingt années passées à la tête de l'archidiocèse de Santa Fe, Nouveau-Mexique.

Sa faute : des relations sexuelles avec au moins cinq femmes. Trois d'entre elles ont accordé une interview à CBS dans le cadre de la célèbre émission *60 Minutes*.

À en croire Cathy, elle avait dix-huit ans quand Robert l'a invitée à faire du camping avec une fille. La nuit, il s'était installé entre les deux pour dormir, et leur avait touché les seins. Parlant de cette même nuit, Patty, l'autre fille, a affirmé qu'elle ne s'était aperçue de rien jusqu'à ce que Robert se tourne de son côté et commence à l'embrasser.

Toutes deux affirment n'avoir jamais eu de rapport sexuel complet avec l'archevêque ; cependant, plusieurs mois durant, il les a embrassées et touchées. Patty a déclaré devant les caméras que l'archevêque disait en leur touchant les seins : « Si ton père savait ce qu'il perd. »

Un autre archevêque, Eugene Marino, a donné sa démission à Atlanta le 10 juillet 1990 après avoir reconnu qu'il avait eu une relation avec une jeune paroissienne de vingt-sept ans, Vicky ; il l'avait même épousée dans le plus grand secret en janvier 1990 lors d'un voyage à New York.

Vicky a affirmé avoir été victime, adolescente, d'abus sexuels de la part d'une bonne sœur. Elle a aussi donné naissance à la fille d'un autre prêtre. Au terme d'un long procès au cours duquel Vicky réclamait plus de 2 millions de dollars pour l'entretien de la fillette, l'examen de l'ADN a montré que le prêtre n'était pas le père.

L'Église a néanmoins accepté de verser tous les mois un chèque pour l'enfant.

Marino est mort d'une crise cardiaque en 2000, à l'âge de soixante-six ans.

Revenons en Europe. Depuis 1965, la France connaît chaque année 250 démissions de prêtres environ. Bien entendu, il s'agit là d'estimations, non de données officielles. La moitié des prêtres français qui jettent l'éponge le font pour pouvoir vivre au grand jour une histoire d'amour jusque-là clandestine. On présume qu'un plus grand nombre de prêtres, à un moment de leur sacerdoce, font l'expérience d'une fracture entre l'amour de Dieu et celui d'une femme ou d'un homme.

Tous n'ont pas le courage d'assumer leurs faits et gestes, comme nous l'avons vu et allons le voir.

L'Église catholique préfère rester discrète sur cette question. La ligne adoptée est la suivante : fermer un œil ou les deux yeux, tant que la double vie des prêtres n'est pas devenue affaire publique. Tout est fait pour éviter le scandale.

Les données : en France, 10 000 prêtres auraient renoncé à leur fonction depuis 1965 et le concile Vatican II. On en vient à s'interroger : que fait une institution qui, en quarante ans, voit partir un si grand nombre de ses cadres ? Surtout dans un contexte où le renouvellement générationnel est difficile, où l'on sait que le nombre d'étudiants inscrits au séminaire est en train de s'effondrer.

Eh bien, les évêques se sont contentés d'élargir les compétences des curés fidèles au poste. Tu étais à la tête d'une paroisse ? Tu en récupères une de plus. Puis une troisième, une quatrième, une cinquième. Voire une sixième. Pratique qui a entraîné un changement dans la relation entre le clergé et les fidèles. En effet, le curé ambulant perd le contact humain direct avec les paroissiens, lesquels s'éloignent.

Voilà des réactions en chaîne qui finissent par se retourner contre l'Église.

En France, en plus des blessures ouvertes par le débat sur la bioéthique, la fécondation assistée, l'euthanasie, on enregistre un important malaise au sein du clergé sur le célibat obligatoire, et sur le fait d'accorder aux femmes un rôle secondaire dans l'organisation de l'Église.

C'est ainsi que des associations catholiques ont vu le jour, qui professent un discours non aligné et élèvent fortement la voix contre la hiérarchie vaticane. Ces groupes ont un point d'ancrage sur Internet : Chrétiens en liberté.

Le 26 octobre 2010 à 9 heures, je prends contact avec l'une de ces associations : Prêtres en foyer. Une femme me répond, je lui dis que je suis journaliste et que j'enquête sur la situation des prêtres catholiques en France. Réponse : « Ne quittez pas, je vous passe mon mari. » J'ai bientôt Claude Bertin au bout du fil. Soixante-quinze ans, prêtre, retraité, marié, deux filles et plusieurs petits-enfants. Il est l'un des fondateurs de Prêtres en foyer. L'association a vu le jour en 1970 à Marseille, sous l'impulsion de Bob et Colette Joubert. Le mouvement compte actuellement une quarantaine d'adhérents, et environ 300 sympathisants localisés surtout dans le sud-est du pays.

En dépit d'un fort mal de gorge, Claude me consacre une heure de son temps et m'explique la situation.

Selon lui, le Vatican exerce moins son contrôle sur la vie des paroisses en France qu'en Italie. Par conséquent, il est plus facile d'y constituer des groupes éloignés de la ligne officielle. Mais, y compris parmi ceux qui restent fidèles aux directives de Rome, on trouve de nombreux prêtres en désaccord avec une institution qu'ils considèrent comme « hors du temps, dépassée ».

Ce qui frappe le plus les observateurs français, c'est le phénomène de la sécularisation du clergé. Claude, pour sa part, préfère d'ailleurs parler de « décléricalisation ». C'est-à-dire la réduction du clergé classique qui s'occupe seulement de paroisses et diocèse, en vue d'une intégration des prêtres, par le travail, dans la société civile et laïque.

Claude Bertin est une espèce de prêtre syndicaliste qui croit au combat pour la justice sociale. Sa pension de retraite, après dix années dans l'Église, est de 42 euros par mois. S'y ajoute sa pension de prêtre-ouvrier : elle lui vient de plus de trente ans de travail dans un bureau.

« Si l'Église refuse que les prêtres fondent une famille, c'est aussi pour des raisons économiques : vu ce que gagne un prêtre, il n'est pas en mesure d'assurer la subsistance d'une famille. »

Il a un tel sens pratique que je suis quasiment pris au dépourvu. Il arrive à établir dans son propos des interactions entre théologie, lutte des classes et mouvement féministe. En une heure de temps, il me parle des conciles de Chalcédoine

(451 après J.-C. : les deux natures du Christ sont affirmées), et de Trente (1545 : début de la Contre-Réforme) ; il évoque aussi les luttes pour que le clergé aussi reconnaisse la valeur du travail et de la famille.

Claude a épousé civilement Michelle en 1972 à Marseille. La bénédiction matrimoniale a été donnée par les membres de Prêtres en foyer, lors d'une cérémonie étrangère aux règles du Vatican.

Il m'explique qu'il poursuit son activité pastorale en dehors de la paroisse car, d'un point de vue canonique, le mariage l'a exclu de la hiérarchie de l'Église, et il n'a plus le droit de célébrer la messe. C'est donc à travers les réunions de l'association qu'il peut partager une foi désormais non conforme aux directives de l'Église catholique romaine.

« Il y a parmi nous beaucoup de prêtres qui ne sont pas d'accord avec les positions du Vatican, surtout en matière d'éducation sexuelle et de bioéthique. L'Église est dépassée par les techniques d'insémination artificielle que permettent aujourd'hui les progrès scientifiques. »

Il conclut cette conversation intense en appelant de ses vœux une modification nécessaire des normes du Vatican. Il me rappelle que des personnalités importantes comme l'abbé Pierre, ou Hans Küng, se sont déclarées non hostiles au mariage des prêtres.

Mais la route est encore très ardue. Il le sait bien lui aussi.

16

Me voici à présent sur le site de Plein Jour, autre association française engagée dans le soutien aux compagnes de prêtres et religieux en lutte pour l'abolition du célibat.

Jacques Gaillot en est le président d'honneur.

« Le statut clérical, masculin, est dépassé. Je ne vois pas pourquoi les femmes ne pourraient pas être ordonnées prêtresses. Je ne comprends pas pourquoi les hommes d'Église ne pourraient pas avoir la liberté de choisir entre mariage et célibat. Le mariage et la paternité ne doivent pas être considérés comme des obstacles à l'exercice du ministère. L'important, c'est que nous soyons des prêtres proches de la population. Des prêtres qui soient en paix avec eux-mêmes et avec le monde qui les entoure. Il faut en finir avec le mensonge. Notre association représente un espace de liberté, d'échanges, de soutien à ceux qui connaissent la dissimulation et le sentiment de culpabilité. Beaucoup de prêtres ont des compagnes cachées, parfois des enfants. D'autres choisissent de vivre leur vie et de renoncer au sacerdoce. Pour eux, c'est une vraie blessure, et l'Église y perd souvent de précieux éléments. La situation, actuellement, est malsaine ; elle détruit les individus. »

Parcourant les pages Web de Plein Jour, je m'arrête sur le témoignage d'une femme.

Elle avait dix-neuf ans seulement, elle aimait Dieu profondément et voulait le servir.

Dieu.

Où est Dieu, me dis-je, quand ceux qui sont ses apôtres, ses disciples, ruinent des vies ? En son nom. En fait ils se servent de lui pour prendre leurs aises. Et que l'on ne vienne pas me parler d'épreuve, de souffrance, de la croix que tout chrétien doit porter s'il veut arriver à Dieu. Par pitié. Qu'on arrête de se foutre de nous. Jésus la leur casse sur la tête, sa croix, à ceux qui usurpent son nom pour faire les pires saloperies.

Voici son témoignage :

J'ai été la maîtresse de... Écrire ces mots me fait horreur.

J'avais dix-neuf ans, j'aimais Dieu profondément et voulais le servir. Ce que je faisais avec conviction à travers mes activités dans l'église : scoutisme, chœur, etc. Je passais beaucoup de temps avec des personnes très engagées, entre autres des ecclésiastiques. Une de mes meilleures amies de l'époque était religieuse. On m'a d'ailleurs souvent suggéré de m'engager dans un ordre religieux. Mais mon désir de liberté et mes convictions théologiques allaient à l'encontre de ce type d'engagement et, au fond de moi, je savais que je désirais être épouse et mère.

Ma personnalité, les circonstances et mes fréquentations du moment, tout était favorable à la triste histoire qui suit...

Je n'ai rien vu venir... Je ne sais pas encore aujourd'hui comment et pourquoi je n'ai pas su. Je n'ai pas pu... je n'ai pas osé dire non à un prêtre de treize ans mon aîné. Et en peu de temps je me suis retrouvée dans son lit ! Au presbytère !

Au fond de moi, ce n'est pas ce que je voulais, mon rêve était de rester pure jusqu'au mariage. Je me sentais sale, impure, manipulée ; je pressentais que j'étais un jouet entre les mains d'un homme vicieux et sans scrupule. Mais une part de moi-même espérait l'impossible : et s'Il m'aimait pour de bon ? et s'il renonçait à son sacerdoce ? et s'il m'épousait ?

J'étais prête à le suivre dans ce sens et lui en parlais. Je me sentais liée à lui, « sa femme ». Raisonnement primaire, innocent, étant donné le genre d'homme à qui j'avais réellement affaire. Mais ma loyauté et mon caractère entier, honnête, me poussaient dans cette voie. Lui restait sourd à mes paroles ; il était distant, lointain. La seule chose qui comptait pour lui, c'étaient nos rendez-vous secrets. Du sexe et encore du sexe. Et c'est tout ! Pas de tendresse, pas d'amour.

Stress énorme, mensonges, cachotteries, craintes, culpabilité, souffrance, sentiment de perdre les rênes de ma vie... ce furent des mois de détresse, de solitude extrême, de peur de grossesse et de désespoir.

Devant mon insistance pour que notre liaison prenne un sens, gagne en profondeur, se projette dans l'avenir, il fut soudain agacé par mes propos et me laissa tomber comme un Kleenex, sans une demande de pardon, sans un mot d'amour, sans rien. Il demanda sa mutation et partit dans une autre paroisse.

Me voila libérée mais détruite intérieurement, ne pouvant en parler qu'à un cercle très restreint d'amis, lesquels ne savaient pas du tout comment m'aider et n'ont rien pu faire pour moi.

Il me fallut bien des années pour me remettre émotionnellement de ces moments difficiles. J'insiste aujourd'hui sur le fait que cette malheureuse aventure a modifié le cours de ma vie et les choix qui ont suivi. Encore aujourd'hui, j'en subis les conséquences.

Je demande pardon à Dieu pour mon péché. Je suis convaincue que les relations sexuelles ne sont bénies et sources de bonheur que dans le cadre du mariage. Je reconnais ma faute et ma faiblesse. Néanmoins j'avais dix-neuf ans, j'étais pure, et j'ai été piégée. Je n'ose pas dire violée, car je n'ai pas dit non, mais j'étais manipulée.

Le prêtre en question me donnait comme argument qu'il avait fait le vœu de célibat mais pas de chasteté ! Quelle honte ! C'est tout à fait anti-scripturaire !

Il me disait m'aimer, j'étais assoiffée d'amour, comme toute jeune fille de mon âge. En fait le plus grand signe d'amour aurait été de me respecter ! Je pense qu'il ne m'a pas aimée mais convoitée et désirée sexuellement !

Il m'a abandonnée sans explication.

Voilà un concentré de cette période de ma vie. Inutile d'entrer davantage dans les détails. Plus de dix ans après, je lui ai écrit une lettre pour lui demander pardon d'avoir été une pierre d'achoppement sur son chemin, et pour reconnaître ma part de péché.

Il m'a répondu. Quelle déception ! Aucune peine, aucune repentance.. Rien. Rien que du vide. Comment un tel homme peut-il enseigner la parole de Dieu ?

Moi, je lui ai pardonné. Je ne suis pas son juge, il verra avec Dieu.

Mais en ce qui me concerne, je déconseille vivement à toutes les femmes, même amoureuses, de vivre en concubinage avec un prêtre.

Si l'amour est au rendez vous, ce que je crois possible et même souhaitable, qu'il rompe son engagement et se marie.

Une relation vécue dans la compromission ne peut être que cause de dépression et destructrice pour l'être intérieur.

Ceci est mon histoire, je ne pense pas qu'il soit bon de la comparer aux autres histoires de femmes ayant aimé ou aimant aujourd'hui un prêtre.

Que chacun, chacune s'examine soi-même devant Dieu.

Michel Taubmann, journaliste à Arte, a mené une enquête sur le non-respect du célibat dans le clergé catholique français. Son travail a d'abord donné lieu à un reportage, puis à un livre : *Femmes de prêtres*[1].

Par l'intermédiaire de l'association Plein Jour, il a rencontré des prêtres et leurs compagnes qui ont accepté de livrer leurs témoignages sous le couvert de l'anonymat. Le dénominateur

---

1. Michel Taubmann, *Femmes de prêtres*, Stock, 2003.

commun de ces différentes histoires, c'est la clandestinité. Rien ne doit filtrer.

L'enquête de Taubmann montre combien les prêtres ressentent la fracture entre leur amour pour l'Église et celui qu'ils éprouvent pour une femme. Ce conflit provoque une grande souffrance.

Mais les vraies victimes en sont les femmes, et les enfants plus encore, qui souvent n'apprennent la vérité qu'à l'âge adulte. En outre, étant donné que dans la majorité des cas les compagnes sont croyantes et pratiquantes, elles sont oppressées par un violent sentiment de culpabilité.

Les prêtres de Taubmann apparaissent dans toute leur immaturité. Ils souffrent de profondes carences affectives, ils sont anxieux, la peur les paralyse. À ces hommes-là il est interdit d'avoir une vie personnelle hors leurs fonctions religieuses. Le système auquel ils ont choisi d'adhérer les amène à vivre une fausse vie, faite de mensonges et de subterfuges. Incapables de prendre une décision, ils n'ont pas un comportement responsable, ni vis-à-vis de leur compagne, ni vis-à-vis de leurs enfants, ni vis-à-vis de l'Église.

Les évêques essaient par tous les moyens de protéger les prêtres du scandale, et surtout de défendre la réputation de l'Église, quitte à faire passer au second plan le problème de tous ces enfants orphelins de père.

Les compagnes se résignent à subir une relation difficile et incertaine. Elles ne décident ni de la fréquence ni du lieu des rencontres. Outre que la gestion du temps leur échappe, il n'existe pour elle aucune vraie vie de couple : la loi du silence interdit la vie sociale et familiale, ce qui provoque de graves tensions internes.

Pour comprendre ce que tout cela signifie au niveau de la vie quotidienne, il est intéressant de se pencher sur la transcription de la touchante interview pour France Info de François, un prêtre marié, et de sa femme Chantal.

François évoque la solitude de sa vie de prêtre :

« J'étais seul pour manger, seul pour prier. Je ne savais pas où je célébrerais ma prochaine messe dominicale. Je me suis jeté tête baissée vers les personnes qui étaient disposées à m'apporter une certaine forme de reconnaissance. Des femmes, évidemment, qui m'offraient tendresse, affection, chaleur. Au séminaire, on n'affrontait jamais les questions portant sur la sexualité, le célibat, la solitude. C'était tabou. Et quand tu n'y connais rien, tu es davantage amené à commettre des erreurs. J'ai eu deux enfants, deux filles, peu importe où, j'ai fait beaucoup de rencontres. Mes petites filles se sont senties trahies. Elles me reprochent de les avoir abandonnées. En réalité, elles n'ont jamais quitté mes pensées, mais je n'ai jamais pu m'occuper d'elles. »

Aucune confiance, aucun droit de visite. François le vit mal.

Puis il rencontre Chantal. Ils entretiennent pendant dix ans une relation clandestine.

Chantal : « Imaginez la frustration ressentie par une femme obligée d'attendre de longues années pour réaliser son désir légitime d'avoir des enfants. Une femme qui donne toute sa vie à un homme, au risque qu'il l'abandonne quand le désir physique s'est éteint. Alors elle se retrouve seule et sans amis. »

À ce moment de l'émission, le journaliste accueille dans le studio, pour le débat, monseigneur Rouet, évêque de Poitiers.

La question est claire : la hiérarchie de l'Église catholique a-t-elle conscience des dégâts provoqués par cette règle inhumaine ? La surprenante réponse de l'évêque ne manque pas de courage :

« Les prêtres connaissent une immense solitude, que l'on a beaucoup trop favorisée. Trop de prêtres n'ont personne à qui parler. Le ministère est dur. Ce que nous appelons vie intérieure, ou vie de prière, ne saurait remplacer la présence à ses côtés d'une personne de confiance, à qui l'on raconte les petites choses de la vie quotidienne. Je comprends qu'un homme, dans son sacerdoce, puisse connaître des moments de dépression, et qu'il ne parvienne pas à les dépasser tout seul.

C'est du gaspillage. Beaucoup d'hommes sont empêchés de vivre par cette discipline rigide. Comme ils ne se sentent pas bien avec eux-mêmes, ils sont poussés à chercher des compensations. Et après qu'ils les ont trouvées, ils se retrouvent à la dérive, frappés par un juge sans pitié. Je regarde l'institution d'un œil très critique : je vois des compagnes soumises, ou jetées dans l'ombre. Je vois des jeux de séduction avec les paroissiennes. Je vois des prêtres adopter des comportements de notables, se montrer orgueilleux et peu respectueux des pauvres. Je vois de vives attirances pour toutes les questions financières et des attentions particulières pour les bienfaitrices. Toutes attitudes qui me dégoûtent. »

Les prêtres play-boys sont très nombreux. Très nombreuses, les femmes payées pour se taire, pour élever dans le silence l'enfant du péché.

L'histoire de Pat commence au milieu des années quatre-vingt.

Nous sommes aux États-Unis. Pat a environ vingt-cinq ans. Trois enfants, un mariage qui bat de l'aile. Elle décide de participer à une retraite spirituelle avec d'autres catholiques dans l'Illinois. Son but : trouver réconfort et soutien.

Elle fait la connaissance d'un prêtre, le révérend Henry, un franciscain au charisme fascinant. Henry devient le guide spirituel de Pat ; il l'appuie, la conseille, il l'aide à affronter et à gérer la crise qu'elle traverse avec son mari.

Un jour, au terme d'une longue discussion, il la prend dans ses bras et l'embrasse avec passion.

L'amour.

Pat quitte son mari et entre dans une relation secrète avec le franciscain. Ils vivent clandestinement comme un couple marié normal : ils partagent le même lit, passent leurs soirées devant la télévision, partent ensemble en vacances avec les trois enfants de Pat.

Elle est heureuse aux côtés du père Henry. C'est une fille de la campagne qui ne se sent pas le moins du monde attirante. Lui est une référence pour des centaines de personnes, il trouve toujours pour chacune un mot de réconfort. Aimer un tel homme est pour Pat quasiment un honneur. Mais, en catholique fervente, elle sait bien que leur relation est faussée ; elle s'efforce pourtant par tous les moyens de lui trouver une profonde justification spirituelle.

Pat tombe enceinte. Le révérend Henry lui demande d'avorter. Elle refuse. Il informe ses supérieurs. Pat subit une interruption spontanée de grossesse.

Henry est nommé recteur d'un séminaire. Leur relation devient platonique. Mais, au bout de quelques mois, de nouveau à l'occasion d'une retraite spirituelle, Henry vient frapper à la porte de sa chambre.

Et Pat tombe enceinte à nouveau. Cette fois, les supérieurs d'Henry l'exhortent à faire adopter l'enfant à naître. Pat refuse.

Cependant, elle accepte de signer le contrat que lui propose l'ordre des Frères mineurs, qui stipule qu'elle s'engage à garder secrète l'identité du père en échange d'un soutien économique pour son enfant. Pat encaisse le chèque : 50 000 dollars. L'Église a souvent enfoui des liaisons de ce type sous des montagnes d'argent ; celle-là n'aurait jamais été découverte si le fils de Pat n'était tombé malade.

Lors de sa deuxième année d'études à l'université du Missouri, le garçon commence à avoir des troubles de la vision : il voit double. Il a aussi des vertiges, et de plus en plus de mal à se souvenir des choses les plus banales.

On lui diagnostique une tumeur au cerveau.

Pat ne réussit pas à assumer les dépenses exigées par la chimio et la radiothérapie. Elle va frapper à la porte des franciscains, mais sans obtenir satisfaction.

Le fils de Pat meurt. L'affaire devient publique.

Le père Henry est alors sous le coup du soupçon ; on l'envoie se soigner quelque temps dans un centre spécialisé dans la sexomanie.

Aujourd'hui, il est pasteur dans une paroisse du Wisconsin.

Nombreux sont les prêtres play-boys.
Certains finissent devant un tribunal.

Carla a cinquante ans. Elle est procureur à New York, et vit dans le New Jersey. Son frère, Adrian, est un musicien à la retraite établi au Canada. En 2009, ils ont intenté ensemble un procès à la société Saint-Joseph-du-Sacré-Cœur, un ordre religieux catholique de Baltimore ; en effet, un prélèvement d'ADN leur a appris qu'ils avaient pour père biologique un prêtre catholique. Ils réclament 10 millions de dollars.

Ils n'ont jamais bénéficié du moindre soutien, financier ou autre, de la part du prêtre ni de ses supérieurs. Dans les années quarante et cinquante, disent-ils, le père Francis a réussi à manipuler leur mère, Anna Maria, émotionnellement et sexuellement. À l'époque, cette dernière était organiste dans une église de l'Alabama. Elle a donné le jour à Adrian en 1945, et à Carla en 1952. Adrian a été placé à l'orphelinat. Carla a été adoptée.

Les sommes payées par l'Église pour refermer les plaies ouvertes par ses pasteurs infidèles atteignent des millions et des millions de dollars. En Amérique, au Royaume-Uni, en Irlande, en Allemagne, en France, en Italie, en Autriche : partout dans le monde, les femmes de prêtres tombées enceintes ont signé des contrats de confidentialité qui ont permis à l'Église d'acheter leur silence.

17

Sexe, mensonge, chantage.

Les prêtres les plus impénitents, ou les plus niais, n'ont guère de chance de passer entre les mailles de la justice.

Et il peut arriver que leurs vicissitudes amoureuses prennent une tournure grotesque.

Comme dans ces trois épisodes qui se déroulent dans le sud de l'Italie.

Premier épisode…

Il est 21 heures sur l'autoroute entre Naples et Caserte.

Une patrouille de la police nationale est sur le point de finir une classique opération de contrôle. L'attention des agents est attirée par un véhicule de marque Citroën arrêté sur une aire de repos. La scène est bien visible de l'extérieur : un rapport sexuel entre un homme et une femme.

Les trois policiers descendent de leur véhicule, s'approchent de la voiture et regardent à travers les vitres : les amants sont couchés sur la banquette arrière, et tellement absorbés par leur affaire qu'ils ne remarquent pas qu'ils sont découverts.

Les agents en viennent directement aux faits : attentat à la pudeur dans un lieu public.

La femme couvre son visage de ses mains. Elle éclate en sanglots. Elle n'est pas très grande, vêtue d'un T-shirt, les collants baissés jusqu'aux mollets.

L'homme est jeune, il a les cheveux blonds. Il est terriblement gêné. Il essaie de calmer sa compagne. Puis, ayant remonté son pantalon, il descend de voiture. Il attire les policiers à l'écart et leur explique qu'il est le prêtre d'un sanctuaire tout proche.

Les trois agents ne cachent pas leur stupéfaction. Le prêtre confesse sa faute et avoue toute la vérité, comptant sur leur clémence et leur pardon. La dame, dit-il, est une de ses paroissiennes ; elle doit se marier dans quelques jours. Raison de plus pour fermer les yeux. Il ajoute qu'ils avaient un rapport anal, car il n'est pas question qu'elle ne soit pas vierge à son mariage. Il précise que c'est lui qui a accompagné la femme et son fiancé dans leur préparation au mariage ; c'est d'ailleurs au cours de ces rencontres que leur passion s'est déclarée. Ce n'est pas la première fois qu'ils se voient en cachette, leur histoire se poursuit depuis quelque temps déjà.

Ayant vidé son sac, le prêtre demande la plus grande discrétion. Si la nouvelle venait à se répandre publiquement, un scandale éclaterait et les couvrirait tous deux de honte.

Les policiers échangent des regards, puis décident de ne pas dresser de procès-verbal ; ils exhortent ensuite les amants à quitter immédiatement l'aire de repos.

Les agents remontent dans leur voiture. La Citroën s'éloigne.

De retour au commissariat, par curiosité ou par scrupule, ils contrôlent sur l'ordinateur la plaque de la voiture : celle-ci appartient au futur mari.

Deuxième épisode…

Un soir, l'année dernière. L'autoroute entre Naples et Capoue. Une aire de repos, encore une fois. Il y a là un fourgon aux feux de position allumés. Des policiers en patrouille s'arrêtent, pensant qu'il s'agit peut-être d'un véhicule abandonné suite à un cambriolage, ou d'un conducteur pris d'un malaise.

Alors qu'ils s'approchent, les policiers observent que le fourgon accuse un mouvement ondulatoire, et fait des soubresauts. Ils frappent à la portière et déclinent leur fonction. Ils entendent des voix à l'intérieur. Au bout de quelques secondes, une des portières s'ouvre. Un homme apparaît, demande un instant pour se rhabiller. Les agents entraperçoivent une femme qui écarte des paniers vides pour tenter de se faire de la place.

L'homme descend du fourgon et s'explique. Il annonce tout de suite qu'il est prêtre. La femme est une de ses paroissiennes. Ils sont allés livrer des pains aux pauvres enfants d'un orphelinat.

Le prêtre a oublié de remonter la fermeture Éclair de son pantalon. Mais son visage ne trahit aucun trouble ni embarras. Il est calme. C'est un homme d'une quarantaine d'années. Il a une barbiche, un peu de ventre.

Il en appelle à la solidarité masculine : « Je ne vous demande pas de me justifier mais de me comprendre. »

Il rajuste son col blanc et confie aux policiers qu'il a préféré s'arrêter sur l'autoroute avec sa « fiancée », plutôt qu'en rase campagne, de crainte de tomber sur des voyeurs ou des voleurs.

Pas de procès-verbal.

Troisième épisode...

Nous sommes près d'Acerra, dans la province de Naples. Une autre patrouille, une autre scène : voici, dans la pénombre d'un parking, un curé avec deux garçons non originaires de la Communauté européenne. Le prêtre est hors du véhicule, debout, derrière un des garçons dont les mains sont appuyées sur le capot. Le deuxième garçon se tient sur le côté.

Les policiers s'arrêtent. Le ton est tout sauf conciliant. Les agents n'apprécient pas l'attitude du curé. Il ne fait rien pour se justifier. Au contraire, il est furieux d'avoir été interrompu. Chose qui, plus tard, irritera les policiers. Par dépit, plus que par conviction, ils arrêtent les deux Marocains en vue d'un contrôle plus approfondi : ils entendent vérifier s'ils ont leurs permis de séjour.

L'un des agents s'approche du curé en train de rajuster son pantalon, et lui reproche de frayer avec des Marocains.

Le prêtre répond, s'entêtant :

– Êtes-vous donc raciste ? Laissez-les donc tranquilles, ces pauvres garçons.

L'agent lui fait la leçon :

– Je ne suis pas raciste, mais je ne suis pas curé non plus. Je suis catholique et je sais que beaucoup de prêtres sont des gens bien. Il n'y aura pas de procès-verbal. Au pire, nous signalerons vos deux amis au Bureau de l'immigration. Mais ne croyez pas que vous allez pouvoir vous permettre d'avoir le dernier mot, car ce que j'ai vu ce soir, c'est répugnant.

C'est tout juste si le prêtre et le policier n'en viennent pas aux mains. Ce dernier est emmené par ses collègues. Le curé remonte dans sa voiture, très contrarié. Quelques heures plus tard, les deux immigrés seront signalés au Bureau de l'immigration, à la préfecture de Caserte.

Des petits épisodes comme ceux-là, mais aussi des situations beaucoup plus graves et compromettantes, il y en a plein les préfectures, les commissariats, les casernes de carabiniers et même les polices municipales dans toute l'Italie. Au fil des discussions avec les agents, de l'étude de procès-verbaux, un monde immergé, clandestin, fait surface. Un monde destiné à demeurer caché, car le plus souvent les interpellations ne débouchent pas sur une enquête.

Ce n'est pas le cas de don Paolo, un prêtre méridional qui fait l'objet d'une enquête judiciaire.

Don Paolo est très engagé dans l'action sociale. Qu'il soit sorti de l'ombre, en tout cas au niveau judiciaire, n'enlève rien à la noblesse de ses activités civiles. N'ayant pas l'intention de salir son nom, je présenterai son cas en usant de l'anonymat.

Pourquoi parler de cette affaire ? Parce que c'est l'objet même de l'enquête présentée dans ce livre : la double vie d'une grande partie des hommes d'Église. Je pense qu'il est intéressant de raconter certains faits enregistrés dans les procès-verbaux des forces de police.

Quand les enquêteurs ouvrent le tiroir du bureau de don Paolo, ils y trouvent des lettres, des cartes postales, des photos de femmes, bien classées.

Don Paolo, assistant de l'évêque, est un homme sportif. Dynamique. Souvent en survêtement. Jeune, il avait l'habitude de sortir armé pour se défendre contre ses ennemis. Il avait également la réputation de conduire comme un dingue et de collectionner les accidents. On savait qu'il ne portait pas son col blanc.

Don Paolo est très démonstratif avec ses paroissiens, surtout avec les femmes. Il les invite dans la sacristie, leur fait des confidences et écoute les leurs. La relation repose sur un feeling particulier.

Il n'est pas insensible au charme féminin, don Paolo. Au village, nul ne l'ignore.

La police appelle la première femme qui figure sur les photos trouvées dans le bureau du prêtre.

Michelina, trente-six ans. Elle a fait la connaissance de don Paolo à l'occasion d'un voyage en Toscane. Un voyage comme il y en a souvent : des collègues et les scouts de la paroisse. Avec le prêtre, le pas est vite franchi entre l'amitié affectueuse et le sexe : les amants commencent à se voir à l'hôtel, clandestinement. Qu'il soit un homme d'Église ne la dérange pas. Les rendez-vous se font de plus en plus fréquents ; s'ils n'ont pas le temps de réserver un hôtel, ils font l'amour dans la voiture, en pleine campagne, dans la région où ils vivent.

La passion qui unit Michelina et don Paolo se poursuit plusieurs mois, notent les enquêteurs, et trouvera sa conclusion lors d'un voyage en Sicile où des amis du prêtre passent leurs vacances. Comme n'importe quel couple, don Paolo et Michelina vont à la plage et dînent au restaurant. Cependant, ils font lit à part. C'est pendant ce séjour que Michelina comprend qu'il ne renoncera jamais à la prêtrise. Elle souffre à l'idée que leur relation soit condamnée à demeurer clandestine, et de ne pouvoir s'en ouvrir à personne, pas même à ses amies intimes.

De retour de vacances, ils mettent fin à leur liaison. Ils restent bons amis.

Mais ce n'est pas le seul écart de notre héros. Les enquêteurs entendent aussi Lisa, quarante-sept ans.

Lisa se rapproche du prêtre alors qu'elle traverse une crise conjugale. Il l'aide, la conseille. Il la séduit. Dans les bras de don Paolo, Lisa oublie ses problèmes quotidiens, les dissensions et les disputes avec son mari. Elle retrouve une ardeur sexuelle qu'elle croyait perdue. Leur histoire se consomme dans un hôtel de deuxième catégorie et même, dans la dernière période, chez Lisa.

Don Paolo se lie d'amitié avec le mari : tous deux ont la passion du foot. L'homme l'invite souvent à venir déjeuner le dimanche, pour le bonheur de leur petite fille qui adore le prêtre.

Peu à peu, la passion des deux amants faiblit. Les rendez-vous se font moins excitants. La douceur et la chaleur des premiers mois cèdent la place à une situation pesante dont ils savent l'un et l'autre qu'elle ne durera plus très longtemps. Lisa raconte aux policiers que la séparation a été demandée par le prêtre. Le seul à n'y rien comprendre, ce sera le mari : pourquoi don Paolo ne vient-il plus déjeuner le dimanche ?

Il semble doté d'un charme irrésistible, ce prêtre. Une séduction qui s'exerce aussi sur les filles plus jeunes. Comme Teresa, une femme robuste de trente-deux ans, qui se rapproche de la religion lorsque son père tombe gravement malade.

Au début, don Paolo se montre prévenant. Il l'aide, l'entoure d'attentions et de soins. Il lui rend visite chez elle où elle vit avec sa vieille mère. Il est très affectueux, peut-être un peu trop explicite dans ses compliments et signes de tendresse. Mais Teresa n'y prête pas attention : son père est décédé, elle est détruite par cette disparition. Elle se dit que le prêtre est expansif avec elle comme il l'est avec toutes ses amies, ni plus ni moins. Mais un beau jour, dans le train, alors qu'ils reviennent d'un camp scout, elle le surprend alors qu'il s'est caché pour embrasser une des filles.

Don Paolo embrasse les femmes sur la bouche. C'est son habitude.

18

Tous les prêtres n'ont pas une amie assez généreuse pour mettre à leur disposition des alcôves où vivre leurs amours clandestines, qui plus est sans rien demander en échange.

Les moins chanceux doivent se débrouiller. L'un trouve refuge dans sa voiture garée au fond de quelque parking obscur, l'autre sur les aires de repos des autoroutes, dans les motels. Souvent, surtout l'après-midi, on rencontre des couples clandestins dans les hôtels qui proposent des « chambres à l'heure ».

C'est le cas dans l'histoire suivante.

Quand ils sortent de l'hôtel, leurs doigts ne s'effleurent plus, ces doigts tout à l'heure entrecroisés et frémissants. Ils gardent leurs distances. On dirait deux étrangers. Le temps de descendre l'escalier, lui est déjà parti, les mains au fond des poches, une paire de Ray-Ban Aviator sur les yeux. La femme est restée en arrière. Elle s'est arrêtée à la réception pour régler la chambre – 31 euros. Une chambre dans laquelle ils viennent de passer quelques heures dans le feu de la passion.

C'est une femme élégante : manteau beige et sac à main Gucci. Elle se comporte avec une certaine familiarité. Avant de s'en aller, elle échange quelques mots de circonstance avec l'employée. On ne lui demande pas sa carte d'identité. Leur passage n'a même pas été enregistré.

Cette alcôve abrite les amants clandestins, mais aussi des femmes et des hommes mariés en quête de transgression, c'est ainsi que ça fonctionne.

Les prostituées y viennent aussi. Des prostituées de toutes origines qui s'offrent aux regards en culotte et soutien-gorge, le long de la voie rapide qui fait le tour de cette agglomération située aux portes de Naples ; là, des tribus nigériennes gèrent la traite des esclaves sexuelles, brandissent des poulets décapités et célèbrent des rituels vaudous. Et cet hôtel-là n'est pas le pire de sa catégorie. L'intérieur en est presque élégant, si l'on fait abstraction des plantes artificielles qui décorent la réception.

Quand la femme de ménage pénètre dans la chambre pour la remettre en ordre, le lit froissé est encore chaud. Des oreillers, émane encore le parfum de la femme. La poubelle de la salle de bains accueille un emballage de préservatif.

Le vent frappe les volets de la fenêtre, le ciel est sombre, la tempête menace. Dehors, il fait froid. Il gèle en cet après-midi de février. L'homme n'attend même pas que sa compagne le rejoigne. Mieux vaut qu'on ne les voie pas ensemble. Il fouille ses poches, en quête de ses clefs. Il monte en voiture. L'instant d'après, les clignotants d'une belle voiture parfaitement astiquée s'allument. Sur la banquette arrière, reposent des revues automobiles et un sac noir. Du sac dépasse un vêtement au col blanc.

C'est à peine s'il salue d'un signe de la main la femme dans le rétroviseur. Il démarre. Le voyage de retour est beaucoup plus détendu. Il n'a plus ces brûlures d'estomac, ni ces battements de cœur affolants. Il conduit tranquillement, le dos bien calé contre son siège.

Mince ! Il a failli oublier un engagement très important. Ça lui traverse l'esprit comme un flash. Il jette un coup d'œil à la pendule de bord. Il est en retard. Il va falloir faire vite. Vu l'heure, il va tous les trouver en train de l'attendre. Il appuie sur l'accélérateur. La voiture avale les kilomètres de bitume. Il allume le chauffage et en oriente le souffle sur sa figure.

La femme a quitté l'hôtel. Sans se presser. Elle aussi a mis des lunettes de soleil ; elle les abaisse sur son nez pour mieux repérer la voiture garée sur le parking. La voilà, sa petite utilitaire. Tournée vers le jardin arboré qui longe l'aire de repos. Il y a ici et là d'autres voitures, des vieilles et des neuves : toutes attendent le retour des propriétaires en chaleur.

Les talons de la femme claquent sur les pavés. Elle s'arrête. Fouille dans son sac. Les clefs : elles n'y sont pas. Elle les retrouvera à l'hôtel, près du distributeur de Red Bull. Elle doit se dépêcher elle aussi, car dans quelques minutes elle redeviendra la gentille épouse qui vient de passer un moment au café avec ses amies.

Pendant ce temps, lui roule en rase campagne. Il regarde autour de lui. L'habituel paysage sale et saccagé. Les squelettes de constructions qui auraient dû devenir des immeubles, et ne sont plus qu'amas de ferraille et de ciment abandonnés au milieu du chantier. Des chantiers illégaux. Puis viennent les feux. Toujours les mêmes colonnes de fumée sous les piliers de l'autoroute. Les Roms. Ils brûlent des pneus et tout ce qui contient du cuivre, qu'ils revendent ensuite.

Partout des panneaux publicitaires. « Tu veux agrandir ta maison ? Grâce à la loi "plan travaux", tu peux ! Appelle le numéro… » Immeubles devenus gris, noirs, calcinés. Carreaux cassés. Seul témoin de ce qu'ils furent : une antenne parabolique. Des filles exhibent leurs nichons, perchées sur les rails de sécurité, devant des alignements d'hôtels « chambre à l'heure ». Il faut slalomer pour éviter les nids-de-poule qui creusent le bitume. Ils sont si grands, si profonds que, si l'on n'y prend garde, une roue peut y rester coincée. Ils font trembler les vitres de l'auto et bousillent les amortisseurs. Et personne ne fait rien.

Il conduit rapidement. Dépasse le clown à perruque jaune qui gonfle les ballons de baudruche, et lui fait signe. Il est pressé. Une autre fois. La prochaine fois. Il y aura une prochaine fois.

Il entre en ville. Il y a des encombrements, la circulation est encore ralentie par tous ceux qui s'arrêtent pour le saluer. Certains donnent de petites tapes contre sa vitre ou sur sa carrosserie. D'autres lui sourient. Ou lui adressent un clin d'œil.

Dernier carrefour. Il arrive.

Il quitte son manteau, consulte la pendule encore une fois : plus d'une demi-heure de retard. Ils sont déjà tous là, assis, en silence.

Il se change en vitesse. Les muscles de ses jambes lui font terriblement mal. Il vérifie d'un coup d'œil dans le miroir qu'il n'a pas gardé sur la bouche ou le cou les traces d'un diabolique rouge à lèvres.

Tout est en ordre. La messe peut commencer.

Don Giuseppe est le prêtre de l'église principale, dans un village près de Naples. Un drôle de personnage, don Giuseppe. Et qui fait parler de lui. Il s'habille bien, il dépense beaucoup pour sa garde-robe, il a un faible pour les belles femmes. Il aime que son portefeuille soit bien garni. Et conduire sa grosse voiture.

Voilà plusieurs mois qu'il couche avec cette femme. Ils font l'amour dans des hôtels fiables, où personne ne le connaît, où il est tranquille.

En ville, on raconte tellement de méchancetés sur son compte. On dit qu'il se montre un peu trop démonstratif avec les étudiantes qui lui demandent de l'aider en latin et en grec. On dit que son aide va bien au-delà des exercices de grammaire. C'est ce qu'on dit.

Ce dont on ne parle pas, en revanche, car cela chacun a pu le voir de ses propres yeux, c'est ce qui s'est passé sur la place, un certain dimanche de mai, après la messe : don Giuseppe et un autre curé se sont battus sous les yeux des fidèles. Cris, coups, bousculades. Tout cela par la faute d'une femme séduisante, veuve depuis peu.

Dans la même période, à peu de kilomètres de là, un autre prêtre a eu des problèmes avec la justice. Poussé par un avocat de confiance bien conscient de la gravité des faits, don Marcello avoue devant le juge son obsession de la luxure.

Ses propos font l'objet d'une déposition :

« J'entends reconnaître mes fautes. Je dois dire qu'effectivement j'ai donné ces coups de téléphone, y compris la nuit, mais toujours directement à la dame, jamais à la petite fille ; c'est aussi parce qu'il m'avait semblé comprendre que la dame nourrissait quelque sympathie à mon égard. Par la suite, j'ai compris que ce n'était pas le cas, c'est-à-dire que la dame ne voulait avoir aucun rapport avec moi. »

Don Marcello s'est retrouvé au tribunal pour harcèlement téléphonique.

Pendant deux mois, à n'importe quelle heure du jour et de la nuit, il a accablé d'appels une paisible famille de son petit village. Des coups de fil bizarres. Muets. En tout cas quand c'était l'épouse ou le mari qui décrochaient. Mais des propos enflammés et pervers quand c'était Silvia, leur fillette de dix ans : « J'ai envie de t'enlever ta petite culotte, et je sais où tu vas à l'école. Tôt ou tard, j'irai t'attendre à la sortie et on s'amusera. »

Parenthèse : une des limites que l'on essaie de respecter dans le déroulement de cette enquête, c'est celle des abus sexuels. On n'en trouvera pas dans les pages du présent livre, de même que l'on n'y trouvera pas de cas de pédophilie. C'est un choix. En ce qui concerne don Marcello, une exception sera faite, et ceci pour deux raisons. D'abord parce que le harcèlement, heureusement, est resté téléphonique – ce qui n'enlève rien à l'extrême gravité des faits, soyons clairs. Ensuite parce qu'on ne peut occulter cet épisode si l'on veut raconter l'histoire d'un prêtre seul qui, la nuit, dans sa sacristie, décroche le téléphone de la paroisse pour faire des dégâts. Fin de la parenthèse.

Les parents de la fillette ayant porté plainte auprès des carabiniers, leur téléphone a été mis sur écoute par ordre du magistrat.

L'enquête n'est pas difficile. Le harceleur ne se donne pas la peine de prendre la moindre précaution. Son identification est aisée. Les policiers n'en croient pas leurs yeux quand ils découvrent que les appels incriminés proviennent tous d'une petite église de la commune. Une église gérée par un prêtre qui est aussi une célébrité, un homme bruyant à la langue bien pendue : don Marcello.

Les écoutes révèlent également que le curé a coutume d'apaiser les rigueurs de la chasteté et de la vie religieuse en consultant des chats érotiques en ligne. Activité payante dont le préfixe, un temps, était le tristement célèbre 144.

Sa compagne nocturne préférée était la diva porno Jessica Rizzo. Leurs étreintes bestiales, quoique téléphoniques, devaient toutes finir sur les bandes des carabiniers.

Le prêtre écopera finalement de deux mois de prison convertis en amende.

Don Marcello, bien qu'ayant reconnu ses fautes, n'a pas été muté. Il est toujours dans sa paroisse où il a le loisir, aujourd'hui encore, de croiser des dizaines d'adolescents qui font du soutien scolaire ou s'occupent du ciné-club.

Il est resté à son poste. Alors que la famille de la malheureuse Silvia a dû quitter le village et emménager loin de là.

Pour don Marcello, tout s'est bien terminé. À tout point de vue. Mais dans ce domaine, il arrive que l'on paie plus cher des faits moins graves.

Don Giovanni en sait quelque chose.

C'est un prêtre robuste, d'âge moyen, qui a prononcé ses vœux voilà presque dix ans, après avoir trouvé sa future femme au lit avec un amant.

Il est de notoriété publique que sa vocation n'était pas bien grande.

Son quartier est un des plus mal famés de la ville : le crime organisé est omniprésent. Don Giovanni fait beaucoup parler de lui à cause des amitiés affectueuses qu'il entretient avec les jeunes de la paroisse. On raconte qu'il sort le soir avec eux, et que ce n'est pas toujours pour aller manger une pizza.

On dit qu'il est homosexuel. Et l'homosexualité, dans ces endroits-là, n'est pas regardée d'un bon œil. Surtout de la part de quelqu'un qui se permet de distribuer l'hostie le dimanche.

Mais sa faute la plus grave est de ne rien faire pour dissimuler ses tendances. Dans un tel quartier, cette attitude est interprétée comme un geste de défi aux folles logiques criminelles, et comme un péril pour les jeunes.

Ce qui arrive alors, c'est que les parrains de la zone concernée décident d'infliger au coupable une sévère leçon en exploitant ses deux points faibles : son homosexualité et sa passion pour Facebook, où il compte des centaines d'amis.

Luigi, un garçon d'une vingtaine d'année, se fait l'instrument consentant de cette chasse à l'homme. Il entre en contact avec don Giovanni sur Facebook, et entame une longue et voluptueuse opération de séduction par l'intermédiaire de chats et de messages. Entre les deux, les relations deviennent de plus en plus explicites et intimes. Jusqu'au jour où le garçon demande à don Giovanni un rendez-vous.

Une chaude journée de juin. Le prêtre court à son rendez-vous. Mais Luigi ne vient pas. Pas de signe de ce garçon dont il aime à la folie l'audace et le romantisme virtuels.

En revanche, il se retrouve face aux amis et aux proches de Luigi qui lui tombent dessus à coups de pied et coups de poing.

L'histoire de l'agression et de la drague sur Facebook ne tarde pas à devenir publique. Le dimanche suivant, pendant l'homélie, le curé revient sur l'épisode et jure qu'il n'a jamais induit aucun jeune en tentation.

Tous les fidèles qui l'écoutent pensent alors au dernier amant du curé : un jeune de vingt ans, séparé, père d'un gosse.

L'épilogue appartient au cardinal : celui-ci décide de muter le prêtre dans une paroisse lointaine, afin de faire taire les bavardages et le bouillant esprit de don Giovanni.

19

Muté et libre de retomber dans la tentation. Pourvu que le scandale soit étouffé.

Le professeur Vittorino Andreoli analyse bien ce passage dans son livre *Preti*[1] (« Prêtres »).

Il s'agit d'un psychiatre qui, dans le cadre de sa profession, a suivi et écouté les mésaventures de très nombreux prêtres. Pour lui, tout vient de loin. Il explique que la liaison entre un prêtre et une femme n'est pas perçue par la communauté comme une relation naturelle, mais comme un acte de consommation sexuelle.

Même quand le véritable amour est là, les gens la vivent comme une trahison.

Raison pour laquelle elle fait scandale et jette une méchante lumière sur le prêtre qui devrait être un exemple de cohérence et d'amour de Dieu. Pour ainsi dire, ce dernier devient un démon déguisé en curé.

Aujourd'hui, poursuit Andreoli, le prêtre dont la liaison avec une femme devient publique cumule deux erreurs : il commet un péché, il provoque un scandale.

S'il a une relation secrète, il commet un péché mais ne fait pas scandale. La question reste une affaire privée entre lui et le

1. Vittorino Andreoli, *Preti*, Piemme, 2009.

Seigneur ; un Seigneur dont les religieux savent qu'il est bon et miséricordieux.

Andreoli en vient à la conclusion suivante : le cœur du problème, c'est le scandale, non le péché individuel. En effet, le scandale outrepasse les frontières de l'individu pour investir l'institution ; il nourrit des doutes en série chez ceux qui se scandalisent. Il pose le problème d'une Église qui maintient à leur poste ceux qui ne remplissent pas leur mission universelle et véritablement la trahissent.

En définitive, le scandale éloigne les fidèles de l'Église.

Je confirme. Durant la période au cours de laquelle je me suis intéressé à ces affaires, j'ai compris une chose : l'Église ne veut pas de problèmes.

À de rares exceptions près, le respect des pauvres croyants naïfs est un facteur secondaire.

Aussi précise dans ses déclarations de principe qu'elle est hypocrite dans les questions pratiques. La voilà, la hiérarchie vaticane. La voilà, l'Église de Rome. Le premier commandement est la sauvegarde de l'espèce, une espèce en voie d'extinction.

Muté et libre de retomber dans la tentation. Telle est la mesure disciplinaire choisie par les autorités ecclésiastiques pour punir la conduite de don Giorgio : un mari l'avait surpris en flagrant délit avec sa femme.

Nous sommes à Venise. Don Giorgio est un prêtre d'une cinquantaine d'années bien connu de toute la communauté. Excellente réputation, compliments et estime, non seulement pour son remarquable savoir biblique mais aussi pour son profond engagement paroissial.

Mais un beau jour, un homme rentré chez lui plus tôt que prévu le trouve au lit avec sa femme. Don Giorgio, qui plus est, est un ami fraternel, quasiment un membre de la famille.

Bien qu'aveuglé par la rage, l'homme reste lucide ; il s'empare d'un appareil photo, prend un cliché, puis se précipite pour raconter ce qui vient de se passer. C'est ce que relate le regretté Giorgio Boscolo, journaliste au *Gazzettino di Venezia*. L'homme enragé débarque dans les bureaux de la curie :

– Vous êtes indignes, voilà ce que fait celui qui devrait donner le bon exemple ! braille-t-il en produisant les photos des amants parjures immortalisés dans une attitude sans équivoque.

Une furie. Il dit qu'il va tout casser. Plus on essaie de le calmer, plus il s'agite, plus il laisse exploser avec la violence du désespoir sa colère.

Il est dans tous ses états, déçu, mortifié, offensé.

– Comment a-t-elle pu ? La mère de mes deux enfants, la compagne que j'ai épousée à l'église. Et lui ! J'avais confiance en lui, c'était un ami.

La situation ne risque-t-elle pas de dégénérer ? On le craint. Ce mari aveuglé par la rage pourrait aller jusqu'à s'en prendre physiquement à quelqu'un. D'où la décision de faire intervenir la police : afin que la tranquillité revienne en ces lieux peu coutumiers de tels emportements.

Effectivement, seuls les agents réussissent enfin à ramener l'homme à la raison.

Épisode désagréable qui, au-delà de ses rebondissements boccaciens, a profondément ébranlé tant la communauté cléricale et religieuse que la société civile.

Le mari cocu a fini par pardonner à sa femme ; quant au prêtre, il a été muté.

Muté et libre de retomber dans la tentation.

Comme don Pasquale, un prêtre sicilien qui, en proie à la solitude, ouvre le *Giornale di Sicilia* à la page des annonces, et appelle une « femme attirante d'une quarantaine d'années » résidant à Palerme.

La femme attirante décroche. Don Pasquale lui demande où elle reçoit. Elle lui indique un petit hôtel du centre-ville. Il répond qu'il est prêtre et qu'il a peur d'être vu. Ne pourrait-elle venir elle-même jusqu'à la sacristie ?

« Il y aura un supplément de 150 euros. »

Don Pasquale l'attend sur la place devant l'église. La femme attirante arrive dans un vieil utilitaire en piteux état. Elle mesure environ un mètre soixante-dix, les cheveux lisses attachés en queue-de-cheval, elle porte un jean et une chemise sombre.

Il marche à sa rencontre et dit :

– C'est moi.

Elle n'est pas seule. Elle est accompagnée d'une amie moins grande, plus forte.

Le prêtre montre à ces dames le chemin de la sacristie. Une fois à l'intérieur, il demande à la femme attirante pourquoi elle n'est pas venue seule.

– C'est une amie, elle est au courant de tout ce que je fais.

Don Pasquale et la femme attirante se rendent dans la chambre à coucher. L'amie reste dans la cuisine. Elle attend dix minutes.

Avant de s'en aller, la femme attirante dit à don Pasquale qu'elle lui a donné un faux nom. Elle lui donne maintenant le vrai. Don Pasquale la paie et lui dit au revoir.

Deux mois plus tard, il la rappelle. Il a besoin d'une assistance à domicile le lendemain dans l'après-midi.

La femme attirante, une fois encore, débarque avec son amie moins grande et plus forte. Le prêtre, cette fois, ne les accueille pas sur la place, mais directement chez lui. L'amie reste dans la cuisine. Elle attend un peu plus longtemps que la première fois : un quart d'heure.

Don Pasquale paie et dit au revoir.

Passent de nouveau deux mois : il rappelle. Cette fois, rendez-vous est pris sur une route départementale.

La femme attirante vient avec son amie. Don Pasquale, au volant de sa propre voiture, les précède jusqu'à une petite maison de campagne rustique où il dit la messe en été. L'amie attend dans la voiture : quinze minutes. La somme est toujours la même : 150 euros.

Rendez-vous suivant : la sacristie.

La femme attirante demande à don Pasquale si l'amie moins grande et plus forte pourrait se joindre à la cérémonie sexuelle. Don Pasquale ne se dérobe pas. Mais l'émotion peut jouer de mauvais tours… « En la circonstance, et en dépit de la conjonction charnelle des deux femmes, je ne fus pas en mesure de conclure », avouera plus tard le prêtre aux carabiniers. Rapport non achevé, mais consommé cependant : 150 euros pour la femme attirante, plus 50 euros pour l'amie moins grande et plus forte.

Don Pasquale veut se rattraper. Quelques semaines plus tard, il décroche son téléphone. Mais la femme attirante reste injoignable. Il essaie, essaie encore. Rien. Six mois durant, le portable de la femme sonne dans le vide.

Et un beau jour, le téléphone de don Pasquale retentit. C'est elle. Offensée, furieuse qu'il ne se soit plus manifesté.

Mais comment cela ? Il a appelé… Pour plus d'explications, don Pasquale la convoque l'après-midi même.

La femme attirante vient seule. Sans l'amie moins grande et plus forte. Seule. Don Pasquale l'emmène dans la chambre, la déshabille et s'aperçoit que son ventre a grossi. La femme attirante attend un enfant. Elle est enceinte de sept ou huit mois au moins. « À ce moment-là, je ne me suis pas senti d'avoir un rapport sexuel avec elle, par respect pour la créature qu'elle portait dans son ventre. »

La règle… Rapport non achevé, consommé cependant : 150 euros.

La femme attirante et enceinte dit qu'elle ne s'entend guère avec son mari, et qu'elle aurait besoin de quelque chose pour nourrir ses gosses affamés. Elle a d'autres enfants que celui qu'elle porte dans son ventre. Don Pasquale est un homme généreux.

Un an passe, ou presque. La femme attirante lui téléphone pour se plaindre : elle se sent oubliée, abandonnée. Don Pasquale lui permet de venir l'après-midi même.

Puis il reste plusieurs mois sans la voir, jusqu'en septembre. La femme attirante l'appelle. Elle dit qu'elle rencontre de graves problèmes avec son mari. Elle l'a quitté pour aller vivre à Parme, elle va dormir deux ou trois nuits dans un petit hôtel.

Le lendemain, elle va trouver don Pasquale dans sa paroisse ; le prêtre lui donne de l'argent pour manger et pour payer l'hôtel. « Je précise que je n'ai eu alors aucun rapport sexuel avec cette femme, qu'elle s'est présentée avec un bras dans le plâtre », dira-t-il lors de son audition par les carabiniers.

Quelques jours plus tard, la femme attirante au bras dans le plâtre revient à la paroisse. Elle dit qu'elle va partir et qu'elle a besoin d'argent pour fuir son mari. Don Pasquale, pris de pitié, sort son carnet de chèques – qui est aussi celui de la paroisse – et signe pour une somme de 1 500 euros.

Le lendemain soir, alors qu'il dîne au restaurant, invité par un couple qui fête ses noces d'argent, son téléphone sonne. La femme attirante lui dit qu'elle affronte une série de difficultés : lui demande s'il pourrait la rejoindre à une station-service, sur une route départementale. « Je l'avais vue avec un bras dans le plâtre. Me sont revenus en tête les mauvais traitements qu'elle avait subis. Je suis vite allé voir dans quel état elle se trouvait », déclarera don Pasquale dans son procès-verbal.

Lorsque le prêtre arrive, la femme attirante descend de sa voiture, monte avec lui sur le siège passager et fond en larmes. Elle lui répète qu'elle a de graves ennuis et que quelqu'un la harcèle. Don Pasquale démarre.

Un peu plus loin, ils se retrouvent devant une voiture noire de grosse cylindrée.

Procès-verbal : « Elle s'est mise à appeler au secours, en même temps elle tirait sur le frein à main avec son bras dans le plâtre. Me tournant vers elle, je lui ai demandé pourquoi elle avait freiné. C'est alors qu'il y a eu un flash derrière moi et que j'ai entendu une voix d'homme dire : “Ça va comme ça.” Le temps de me retourner, j'ai vu l'autre voiture s'éloigner. J'ai compris qu'il s'agissait d'une mise en scène pour me piéger, puis me faire chanter. Ensuite, alors que je raccompagnais la femme à sa voiture, et que nous n'étions plus très loin de la station-service, j'ai vu que la voiture noire était là de nouveau ; quant à elle, elle recommençait à crier, à répéter qu'elle avait peur, mais il était évident que c'était de la comédie. Fâché de ce qui venait de se passer, je l'ai invitée à descendre à l'entrée du village, et je suis rentré chez moi. »

Le lendemain, la femme attirante se rend à l'église, attend que don Pasquale ait fini de dire la messe, et le rejoint dans la sacristie. Elle est vexée d'avoir été larguée sur la route la veille au soir. Elle dit que dans la voiture noire il y avait un homme et aussi son amie moins grande et plus forte. Elle ajoute que s'il ne lui donne pas de l'argent, les photos finiront dans les journaux.

Pris de panique, redoutant de perdre son honneur, don Pasquale lui demande à combien s'élèvent les honoraires. Ce sera 15 000 euros pour le photographe et son assistante, plus 5 000 pour elle, la femme attirante.

Don Pasquale demande un délai de vingt-quatre heures. Il retire 9 500 euros sur son compte, et 10 000 sur le compte courant de la paroisse ; il dispose de 500 euros en liquide. Puis il a l'idée d'une espèce de reçu à faire signer par la femme attirante, une déclaration libératoire destinée à le protéger contre d'éventuelles requêtes financières à venir. Il rédige le reçu lui-même : « La soussignée femme attirante déclare avoir été dédommagée, et que personne ne pourra plus demander d'argent à don Pasquale. »

Le lendemain soir, la femme attirante vient à la paroisse. Elle empoche l'argent, signe le reçu, tire de son sac un appareil photo qu'elle jette à terre et l'écrase à coups de pied. Puis elle dit au revoir et s'en va.

Un quart d'heure plus tard, la voilà de retour. A-t-elle oublié quelque chose ? Oui, elle a omis de dire à don Pasquale que ses persécuteurs ont glissé à son insu, dans son sac, un magnétophone, et qu'ils se sont servis de cet enregistrement pour lui soutirer 5 000 euros. La femme attirante demande 5 000 euros de plus.

Don Pasquale ne se laisse pas duper. Il négocie, et finit par signer un chèque de 3 000 euros. Sur le compte courant de la paroisse.

La femme attirante détruit la bande, dit au revoir, s'en va. Don Pasquale pousse un soupir de soulagement. C'est fini.

Une semaine plus tard, la femme attirante reparaît, équipée d'un magnétophone ; elle dit avoir besoin d'argent à nouveau.

Don Pasquale s'enfuit. Il monte en voiture, fait un tour du village, revient à la paroisse, décroche son téléphone et appelle le maréchal des carabiniers. « Francesco, s'il te plaît, viens tout de suite, j'ai besoin de toi. »

La femme attirante finit en prison. Don Pasquale est muté dans une autre paroisse, à quelques centaines de kilomètres de là.

Muté et libre de retomber dans la tentation.

20

Au cours de la présente enquête, j'ai rencontré le fils d'un prêtre, un enfant de moins de dix ans.

J'ai passé quelques après-midi chez lui, en compagnie de sa maman. L'enfant, je me suis contenté de l'observer à distance. Je ne parlerai pas de lui, ou peu.

Voici l'histoire de sa mère.

Margherita a une quarantaine d'années. Elle est romaine. Diplômée.

En 2000, elle déménage dans une ville moyenne du nord de l'Italie. Elle n'a pas encore de travail. Elle se débrouille comme elle peut. Le moral n'est pas au beau fixe. Une amie l'invite à venir avec elle, un dimanche, à la paroisse. Elle lui parle d'un prêtre spécial, qui a une façon bien à lui de dire la messe. « Tu verras, ça va tellement te plaire que tu auras besoin de te rapprocher de Dieu. » Margherita est sceptique. Elle n'a aucun besoin spirituel. Mais l'amie, têtue, revient à la charge. Et Margherita, qui se sent un peu déprimée, se laisse convaincre de la suivre à l'église le jour de Pâques.

L'église est perdue au milieu de la zone industrielle. Froide, impersonnelle, dépourvue de style architectural identifiable, elle ne fait qu'imiter les grands entrepôts d'acier et de ciment dressés aux alentours.

C'est la messe pascale. L'église est noire de monde. Difficile de trouver une place. L'atmosphère est électrique. On se croirait au théâtre dans les minutes qui précèdent le début de la représentation. Au-dessus de l'autel, est installé un grand écran où passent les images d'un film sur Jésus de Nazareth ; on y voit un Jésus magnifique, barbu, avec de grands yeux. Quand elle était petite, Margherita pensait que tel était véritablement le visage de Jésus ; Jésus ne pouvait avoir d'autres traits que ceux-là.

La messe commence. Il y a de l'énergie. De l'harmonie. De la chaleur humaine. Il y a un prêtre captivant.

Margherita retourne dans cette église. Elle y va tous les dimanches. Il est là, derrière l'autel : sa façon de se déplacer, le micro à la main. Il est théâtral, un véritable acteur. Il y a le diacre de couleur qui sert la messe. Il y a des enfants qui jouent au pied de l'autel pendant toute la célébration.

Ses prédications ! Elles sont engagées. Révolutionnaires. Le prêtre n'est pas un homme qui a la langue dans sa poche, ni qui bat en retraite devant les attaques. Ses flèches, il les tire même contre l'Église avec un grand « É ».

Il y a de la passion. Il y a de la lumière dans ses yeux. Ce regard qui a l'air de dire : « Viens, suis-moi, entre en moi et je te ferai toucher du doigt le mystère de Dieu. » Margherita sent que l'heure est venue de faire sa confirmation. Alors la brèche ouverte dans son parcours spirituel sera comblée.

Après la messe, elle va le voir à la sacristie, lui demande conseil, s'interroge, l'interroge. Le prêtre lui dit qu'il ne va sûrement pas l'inscrire au catéchisme avec les enfants. Par pitié, il ne manquerait plus que ça. Il réfléchit un instant. Ce prêtre est bon et miséricordieux, comme Jésus. Il y a une solution : il se chargera de la préparer pour sa confirmation lui-même. Si elle en a la patience, il lui accordera des entretiens individuels. Elle veut bien. Il lui donne son numéro de portable.

Elle le trouve un peu bizarre.

C'est ce qu'elle a pensé tout de suite, la première fois qu'elle a franchi le seuil de cette église. C'est ce qu'elle a pensé quand elle l'a entendu dire la messe. Quand elle a vu les enfants jouer pendant la célébration liturgique. Oui, ici, tout est bizarre, différent de l'Église qu'elle a appris à connaître petite fille. Mais n'est-ce pas pour cette raison, justement, qu'elle a décidé de faire sa confirmation, elle qui depuis des années ne mettait plus les pieds à l'église ?

En guise d'au revoir il dépose un baiser sur sa joue. Un baiser chaud, tendre, magnétique. Il est séduisant. Très. Et elle se sent… Margherita a presque honte de la pensée qui lui est venue. C'est un prêtre !

Quelques jours passent. Margherita lui envoie un SMS : le catéchisme.

Le lendemain elle est chez lui. Une amie l'a accompagnée en voiture. Margherita ne conduit pas, suite à un accident.

C'est un après-midi de novembre. Il la reçoit dans son bureau, à la sacristie. Il porte un grand col blanc. La pièce est sombre. On entend de la musique, très douce. Il lui propose le divan. Il prend la Bible. Il lit. Lui tend le livre. Elle lit. Margherita ressent quelque chose. De nouveau, elle le trouve un peu bizarre. La leçon se poursuit.

À la quatrième ou cinquième séance, il lui dit avoir très bien compris qu'elle éprouve des sentiments pour lui. Margherita a de l'estime pour lui, de l'affection ; elle est fascinée, c'est vrai. Il a du charisme, il est séduisant. Mais est-elle éprise de lui ? Elle ne le pense pas. Elle ne se sent pas amoureuse. Elle ne peut pas l'être. L'amour, c'est autre chose. Il est prêtre ! S'enticher d'un prêtre, c'est impossible, sûrement.

De l'admiration : voilà ce qu'il lui inspire. La même admiration qu'elle aurait pour un médecin ou un professeur.

Il insiste. Il est sûr d'avoir raison.

Quand elle quitte l'église, elle est sous le choc. Elle y pense, y repense, elle se tourmente. Elle lui téléphone. Elle se rebelle. Puis elle retourne chez lui. Elle est furieuse. Il sourit, se lève. La frôle.

Elle l'entend qui ferme la porte à clef derrière elle. Il écarte les bras, toujours souriant. Elle s'approche. Il la serre dans ses bras. Il l'embrasse sur la joue. Il l'embrasse dans le cou. Il l'embrasse sur la bouche. Elle l'embrasse sur la bouche. Elle frissonne. Tout frémit en elle. Elle tremble. Elle est prise de vertige.

Elle sent qu'elle a de la chance. Elle est dans les bras d'une personne qu'elle admire. Aimée. Idolâtrée. Il l'embrasse encore. Maintenant elle chancelle. Il l'attire par terre, sur la moquette. Il est sur elle. Il dit que c'est la première fois, qu'il est inexpérimenté. Elle le regarde dans les yeux. Elle lui trouve dans le visage quelque chose d'inachevé, de non-dit, d'inharmonieux. Lui qui est si rayonnant dans la vie de tous les jours…

Ils restent étendus sur le sol.

Elle lui pose des questions, elle veut savoir. Il répond qu'elle est la première. Qu'il l'attendait. Et qu'elle lui a été envoyée de là-haut, à lui qui est un des douze apôtres envoyés sur la Terre par le Seigneur. Il ajoute qu'elle a été envoyée pour interrompre son ascension vers la spiritualité. Il s'élevait trop vers la spiritualité : ils l'ont arrêté pour qu'il attende encore un peu et reste près des brebis égarées.

Elle se dit qu'elle a affaire à un crétin. Qu'il n'a pas sa raison. Mais elle l'aime. Elle l'aime, le désire, le veut entièrement pour elle. Encore.

Elle se rhabille, quitte l'église bouleversée. Heureuse.

Elle pense qu'il est tombé amoureux d'elle, et que pour elle il abandonnera l'Église. Ils iront vivre ensemble. Voilà quelqu'un qui, en définitive, ne la fera jamais souffrir. C'est sûr. Un prêtre, surtout un prêtre comme lui : jamais il ne la fera souffrir. Comme c'est beau ! Avec lui, elle pourra même suivre le chemin spirituel sur lequel elle s'est engagée, et qui transforme sa vie. Sa vie qui enfin lui sourit.

Son portable n'en finit pas de vibrer. Vingt messages par jour, voire trente : « Je te veux, je te désire. »

Margherita quitte le bureau en fin d'après-midi et assiste à la messe de 19 heures. Tous les soirs. Elle s'assied au premier rang, devant tout le monde. Il la regarde en disant la messe.

Il a les yeux qui brillent. À la fin, quand vient le temps d'aller en paix, elle, c'est à la sacristie qu'elle se rend.

Il la fait entrer, même quand à l'extérieur des personnes attendent d'être reçues. Il ferme à clef derrière elle et la couche par terre sur la moquette.

Les paroissiens sont là, derrière la porte.

Margherita note que sa façon à lui de faire l'amour est différente. Enfin, pas vraiment différentes, mais adolescente. Voilà, adolescente. Il le fait mécaniquement, sans apporter au thème la moindre variante, et l'orgasme vient vite. Il cherche son propre plaisir plutôt que celui de la femme.

Mais ce n'est vraiment pas un problème. Il s'améliorera avec le temps. Quand ils partiront vivre ensemble, quand ils seront mariés peut-être, alors oui : dans le lit nuptial il lui fera goûter tous les fruits succulents de l'amour.

En attendant, elle se satisfait de sentir qu'il lui effleure la main quand il lui donne la communion à l'autel. Cette main qui s'attarde deux secondes de plus, qui cherche le contact : une décharge d'adrénaline jamais éprouvée jusque-là.

Leur liaison continue ainsi quelques années.

À présent, quand ils se voient, chaque fois Margherita se promet que ce sera la dernière. Elle n'est pas idiote. Elle a compris qu'en dépit des promesses il ne quittera jamais l'Église pour elle. Et, au fond de son cœur, elle n'a même pas envie de le condamner.

Tourments, supplice du feu, culpabilité. Tout est sa faute ; elle n'aurait pas dû se mettre en tête qu'un prêtre puisse aimer une femme, comme les autres hommes.

Assez. Plus jamais.

Mais bientôt il la siffle et elle le rejoint en courant. Sur la moquette dans la sacristie.

Lui aussi prétend vouloir arrêter définitivement cette histoire, et retourner dans les bras de Dieu. Mais dès qu'il la voit, il ne résiste plus. C'est plus fort que lui. C'est à elle de trouver la force de se détacher de lui, de rompre, de cesser de le voir. Durant quelques mois, elle résiste.

Nous sommes en septembre 2001. Après la messe du samedi soir, elle va dans la sacristie afin de le saluer. Bonjour et au revoir. Elle le trouve occupé à faire des photocopies. Dès qu'il la voit, il va fermer la porte. Il l'enlace, l'embrasse, l'entraîne sur le divan. La photocopieuse qui avale les feuilles blanches pour les recracher couvertes de caractères scande le rythme des corps : son va-et-vient à lui sur son corps à elle.

Margherita ne prend pas la pilule. Il ne met pas de préservatif. Ils ont toujours fait attention. Un soir, elle ressent quelque chose. Une femme sent quand quelque chose arrive. Pas besoin de test, ni d'aucun autre expédient. Cette nuit-là, impossible pour elle de fermer l'œil. Elle touche son ventre. On dirait qu'il n'est plus le même. Sa forme n'est plus la même. Au matin, Margherita est sûre d'être enceinte. De porter dans son ventre un haricot qui ne tardera pas à grossir et à devenir leur enfant. L'enfant de Margherita et du prêtre.

Le test ne fait que confirmer ce qu'elle savait déjà. Margherita est heureuse. Et elle entend partager ce bonheur avec l'homme qu'elle aime. Avec le père de son enfant.

Une semaine plus tard, elle va à la messe. À la fin, elle lui dit : « Attends, j'ai à te parler. » Il répond qu'il ne peut pas, qu'il a à faire Dieu sait quoi. Margherita lui dit que c'est très important. Vraiment il ne peut pas : on l'attend. Margherita répète que c'est très, très important. Il s'arrête :

– Allez, dis-moi. Qu'y a-t-il ?

– J'attends un enfant.

Le prêtre demeure pétrifié. Le sourire qu'il affichait un instant plus tôt s'évanouit.

– Et maintenant ? demande-t-il.

– Maintenant quoi ?

– Je croyais qu'il n'y avait pas de risque, dit-il.

Sur ces mots, il s'en va. Margherita le regarde s'éloigner. Elle est seule. La voilà seule.

Cette même nuit, il lui envoie un SMS. Quelques mots dépourvus de sens.

Il part pour l'étranger où il doit séjourner plusieurs mois.

Pendant cette période, Margherita est obligée de garder le lit et de bouger le moins possible, car on redoute une fausse couche. Un soir, elle a une hémorragie. Elle appelle une ambulance, on la transporte à l'hôpital. Les médecins ne veulent même pas lui faire une échographie. Ils sont persuadés que le bébé est déjà perdu. Ils la gardent à l'hôpital et la mettent sous calmants.

Margherita, cette nuit-là, prie et prie encore. Avec tout ce qui lui reste d'énergie dans le corps. Ce n'est pas possible, elle ne peut pas avoir perdu son bébé. Elle le sent. Elle sent qu'il est là. Qu'il bouge, que son cœur bat. Ce n'est pas possible, les médecins se trompent.

Elle a raison. Au matin, l'échographie confirme ce qu'elle savait et espérait : elle peut s'abandonner à un long sommeil.

Elle est enceinte de quatre mois.

Le prêtre est rentré de voyage : elle va le voir après la messe. Il la prend dans ses bras, la caresse, l'embrasse. Lui dit qu'il veut se pendre à son sein et boire son lait. Il la déshabille et fait l'amour avec elle, mais d'une façon nouvelle : impétueuse, violente.

Elle se lève et s'enfuit.

Les mois suivants, Margherita est plus souvent à l'hôpital que chez elle. Il passe la voir, tel un bon prêtre rendant visite à une paroissienne qui se retrouve seule dans un moment critique, important, de sa vie. Jamais il n'évoque le fait que le bébé pourrait ne pas être de lui. Et quand elle s'inquiète de l'avenir de l'enfant, il se contente de dire : « On verra, on verra. » Lorsqu'elle reste chez elle plusieurs jours d'affilée, il va la voir et ils font l'amour.

Le bébé naît prématurément au septième mois de grossesse : césarienne en urgence. C'est un garçon. C'est la première chose qu'elle crie à son prêtre au téléphone : « Qu'en dis-tu ? On l'appelle Carlo ? – Oui, c'est beau. »

Carlo est son saint préféré.

La maman et le bébé sont séparés pendant quelques jours. Le petit perd beaucoup de poids. Margherita prend la balle au bond : elle appelle le prêtre, l'enfant maigrit beaucoup, elle veut qu'il le voie, elle veut qu'il vienne le baptiser immédiatement. On ne sait jamais. Il arrive. Ils vont ensemble voir le bébé. Le prêtre reste impassible. Il approche du nouveau-né sa main énorme, et le baptise au nom du Père, du Fils et du Saint-Esprit. Le petit lève la main et attrape un doigt de son père.

La maman et son bébé quittent l'hôpital au bout d'un mois. Le prêtre va voir Margherita chez elle. Elle dépose son fils dans ses bras. Il en reste figé.

Puis il s'en va.

Il téléphone de temps en temps. Il dit que tout est la faute de Satan. La preuve : le bébé a été conçu aux alentours du 11 septembre. Lui, il a été toute sa vie en lutte avec Satan, même la porte de son bureau présente des inscriptions suspectes.

Margherita est seule, abandonnée, désespérée.

Elle a la quarantaine. Elle a exercé jusque-là sa profession en libéral, avec l'estime de tous. À présent elle a tout perdu : ses clients, son travail. Et lui qui ne l'aide pas, qui ne lui donne rien. Pour lui, cet enfant n'existe pas. Il ne l'appelle même pas par son prénom. Il dit : « Cette réalité. »

La peur la rend folle, la colère l'aveugle. Elle lui dit que si elle, un jour, révèle à « cette réalité » que le prêtre est son père, alors l'enfant répliquera qu'elle est folle et qu'elle a tout inventé.

Margherita tombe malade. La mononucléose, une broncho-pneumonie. Quand elle recouvre la santé, elle place l'enfant à la crèche et reprend son travail.

Durant une année le prêtre ne donne pas signe de vie. Aux amis, à ceux qui la connaissent, à tous ceux qui l'interrogent sur l'identité du père, Margherita répond qu'elle a eu une relation avec un homme marié, que la femme de son amant est gravement malade, et qu'ils ont décidé ensemble qu'il ne pouvait la quitter, qu'il devait rester auprès d'elle.

Carlo a trois ans. Un jour, il rentre de la maternelle en pleurant :

– Maman, pourquoi je dois préparer la fête des Pères puisque je n'ai pas de papa ?

Carlo n'est pas un enfant comme les autres. Carlo est un enfant différent des autres. Carlo n'a pas de papa. Tous les autres ont un papa, lui non.

Margherita répond que son papa est au loin.

– Alors appelons-le. Décroche le téléphone, on va l'appeler.

Margherita explique que son papa n'a pas le téléphone.

– Alors prenons le train et allons chez lui !

Margherita dit que le train ne va pas assez loin.

Le cœur brisé, elle appelle le prêtre et lui raconte tout. Mais il ne veut pas entendre parler de « cette réalité », ce n'est pas son problème. Qu'elle se débrouille. Elle aurait dû réfléchir avant, au lieu de ruiner la vie de trois personnes. Il dit qu'il ne veut pas de « cette réalité », qu'il n'en voudra jamais, qu'elle n'existera jamais pour lui, jamais.

Carlo a quatre ans.

Margherita décide d'aller se confier à un prêtre qui partage avec le père de Carlo une amitié de vingt ans. Il éclate de rire : « Tu penses que je vais te croire ? Tu es dingue, si ça se trouve ! ».

Elle lui montre une photo du petit. Le prêtre ami se tait. La ressemblance est frappante. Il demande à Margherita de lui laisser son numéro, il lui fera signe au plus vite.

Il l'appelle au bout de quelques jours pour lui annoncer sa visite. Il vient. En voyant Carlo, il fond en larmes. Puis il rassure Margherita et lui promet de parler lui-même à son ami.

Sur quoi il disparaît à son tour.

En désespoir de cause, Margherita essaie d'établir une autre relation avec le père de Carlo. Et la tentative est couronnée de succès. Il lui envoie de l'argent une fois par mois au moins.

Par la poste, dans une enveloppe blanche. Blanc aussi est le papier à l'intérieur de l'enveloppe : pas même un « *ciao* ». Rien que 500 euros en liquide. Un simple SMS annonce l'arrivée de l'enveloppe : « C'est posté. »

Margherita insiste pour tâcher d'obtenir un peu d'amitié. Elle lui dit qu'elle le comprend, qu'elle respecte son choix ; tout ce qu'elle veut, c'est une relation polie. Elle ne demande pas que l'enfant porte le nom de son père.

De temps en temps, ils se retrouvent pour dîner en ville. Elle lui parle de Carlo : comment il pousse, ce qu'il fait à l'école. Elle lui envoie des photos par la poste. Mais il continue de se tenir à distance.

Le jour des six ans de Carlo, Margherita appelle le prêtre pour l'inviter à la maison. Elle ne veut pas suggérer la vérité au petit, seulement qu'il puisse fréquenter un peu cet homme, et développe envers lui des sentiments positifs.

Carlo saura un jour l'identité de son père. C'est inscrit dans les lois de la vie. Margherita entend faire en sorte que, lorsque ce moment sera venu, Carlo puisse trouver, en quelque région de son esprit, une petite place avec des images et des souvenirs positifs de cet homme dont il ignore qu'il est le fils.

Cela dit, l'enfant, en grandissant, pose de plus en plus de questions sur son père. Elle répond qu'il est trop petit pour connaître la vérité ; quand il sera plus grand, il saura tout. « Tu es le fruit d'un grand amour, maman et papa se sont beaucoup aimés, mais lui malheureusement ne peut pas vivre avec nous. »

En pleine nuit, elle reçoit un SMS : « Je ne resterai plus longtemps sur cette Terre. »

Cette fois, hélas, ce n'est pas Satan, ni les inscriptions sur la porte de la sacristie ; ça n'a rien à voir non plus avec son ascension vers la spiritualité.

Le prêtre dit avoir un cancer, et qu'il lui reste peu de temps à vivre.

La maladie a un effet positif : elle les rapproche. « Cette réalité » devient leur fils. Margherita demande au prêtre de le reconnaître officiellement. Elle pense surtout aux bénéfices matériels que ce choix pourrait apporter à son enfant.

Enfin, il cesse de lui claquer la porte au nez. Enfin, ils discutent de tout cela sereinement. Les choses continuent ainsi quelques mois. Puis, un après-midi, le prêtre se dit prêt à reconnaître l'enfant. Cependant il pose une condition : un test ADN. Il veut être sûr. Margherita est d'accord. C'est juste.

Sous un nom d'emprunt, il commande sur Internet le kit d'analyses, et le lui apporte à la maison. L'enveloppe est réexpédiée. La réponse arrive au bout de quelque temps. Elle est positive. Carlo est bien le fils du prêtre.

Les relations familiales ont l'air d'être au beau fixe, quand le prêtre vient un soir à la maison en disant qu'il souhaite refaire le test ADN, toutes les prescriptions n'ayant pas été respectées la première fois. Il a d'ailleurs apporté un nouveau kit.

Margherita est déçue. Elle en a assez. Quelques jours plus tard, elle révèle tout à Carlo. L'enfant réagit par la colère. Il pleure, crie, s'enferme dans sa chambre et refuse de parler à qui que ce soit. Au cours de la nuit, il se réveille en hurlant, et la nuit suivante également. Il est pris d'une forte fièvre qui retombe au bout de quelques jours, puis revient. Le médecin de famille, qui connaît la vérité, va parler au prêtre. Ce dernier lui sert l'histoire de Satan, dit qu'il n'est pas sûr d'être le père, que Margherita peut très bien avoir trafiqué les analyses.

Carlo, de son côté, a dépassé le choc. Enfin, il a un père lui aussi. Tout le monde doit le savoir, à commencer par ses camarades de classe et ses maîtres. Une maîtresse convoque Margherita à l'école pour avoir des explications sur ce que l'enfant raconte partout depuis quelques semaines.

La nouvelle est rapidement de notoriété publique. Le prêtre ne se montre plus et cesse de faire parler de lui. Quand Margherita l'appelle, il dit qu'il n'a pas le temps et qu'il va consulter son agenda pour tâcher de trouver cinq minutes à lui consacrer.

Elle est convoquée par l'évêque. Puis par l'avocat du prêtre qui lui remet un chèque en blanc en échange de son renoncement à toute action en justice.

Ainsi s'achève le récit des rebondissements publics de cette affaire.

21

Mais pas sa dimension privée.

Vient l'heure des surprises. Margherita est contactée par une femme qui dit souffrir d'une hépatite, et avoir eu une histoire d'amour avec le prêtre. Elle a vingt-six ans. Quand ils étaient ensemble, le prêtre lui a raconté qu'il était le douzième apôtre. Elle dit aussi avoir vu de ses yeux les inscriptions étranges sur la porte de la sacristie. Ils avaient des rapports sexuels en ce lieu, comme quand il sortait avec Margherita.

Ensuite, c'est une catéchiste malade d'anorexie qui se manifeste. Elle est déprimée, elle a eu une histoire d'amour avec le prêtre, après laquelle elle n'a plus jamais réussi à retrouver de petit ami.

Il y a une troisième femme : Valentina. Elle est mariée. Elle a cinquante ans. Elle a eu affaire au prêtre voilà une dizaine d'années. Voici son histoire.

Un soir, un ami du couple leur parle d'un prêtre spécial, révolutionnaire, charismatique, et de ses messes qui touchent même les plus froids et les plus sceptiques.

Valentina décide d'essayer aussi. Elle n'a pas mis les pieds dans une église depuis la première communion de ses enfants.

Elle en sort perturbée. Pendant la célébration, elle a éprouvé un frémissement intérieur, et ressenti un besoin de spiritualité inattendu. L'ami avait dit vrai.

Valentina enferme un secret. Sa vie est marquée par une expérience qu'elle a faite petite fille, qu'elle n'a jamais pu dépasser, qui remonte périodiquement à la surface et l'envahit jusqu'à la faire se sentir mal. Très mal. Elle est déprimée, elle souffre de malaises soudains, de crises de panique, de troubles du sommeil. Elle se réveille au milieu de la nuit et fixe le plafond pendant des heures. Elle ingurgite une grande quantité de médicaments.

Personne ne sait qu'elle porte en elle une lourde pierre. Ni son mari, ni ses enfants. Le secret est enfoui en elle.

Avec son mari, ça ne va pas très bien. Valentina n'arrive plus à avoir de rapports sexuels avec lui. Elle se ferme comme une huître. Le mari, qui ne sait rien, se tourmente, essaie de la secouer, se résigne. Puis il revient à la charge, insiste, renonce.

Rien, elle est impénétrable, complètement inhibée.

Jusqu'à l'arrivée du prêtre.

Pour le mari, ce religieux révolutionnaire est la dernière carte à jouer pour récupérer sa femme. Il va lui parler. Puis il le dit à sa femme. Il lui explique que le prêtre a très souvent secouru des personnes en difficulté. Il les a suivies et guéries. Y compris des maladies graves. Tout le monde le sait.

C'est lui-même qui accompagne Valentina chez le prêtre. Il est présent durant leur bref entretien. Le prêtre demande à Valentina si elle tient vraiment à entreprendre cette expérience avec lui, et si elle souhaite que son mari assiste à leurs séances. Non. Valentina veut le faire seule. Le prêtre lui donne son numéro de portable et l'invite à l'appeler pour convenir d'un premier rendez-vous.

Le lieu choisi est la sacristie. Le prêtre lui pose de nombreuses questions et tente de la pousser à dévoiler son secret. Pour le moment, elle garde le silence et cache son visage dans ses mains. Elle n'arrive pas non plus à regarder son interlocuteur en face. Elle veut se cacher, ne pas être vue. Le prêtre propose qu'ils rédigent ensemble une fable dont elle serait la protagoniste.

Le stratagème fonctionne. Valentina se libère : à douze ans, elle a été victime d'abus sexuels de la part de son frère de quatre ans son aîné, et ce durant plusieurs années.

Le prêtre la prend dans ses bras, la console. Il lui dit qu'elle ne devra jamais révéler à personne le contenu de cet échange et des échanges à venir. Il lui dit aussi que, lorsque tout sera fini, ils devront se conduire tous deux comme s'ils ne se connaissaient pas et ne s'étaient jamais rencontrés.

Valentina a soulevé le couvercle de la marmite : tout est sorti. Et personne ne l'aide. Quelqu'un a libéré le monstre, puis l'a laissée repartir et divaguer toute seule. Elle commence par se sentir plus mal qu'avant. Au bureau, elle ne peut plus tenir. Elle est hospitalisée. On la soumet à une batterie d'examens.

Elle téléphone au prêtre. Il répond qu'il est prêt à l'aider, mais pas dans la sacristie, chez lui. Il a décidé de la soumettre à un traitement très particulier intitulé « La naissance du soleil ». Valentina ne comprend pas. Il explique : naissance, renaissance. Elle ne comprend toujours pas.

Pendant la séance, il faudra qu'elle ait les yeux bandés. Il y aura une musique de fond. Le prêtre entrera en méditation devant elle.

Pour le moment, il l'interroge :

– Comment est l'enfant à la naissance ?

– Nu, répond-elle.

– C'est bien, dit-il.

Valentina devra renouer avec l'enfant en elle, et en prendre soin. Une enfant nue, sans vêtements. Puis viendra le grand final, alors elle pourra frapper dans ses mains, chanter, faire ce qui lui plaira.

Après lui avoir tout expliqué, il lui demande de le rappeler quand elle se sentira prête à vivre cette expérience libératrice fondamentale et lui dit au revoir.

Valentina ne va pas bien. Elle finit par accepter de se rendre chez lui.

Elle reste assise, immobile, près de lui. Les yeux bandés. Elle pleure, pleure, pleure pendant les quarante-cinq minutes que dure le disque. Lui ne fait pas le moindre geste. Il lui dit de ne pas s'en faire, que ce qui vient de se passer est normal ; il lui propose de revenir quand elle se sentira prête.

Huit jours plus tard, c'est le 8 mars, la journée de la Femme. Valentina a de nouveau les yeux bandés. La musique commence. Elle enlève sa veste. Sa chemise. Son pantalon.

Elle ne voit pas l'enfant en elle. Elle pleure et c'est tout.

Le soutien-gorge. La culotte. Elle est nue. Debout. Les yeux bandés. Elle pleure. Sanglote. Se rassoit.

Elle tend la main. Elle cherche sa main à lui. Elle cherche un contact physique. Un contact avec le monde. Lui est habillé. Valentina sent le tissu de ses vêtements quand il la prend dans ses bras et la cajole.

Il la fait s'étendre sur le lit.

– À quoi penses-tu ? demande-t-il.

– Je pense à ce que nous sommes en train de faire, répond-elle.

– J'ai les autorisations nécessaires pour faire ces choses.

Elle se tait.

– Dis-moi, que voudrais-tu faire maintenant ? l'interroge-t-il.

– Rien, dit-elle.

– Dis-moi que personne ne t'a jamais embrassée comme ça…

Elle se tait. Elle pleure. Il l'embrasse, embrasse son visage, sa bouche. Elle éprouve une forte impression de protection.

Elle se relève, se rhabille. Elle ne sait même pas combien de temps s'est écoulé.

Les jours suivants, elle est la proie de sensations jusque-là inconnues. Elle s'automutile. Elle se sent malade, comme schizophrène. Elle a peur. Elle appelle et rappelle le prêtre. Elle lui raconte ce qui est arrivé. Il la rassure, mais la maintient à distance.

Et un jour il disparaît.

Valentina ne le voit plus.

Daniela, en revanche, fait sa connaissance. Elle aussi traverse des difficultés. Elle est mariée, avec un enfant en bas âge. Nous sommes en 1997. Daniela a une trentaine d'années. Elle a épousé dix ans plus tôt l'homme qu'elle aimait ; elle croyait que c'était l'amour de sa vie. Mais son mari la trompe. Daniela en souffre beaucoup, entre en crise, déprime, son monde s'écroule.

Elle cherche autour d'elle. Elle se rend compte que beaucoup de monde trompe sa femme ou son mari. Et que la majorité des gens acceptent la trahison. Elle commence à fréquenter des centres de méditation, des groupes de recherche spirituelle ; elle essaie par tous les moyens de dépasser ses problèmes pour ne pas quitter son mari. C'est lors d'une de ces réunions qu'elle fait la connaissance du prêtre.

Séduite, elle lui pose une question quelconque ; il répond d'une phrase énigmatique : « Je sais bien que ton problème, c'est seulement de te défendre. » Il la regarde dans les yeux, elle éprouve une sensation très forte. Comme si une lame la transperçait profondément. Elle fait demi-tour et s'enfuit.

En peu de temps, le prêtre devient pour elle la seule personne à même de trouver des réponses aux angoissantes questions qui la submergent. Daniela passe de longues heures à la porte de la sacristie, dans l'espoir de pouvoir lui parler en tête à tête, ne fût-ce que quelques minutes.

Lors d'une brève rencontre, il lui demande :

– Dis-moi la vérité, que fais-tu là ?

– Je suis amoureuse de toi, répond-elle.

Il la couvre alors de compliments : il la fait se sentir vivante et vibrer. Elle s'ouvre à lui de ses problèmes avec son mari et de ses efforts pour sauver son couple.

Puis, un soir, il va dîner chez elle. Pendant qu'ils sont à table, en présence du mari, le prêtre pose un doigt sur le rebord de son verre, et le fait tourner jusqu'à ce qu'un son s'élève. Le mari continue de manger, Daniela se sent frissonner.

Elle est excitée. Elle a un orgasme.

À la fin de la soirée, le prêtre prend congé en leur recommandant de prier ensemble pendant quarante jours. Mais une fois la porte refermée, Daniela regarde son mari : elle a la certitude maintenant que son mariage est mort.

Le jour de Noël, elle quitte le domicile conjugal et s'en va vivre seule.

Dès lors, sa vie n'est plus que drames. Elle a tout laissé derrière elle : son confort, son bien-être, sa famille. Mais elle aime quelqu'un d'autre. Elle est amoureuse du prêtre. Elle retourne à la sacristie pour le voir. Elle lui demande son aide pour sortir de la situation dans laquelle elle s'est mise. Il se lève. Il la prie de se lever aussi. Il ouvre les bras. Il l'étreint. C'est la première fois qu'elle serre contre elle l'homme qu'elle aime. L'homme pour lequel elle a trouvé la force de faire quelque chose qu'elle n'aurait même pas pu imaginer : quitter son mari et son fils. Elle a le sentiment de toucher le ciel du doigt. Après leur étreinte, il lui dit : « Tout ici ? ».

La question tourbillonne dans sa tête pendant une semaine entière. Qu'a-t-il voulu dire ?

Elle retourne le voir. Attend son tour à la porte de la sacristie. Voilà, c'est à elle. Le prêtre renvoie les personnes qui patientent, la fait entrer, donne un tour de clef.

Ils ont un rapport sexuel. Par terre. Sur la moquette.

Son corps à lui ne transpire ni la pureté ni l'amour. C'est autre chose qui exsude de son corps. Il transpire et voilà tout.

Daniela repart déçue, la mort dans l'âme. Une trahison au sein même de la trahison. Le monde s'écroule à nouveau.

Elle se sent seule. Elle est en train de sombrer. Il n'incarne en rien l'homme idéal qu'elle s'était représenté. Il incarne la cruauté. L'hypocrisie. Il n'est pas « lui ».

Daniela comprend qu'elle s'est engagée dans un tunnel. Plus elle sera amoureuse, plus il la fuira.

Et c'est ainsi : un enfer.

Elle le voit une fois par mois. Toujours dans la sacristie. Elle entre, elle baise, elle repart. Toujours là, sur la moquette. Toujours de la même façon, dans le même laps de temps. Et

Daniela vit dans l'attente de ces quelques minutes. Sa vie sociale est réduite à rien. Elle n'espère plus qu'une chose : le SMS qui la convoquera à la sacristie.

Ça dure trois ans.

Elle a repris son fils avec elle : il souffre. Il a huit ans, il a subi la rupture de ses parents et se retrouve avec une maman lobotomisée. Une maman qui ne pense qu'à la messe du soir, et à la possibilité d'échanger trois mots avec le prêtre.

Dialogues étranges entre les deux : il parle, elle écoute. Il parle des signes qu'il a sur les mains, ces signes qui figurent des croix et des symboles antiques. Il dit être une des douze personnes élues qui, au cours des siècles, diffusent dans le monde la vérité et le message de Jésus-Christ.

Elle peut lui téléphoner jusqu'à quarante fois par jour. Des appels qui restent sans réponse. Mais quand elle tente de s'éloigner, alors elle reçoit un SMS, ou un coup de téléphone ; alors elle court le retrouver. Dans la sacristie.

Puis vient le jour où elle fait la connaissance d'une femme qu'elle a vue souvent attendre, elle aussi, à l'entrée de la sacristie. Cette femme a eu un enfant récemment. Le père du bébé est un homme marié qui n'a pu quitter sa femme, celle-ci étant gravement malade.

Daniela regarde le bébé : aucun doute, c'est le fils du prêtre, de son prêtre à elle. Mais l'amour est plus fort que tout. Elle veut le voir davantage encore, plus que jamais. Le prêtre se montre catégorique : impossible. Elle élève la voix, proteste. Il lui dit qu'elle n'a peut-être pas compris : c'est pour elle qu'il réagit ainsi, parce que s'ils devaient continuer à se voir, elle risquerait d'en mourir.

Quelques jours plus tard, Daniela se confie à un ami, au travail. Lui aussi s'est séparé de sa femme. Ils commencent à se fréquenter, se trouvent bien ensemble, se plaisent. Ils s'éprennent l'un de l'autre.

Daniela se sépare enfin du prêtre. Mais d'abord elle lui écrit un mot : « Il y aurait eu plus de spiritualité dans l'acte sexuel si j'avais couché avec un maître-nageur. »

22

Bien sûr, on ne peut s'improviser théologien du jour au lendemain.

Je ne suis qu'un chroniqueur. Et je l'admets sans difficulté : mes connaissances dans les domaines humaniste et philosophique sont assez lacunaires. J'ai étudié la science politique, le droit et l'administration. Je n'ai ni la prétention ni l'arrogance de répandre des vérités sur des questions aussi profondes. Cependant je me suis demandé d'où vient que l'Église soit totalement fermée à la sexualité et aux femmes.

Cette question, des millions de catholiques se la posent aux quatre coins du monde. Certains traversent souvent de grandes difficultés. Je parle des gens qui ont dû rompre, divorcer, se remarier. Toutes ces personnes n'ont pas seulement affronté un drame lorsque s'est effondrée une dimension importante de leur vie, elles ont aussi connu la tragédie de voir se refermer devant eux la porte de l'Église, de leur Église. On leur a dit : « Pardon mais il n'y a pas de place pour vous chez nous, débrouillez-vous. »

D'où vient cette attitude ? Il est légitime de se le demander.

Est-elle inscrite dans la Bible ? Est-ce la volonté de Dieu ? Est-ce l'exemple donné par Jésus ? N'est-ce pas plutôt une doctrine introduite dans l'histoire des hommes par tous les héritiers de Pierre ?

Je m'explique. Jésus a-t-il jamais dit que les prêtres ne devaient avoir ni femme, ni compagne, ni relations sexuelles ? Jésus a-t-il interdit le sacerdoce des femmes ? A-t-il condamné l'homosexualité comme immorale, contre nature, intrinsèquement mauvaise ?

Même sur ces chemins périlleux, je n'ai fait que me comporter en chroniqueur : j'ai lu, je me suis documenté, j'ai posé des questions, d'innombrables questions.

J'ai reçu l'aide de Federico Bollettin, trente-six ans, prêtre jusqu'en 2007.

Il est aujourd'hui marié. Il a deux enfants. Il raconté son histoire dans un livre, *Bianco e nera, amanti per la pelle*[1] (« Blanc et noire, amants par la peau »).

Je suis allé plusieurs fois chez Federico. J'ai passé des heures à discuter avec lui tandis qu'il construisait de ses propres mains la maison de sa famille.

J'ai fini par me forger ma propre opinion.

Il convient de poser un préalable clair et honnête : tout ce qu'on lira ci-dessous est documenté, prouvé, certain.

Mais dans cette incursion dans des sujets aussi délicats, dont débattent depuis des siècles les meilleurs penseurs, je ne ferai que donner mon avis personnel. Un avis relatif, absolument relatif. Et, peut-être, non exempt d'erreurs.

C'est donc mon opinion : elle est à prendre comme elle est.

Avant de remonter aux origines, je partirai du problème de fond et commencerai par éclaircir un point : le célibat des prêtres n'est pas un commandement de Dieu.

Le célibat, pratiqué par des ascètes et des moines dans les premiers siècles du christianisme, a ensuite fait l'objet de tentatives de législation ; il n'est devenu un engagement qu'avec le concile de Trente, convoqué par le pape Paul III en 1545 et fermé en 1563 après de multiples interruptions.

Ceci étant clair, reprenons depuis le début.

---

1. Federico Bollettin, *Bianco e nera, amanti per la pelle*, Gabrielli, 2008.

Au commencement, Dieu a fait l'homme mâle et femelle. Satisfait, il vit que c'était une très bonne chose. Il adressa à l'homme et à la femme la recommandation suivante : soyez féconds, multipliez-vous. C'est le récit de la première tradition hébraïque, tel qu'il figure dans le livre de la Genèse.

Mais il existe une deuxième tradition, laquelle ajoute au récit une note très importante. Pourquoi Dieu a-t-il créé un genre mâle et un genre femelle ? Est-ce seulement en tant que facteur de reproduction de l'espèce ? Voici la réponse : « Il n'est pas bon que l'homme soit seul : je lui ferai une aide qui soit semblable à lui. »

Soutien mutuel, amitié, plaisir : il n'y a pas que la procréation.

On saisit dès les premières mesures que la dimension sexuelle est fondamentale dans le dessein de Dieu. Quel que soit le type d'amour, la langue de l'Ancien Testament emploie toujours le même terme hébreu : *Ahavah*, qui décrit la relation entre les personnes. Amour entre deux êtres épris l'un de l'autre, amour entre deux amis, amour d'une mère ou d'un père pour leurs enfants, amour de l'élève pour son maître. De même, l'anglais *I love you* peut s'adresser à l'ami sans provoquer de malentendu.

L'érotisme qui caractérise le Cantique des cantiques montre qu'il est considéré dans la Bible comme normal et digne de la plus grande considération. On y décrit la beauté d'un corps féminin, exalté dans ses moindres détails : le nombril, le sein, les cuisses, le ventre. « Les contours de ta hanche sont comme des colliers, œuvre des mains d'un artiste. Ton sein est une coupe arrondie. »

Entendus dans la langue de l'époque, ces compliments disent la passion, le désir, l'attrait physique. Cette image de la femme diffère radicalement de celle que l'on trouve à la fin du Livre des Proverbes, où le portrait de la femme d'intérieur parfaite est en réalité celui d'une esclave : « Elle se lève quand il fait encore nuit, elle donne la nourriture à sa maisonnée [...]. Elle fait de la toile et la vend [...]. Elle surveille les allées et venues de sa maisonnée. »

Il est donc nécessaire de commencer par rendre compte de la grande diversité qui s'exprime dans la Bible. En fait, la Bible n'est pas un livre mais, comme son nom l'indique, une somme de livres, une bibliothèque née dans un contexte religieux pluraliste. Y sont présentés différents types de pensées, courants, mouvements, groupes qui cohabitent comme par magie, non sans problèmes et incompréhensions. Voilà pourquoi nous pouvons y trouver tout et son contraire, selon l'auteur qui a écrit le texte, ou selon la communauté qui en était la destinataire.

Prenons un exemple. La Loi de Moïse interdit aux prêtres d'avoir des rapports sexuels avant le culte, et aux femmes de pénétrer dans le Temple pendant leurs menstruations.

Certains soutiennent que ces règles ont été introduites pour de simples raisons d'hygiène, ou pour renforcer la cohésion du peuple, et protéger son identité vis-à-vis des étrangers. D'autres portent la réflexion sur un plan philosophique. Les Hébreux de l'Antiquité concevaient le sperme et le sang comme des entités mystérieuses qui n'étaient pas à la portée de l'homme. Cette réalité était plus puissante que lui, et en étroite relation avec Dieu. L'union sexuelle comptait parmi les causes de l'impureté rituelle. Un prêtre pouvait-il offrir les sacrifices au Seigneur alors qu'il était impur ? Perdre du sang signifiait automatiquement perdre la vie. Une femme pouvait-elle se présenter au Temple alors que sa vitalité s'en allait ?

Les expériences positives, une réalité bonne étaient choses religieusement pures ; les négatives, les dangereuses, étaient religieusement impures.

Au sein de l'hébraïsme, on le voit, il existe des positions différentes quant à la sexualité et à la corporéité ; des positions parfois contraires, parfois complémentaires. Parfois profondément machistes, parfois romantiques.

La naissance d'un mouvement en rapport avec la vie et l'enseignement de Jésus de Nazareth semble avoir fait passer au second plan les discussion sur ce qui est pur et impur, moral ou immoral, sexuellement licite ou illicite, pour s'attacher plutôt à construire un règne de Dieu fondé sur la justice, le partage et le bonheur.

Car ceux qui font le récit de la vie de Jésus ne lui font jamais émettre de jugements relatifs à la sexualité d'une personne. Au contraire, il leur arrive de le présenter comme un transgresseur de la Loi, un homme qui ne respecte pas le repos sabbatique et est touché par des femmes impures. Ceux que la société exclut pour un comportement sexuel non conforme à la Loi de Moïse reçoivent les attentions de Jésus, peuvent même être présentés comme des exemples en matière de foi et accueillis sans discrimination dans le groupe des disciples.

Il guérit le compagnon homosexuel du centurion sans discuter la nature de leur relation. Il se laisse toucher par la femme qui souffre de pertes de sang et qui est donc impure selon la Loi, autrement dit inapprochable.

C'est un nouveau messie, différent de celui qu'avaient annoncé les principaux courants religieux, plus attentif aux personnes qu'à la Loi. Un messie au regard libre.

Le récit de Jésus naissant d'une vierge appartient à un genre littéraire de l'époque. Pour affirmer que Jésus de Nazareth est le Messie, on le fait naître d'une façon extraordinaire. D'un couple non encore marié et en règle avec la tradition, et sans rapport sexuel.

Tout cela pour mettre en évidence sa grandeur et l'importance de sa mission dès son arrivée sur Terre. Comme pour dire : en dépit de multiples obstacles, tant de nature biologique que sociale, ce messie devait venir au monde, car tel était le dessein divin.

Il n'y a là rien d'étrange si l'on pense à la naissance de Moïse, de Mahomet, de Bouddha et des autres grands prophètes. Quand Mahomet voit le jour, une lumière immense resplendit sur le monde. Jésus naît d'une vierge tandis que les Rois mages arrivent d'Orient pour l'adorer.

Mais la virginité de Marie elle-même est un dogme pontifical proclamé par le pape Pie IX le 8 décembre 1854 par la bulle *Ineffabilis Deus*.

Quand on lit les quatre Évangiles, ceux qui ont été réputés canoniques, c'est-à-dire véridiques, par opposition à ceux que l'on considère comme apocryphes, on voit que Jésus ne s'exprime jamais sur la sexualité. Il ne nous dit pas comment nous devons nous comporter sous la couette.

Les évangélistes nous présentent un Jésus capable d'accueillir et de faire en retour des gestes d'affection comme des baisers, des caresses, des embrassades. Libre vis-à-vis du corps, et même libertin selon les bigots.

Les auteurs des Évangiles ont dû se donner bien du mal pour dénicher les euphémismes justes pour ne pas scandaliser les lecteurs religieux avec des mots obscènes.

Voici comme ils décrivent la rencontre de Jésus avec une prostituée chez Simon : « Et, se tenant à ses pieds [de Jésus] et pleurant, elle commença à lui arroser les pieds de ses larmes, et elle les essuyait avec ses cheveux, elle lui essuyait les pieds, et lui baisait les pieds et les oignait de parfum. »

Quelle scène ! Inoffensive à première vue, et bouleversante en réalité quand on découvre la vraie signification des images employées. Les pieds, dans la symbolique hébraïque, représentent les organes génitaux ; et dans ce passage, ils sont évoqués pas moins de trois fois. Quant aux cheveux, ils étaient considérés comme une arme de séduction dotée d'une forte charge érotique ; seules les prostituées sortaient sans se couvrir la tête d'un voile.

Jésus se laisse toucher, sans juger il accepte ces attentions, expression d'amour d'une femme très probablement contrainte à se prostituer. À la fin, il condamne l'hypocrisie de ceux qui s'autorisent à la juger.

Il est d'autres épisodes semblables à celui-ci, mais ils sont cachés derrière des interprétations par trop spiritualistes.

On ne devrait pas trouver scandaleuse l'hypothèse selon laquelle le prophète de Nazareth était marié, comme le voulait l'usage pour tous les hommes de ce temps ; ni celle qui veut que sa mère ait eu d'autres enfants. Les Évangiles apocryphes parlent des frères de Jésus.

La règle est la suivante : ce qui est normal, par définition, n'est pas écrit. Le normal est tenu pour évident. Il est tellement humain de tomber amoureux, de vivre une relation d'amour, d'avoir des rapports sexuels, y compris au cours d'une seule période de sa vie, que les évangélistes n'en parlent pas. Certes, le style itinérant de Jésus exigeait une bonne dose de liberté et de détachement vis-à-vis des choses et des êtres, mais il n'était pas pour autant demandé aux disciples de renoncer à leur compagne, ou à leur compagnon.

En conclusion, le message et le genre de vie de Jésus de Nazareth, tels que transmis par les premières communautés d'adeptes, n'approfondissent pas la question des comportements sexuels.

Ce sont les Pères de l'Église, et surtout les pontifes, qui formuleront des hypothèses moralistes qui, avec le temps, deviendront des dogmes et des interdits applicables à toute la chrétienté.

Mais alors, étant donné cette vision positive et libératoire de la sexualité exprimée par le fondateur du christianisme, pourquoi la tradition chrétienne déborde-t-elle de textes qui s'appliquent à professer le contraire ?

En un mot, pourquoi le message de Jésus a-t-il été déformé ?

Saint Jérôme n'admet la sexualité qu'en référence à la procréation. Saint Ambroise affirme que le mariage, tout en étant une bonne chose, implique certains actes dont même les personnes mariées ont à rougir.

Bien sûr quelques voix discordantes se font entendre, tel Irénée qui voit en l'homme une image de Dieu y compris du point de vue de la chair. Mais la majorité des Pères de l'Église et des saints nous ont transmis une mentalité où la sphère de la sexualité, et de la corporéité en général, est regardée comme quelque chose dont il faut se libérer si l'on souhaite se rapprocher de Dieu.

Éprouver du plaisir peut conduire à l'orgueil et au péché. Porter sa croix, faire des sacrifices, s'astreindre à des tâches primaires, tels sont les signes d'une grande maturité spirituelle.

Prenons l'exemple d'un grand saint de notre tradition chrétienne : Augustin.

Lorsque nous essayons de réfléchir à son expérience personnelle, au-delà de l'immense contribution culturelle et spirituelle qu'il nous a laissée, nous comprenons bien, pour employer le vocabulaire psychothérapeutique d'aujourd'hui, que la sphère sexuelle ne s'est pas intégrée harmonieusement aux autres dimensions de sa personne.

Dans son livre autobiographique, *Les Confessions*, l'évêque d'Hippone ne se cache pas d'avoir souffert de tensions continuelles et de difficultés dans la gestion de sa propre sexualité. N'oublions pas qu'avant sa conversion il a vécu pendant des années avec une femme dont il a eu un fils naturel, Déodat, qui devait mourir à dix-huit ans. Saint Augustin vivait l'attirance pour une femme comme pure génitalité, comme quelque chose de qualité inférieure comparativement aux sentiments et à la relation d'amitié avec un autre homme. La période de l'adolescence est marquée normalement par des pulsions érotiques très fortes et par la tentation de transgresser les normes : à lui, elle laisse la marque d'un traumatisme.

Pourquoi ne pas accepter avec naturel le besoin de connaître son propre corps, d'éprouver du plaisir dans le contact physique ? Pourquoi ne pas mettre de côté les peurs, le sentiment de culpabilité, la déception consécutive à des attentes trop élevées ?

Il écrit dans ses *Soliloques* : « Quant à moi, je pense que les relations sexuelles doivent être radicalement évitées. Je pense que rien n'avilit l'homme comme les caresses d'une femme, et comme les relations corporelles qui font partie du mariage. »

Il semble vouloir nous dire : l'envie sexuelle ne fait que nous attirer des problèmes, mieux vaut la réprimer en nous ôtant de l'esprit les mauvaises pensées, en tranchant virtuellement notre membre viril. L'appareil génital devrait servir seulement à la reproduction de l'espèce humaine voulue par Dieu. En même temps il affirme que la création est bonne, que les sens sont utiles et doivent être écoutés si l'on a le sentiment de ne pas croire assez.

Le manque de considération exprimé par de nombreux saints pour la sexualité, même quand il trouve son origine dans de nobles sentiments, dérive donc d'un manque d'expérience positive, saine, belle, libre de préjugés culturels fondés sur la religion.

Comment la pensée unique s'est-elle imposée ? Quand et pourquoi une interprétation particulière de la sexualité est-elle devenue la position officielle de l'Église ? De concile en concile, de dogme en dogme, de pape en pape.

Pour nombre de théologiens et de spécialistes de la Bible, le fait qu'un simple mouvement local soit devenu une institution religieuse universelle a contaminé l'esprit originaire des premières communautés chrétiennes.

C'est aussi ce qui est arrivé après la mort de François d'Assise. François prenait l'Évangile à la lettre, il refusait les règles et les hiérarchies ; comment aurait-il pu accepter que son mouvement devienne un ordre religieux, que ses refuges au fond des bois cèdent la place à d'imposantes cathédrales ?

Le compromis est le suivant : pour durer, le christianisme a dû s'institutionnaliser et, inévitablement, assumer un rôle de pouvoir et de contrôle.

« Jésus n'a jamais voulu fonder une Église : le fait est sereinement reconnu par les exégètes et par la théologie depuis des dizaines d'années déjà. Mais il a de la peine à pénétrer la conscience des masses. » Ainsi s'exprime José María Vigil, un des représentants les plus à la pointe de la théologie pluraliste de la libération, dans son chef-d'œuvre : *Teología del pluralismo religioso*[1] (« Théologie du pluralisme religieux »).

Mais revenons en arrière.

Revenons au concile de Nicée I, au début du IVe siècle.

Un empereur qui n'est ni pratiquant ni baptisé prend l'initiative de convoquer les évêques au premier concile de l'histoire

---

1. José María Vigil, *Theología del pluralismo religioso*, El Almendro, 2005.

de l'Église. C'est Constantin. Par intérêt, au nom d'objectifs qui lui appartiennent, il organise toute l'affaire avec ses propres deniers : les transports, le gîte et le couvert. Il a l'intuition que la religion chrétienne pourrait procurer un facteur de cohésion efficace à une société grandement fragmentée et divisée. Le christianisme devient ainsi la religion officielle de l'Empire romain, et commence à acquérir visibilité et puissance.

Pour gérer une structure marquée par une croissance continue, les responsables doivent renforcer la hiérarchie qui, à travers les dogmes, exercera son contrôle sur la masse des fidèles tout entière. C'est ainsi, par exemple, qu'est née la pratique du pédobaptême, le baptême des enfants qui sanctifie l'appartenance immédiate d'un individu à l'Église. Mais Jésus ne s'est-il pas fait baptiser, adulte, dans les eaux du Jourdain par Jean le Baptiste ?

Dans les Évangiles et dans les Actes des Apôtres, il est question du Royaume de Dieu ou – chez Matthieu qui évite de nommer Dieu directement – du Royaume des Cieux. On n'y parle pas d'un monde différent, qu'il faudrait mériter, mais d'un royaume à construire dans ce monde même, par l'amour, la justice et le pardon, selon l'exemple de Jésus de Nazareth.

J'ai parfois l'impression de respirer une espèce de nostalgie pour un paradis terrestre perdu, inatteignable, ou détruit, et auquel se serait substitué le paradis céleste.

Voilà pourquoi le christianisme a toujours fui avec plus d'ardeur les responsabilités concrètes de ce monde : la politique, l'économie, les ferments actifs de la société.

Depuis pratiquement deux millénaires, le monde est considéré seulement comme un moyen de parvenir à la vraie vie (le paradis), et non pas le lieu privilégié dans lequel Dieu a placé l'homme et la femme pour qu'ils y reçoivent ses dons, en jouissent et les multiplient.

Il est possible de lire selon ce point de vue y compris les sept sacrements de la tradition catholique. Dès lors que la prédication s'est concentrée sur le mal, sur le démon, sur l'enfer, on a vu naître la pratique de la confession auriculaire : pour obtenir le pardon des péchés, et gagner sa place au paradis, il fallait passer obligatoirement par la bénédiction du prêtre, au besoin en apportant une poule ou une bouteille de vin.

Beaucoup, Luther le premier, se sont posé la question suivante : pour réparer une injustice, ne suffit-il pas de faire comme Zachée qui, dans l'Évangile, rendait au quadruple ce qu'il avait volé aux pauvres ? Ou comme le fils prodigue qui demande pardon directement à son père, après l'avoir trahi ? En définitive, avons-nous réellement besoin d'une figure intermédiaire pour nous assurer le pardon ?

Pour être tout à fait sincère, je dois reconnaître qu'un doute me vient : la confession ne serait-elle pas née comme une forme de contrôle exercée sur les consciences par les autorités religieuses ?

Mon ex-prêtre, pendant des années, a confessé en employant la méthode classique, et la majorité des péchés qu'il devait absoudre entraient dans la catégorie dite *de sexto*, c'est-à-dire en rapport avec le sixième commandement : « Tu ne commettras pas d'actes impurs. » Il n'a jamais entendu, en confession, quelqu'un admettre une évasion fiscale. Ce n'est pas qu'il était particulièrement sévère, c'est seulement que personne n'est jamais venu lui confesser ce genre de péché. En reliant étroitement le concept de péché à la gestion problématique de la sexualité, l'Église a peut-être abattu sa carte maîtresse, celle qui lui permettait de s'assurer une longue file d'attente à la porte des confessionnaux.

En effet, qui se sent vraiment mature en matière de sexualité ? Qui n'a jamais éprouvé un désir érotique, qui ne s'est jamais masturbé, qui n'a jamais accompli un acte sexuel un tant soit peu égoïste ou narcissique ?

Jusqu'à une date récente, la confession était parfois la seule façon possible d'avoir une consultation non seulement spirituelle mais aussi psychologique. Aujourd'hui, nous savons tous qu'une bénédiction ne suffit pas à nous débarrasser d'un vice. Mieux vaut s'engager dans un parcours thérapeutique sérieux, et en y mettant beaucoup de bonne volonté.

Saint Thomas s'essaie à une théologie de la sexualité. Dans sa *Somme théologique*, il explique que l'homme est relation comme Dieu est pure relationalité. Et c'est précisément ce qui le rend humain, apte au dépassement des instincts. La relation affective pousse l'homme et la femme à sortir d'eux-mêmes, à rechercher un être à aimer et duquel être aimé. L'acte sexuel offre les deux. L'être tout entier y est impliqué dans son intégrité.

L'Aquinate ne craignait pas de raconter à ses disciples ce qui lui arrivait parfois lorsque sa médiation des choses divines était la plus intense : son corps réagissait par une pollution. Le phénomène est beaucoup plus habituel qu'on pourrait le croire.

Il y a vingt ans, la théologienne italienne Maria Caterina Jacobelli a publié un ouvrage intitulé *Risus Pascalis. Il fondamento teologico del piacere sessuale*[1] (« Rire pascal. Le fondement théologique du plaisir sexuel »). Elle tentait d'y répondre à l'intéressante question de savoir s'il n'y a pas quelque chose, dans le plaisir sexuel, qui le relie à la jouissance de Dieu.

Caterina Jacobelli, pour fonder sa thèse, se réfère à saint Thomas : « Thomas dit qu'en effet Dieu jouit. Chez Lui, qui est pur esprit, il ne peut s'agir de jouissance physique, mais cette profonde explosion de joie, quand elle survient chez l'homme, a évidemment une redondance physique ; de sorte que l'on peut dire à bon droit que la sexualité, avec le plaisir qu'elle comporte, plonge en Dieu ses dernières racines. »

Étranges propos sous la plume d'une théologienne. Caterina Jacobelli, aujourd'hui âgée de plus de quatre-vingts ans, a

1. Caterina Jacobelli, *Risus Pascalis, Il fondamento teologico del piacere sessuale*, Queriniana, 1991.

parlé de Dieu et de la sexualité de façon contemporaine, en employant des termes positifs.

La jouissance sexuelle donnée à la créature « homme » s'enracine dans son être relationnel, dans son aptitude à entrer en communion totale avec l'autre ; c'est l'aptitude la plus large et la plus profonde qui ait été donnée aux créatures humaines.

La théologienne écrit aussi dans un très beau passage : « Dans une union d'amour, le corps devient instrument, expression, langage de deux personnes qui communiquent la profondeur de leur être [...] l'orgasme est le cri muet poussé quand on se vide entièrement : voilà, je t'ai tout dit. Aucun autre plaisir donné à l'homme n'est à même de l'emporter au-delà de ses propres limites corporelles, au-delà de l'instant qu'il est en train de vivre. Dans l'orgasme jailli de l'amour, l'espace et le temps se dissolvent, et l'homme effleure l'infini. »

Bouleversant.

Elle affronte avec intelligence et délicatesse un rapport vécu comme conflictuel par l'imaginaire collectif : celui entre Dieu et la sexualité.

Dès lors que la satisfaction sexuelle est indubitablement déterminante dans notre vie, pourquoi les prédications et la catéchèse n'enseignent-elles pas comment « bien faire l'amour » ?

Prenez-le comme une provocation si vous le voulez, mais nous sommes davantage gouvernés par nos hormones que par l'Évangile.

Je voudrais vous parler à présent d'un prêtre et théologien allemand bien connu, Eugen Drewermann, qui est aussi écrivain et psychothérapeute, et qui s'est attiré ces dernières années les foudres du Vatican.

Alors qu'il enseignait à Paderborn, en Allemagne, l'histoire des religions et la dogmatique, il a été éloigné de sa faculté et suspendu *a divinis* de l'exercice de son ministère presbytéral.

Sa critique de l'institution Église porte notamment sur les défaillances de l'exégèse biblique moderne en matière de prédication officielle. Qualitativement, la prédication catholique ne progresse pas ; elle demeure statique, volontairement anachronique. Pourtant la recherche existe ; elle est diabolisée, elle est bâillonnée, mais elle existe.

Les recherches partent très souvent de l'étranger, et sont l'œuvre de voix extérieures qui ont jeté une lumière nouvelle sur la vie et sur l'Évangile. Nous pensons à des phénomènes comme le mouvement ouvrier, le féminisme, le mouvement de Mai 68, la décolonisation, la théologie de la libération, les mouvements gays, lesbiens et trans, les échanges entre les cultures et les religions. Toutes ces voix devraient pousser les esprits à s'ouvrir et à renoncer à cette prétention qui consiste à avoir raison tout seul : la vie ne doit pas être soumission à un dogme, mais dialogue.

D'autres spécialistes de la Bible que Drewermann ont été punis par les hiérarchies ecclésiastiques, d'une façon ou d'une autre, pour avoir donné de Jésus une description plus humaine.

Pour le dire brutalement, la peur que l'on dépouille le fondateur du christianisme de sa nature divine pourrait créer de sérieux problèmes à l'ensemble du système ; en effet, c'est ce dogme qui, depuis toujours, permet au catholicisme de s'imposer comme l'expression la plus authentique de la volonté de Dieu. Et l'Église catholique romaine dissimule les découvertes qui pourraient affaiblir son pouvoir et son autorité.

Pour revenir à Drewermann, l'approche des questions morales devrait selon lui être totalement libre de toute censure. La femme dans l'Église, le célibat obligatoire des prêtres, la contraception, les rapports sexuels avant le mariage, l'avortement, le sentiment de culpabilité : tels sont les thèmes qu'il aborde à la lumière de son expérience de psychothérapeute.

Dans son premier livre, *Fonctionnaires de Dieu*[1], il aborde ainsi la notion de chasteté : « Mieux vaudrait, à l'avenir,

1. Eugen Drewermann, *Fonctionnaires de Dieu*, Albin Michel, 1989.

éviter tout simplement les expressions "chaste", "non chaste" ou "impur" : au lieu de parler de comportement ou d'attitude impures, il vaudrait mieux les dire injurieux, grossiers, irrespectueux, machistes, humiliants, prosaïques, insensibles, mécaniques, sans âme, sans fantaisie, purement techniques, visant seulement à obéir à un devoir. Toutes ces expressions décrivent le comportement concret de deux personnes, et évoquent leur façon d'expérimenter personnellement leur relation. En ce sens, sont déjà impurs les discours sans âme, objectivants et froids avec lesquels la théologie morale catholique continue d'affronter les questions liées à l'amour et aux tourments du cœur. »

Drewermann s'est remis en cause en tant qu'homme et en tant que croyant. Il n'est devenu ni un rat de sacristie, ni un intellectuel éloigné des dynamiques concrètes de la vie.

Avant de disparaître de la circulation, il a déclaré dans l'une de ses dernières interviews : « Ce qui constitue un péché aux yeux de l'Église est pour moi une exigence première : exprimer le message de Jésus de telle façon qu'il entre en contact avec le malaise spirituel des personnes, limite les aspects inhumains présents dans la vie publique, et aille dans le sens du dialogue entre les cultures. »

Parvenu au sommet de son engagement, déçu peut-être de tant d'hypocrisie et de fondamentalisme, conscient, qui sait, de son impuissance, il a créé la surprise en annonçant qu'il avait quitté l'Église. C'était le 13 décembre 2005, dans le talk-show *Menschen bei Maischberger* sur la chaîne ARD : « J'ai cru pouvoir construire au sein de l'Église catholique des ponts entre le message de Jésus et les exigences des personnes. Je souffre encore du fait que l'Église, fondamentalement, refuse tout cela. »

Conclusion : « Je me suis fait cadeau de la liberté ! ».

L'Allemagne du pape Ratzinger a été le champ de bataille d'un théologien connu dans le monde entier, le professeur Hans Küng.

Ces derniers temps, Hans Küng s'est manifesté dans la presse internationale par ses critiques envers son condisciple d'études Benoît XVI, et envers une gestion clérico-centrique des horribles cas de pédophilie ; il a toujours été une épine dans le flanc du Vatican. Et ses prises de position constantes auraient même poussé le cardinal Carlo Maria Martini à déclarer : « L'obligation du célibat pour les prêtres devrait être repensée. »

Si j'emploie le conditionnel, c'est que l'affaire a plus ou moins fait scandale. Les déclarations de Martini ont été citées entre guillemets par le quotidien autrichien *Die Presse*, avant de faire le tour du monde. Mais très vite le cardinal s'est affirmé très surpris et a précisé : « Le journal ne s'est pas entretenu avec moi directement, il a plutôt repris une de mes lettres à la jeunesse autrichienne. Et le texte de cette lettre approuvé par moi disait ceci : "Il conviendrait de repenser le mode de vie des prêtres" ; j'entendais souligner par ce propos l'importance qu'il y a à promouvoir des formes de plus grande communion de vie et de fraternité entre les prêtres, afin d'éviter le plus possible les situations de solitude, y compris de solitude intérieure. »

Repenser le mode de vie des prêtres. C'est déjà beaucoup. Vraiment beaucoup.

Pour en revenir à Küng, les « scandaleuses » requêtes qu'il continue à adresser aux responsables de l'Église tentent de mettre en discussion le primat du pape et le centralisme de Rome, ainsi que les positions médiévales sur la morale sexuelle et familiale.

Tant que le dernier mot sur toute chose ne viendra pas d'un individu élu d'une assemblée récente, il n'y aura jamais de réforme.

Küng a compté parmi ceux qui ont contribué aux demandes de réforme présentées au concile Vatican II. Demandes ignorées, aujourd'hui plus actuelles que jamais, et qui risquent de se perdre avec l'enthousiasme des derniers vieillards encore de ce monde.

Réformer la curie signifie procéder à une décentralisation du pouvoir et donner plus d'autonomie aux communautés ecclésiastiques locales.

La réforme consisterait à adopter une nouvelle vision de la sexualité qui serait une voie médiane et raisonnable entre un libertinage permissif et un rigorisme dépassé.

À éliminer aussi la loi médiévale obligeant les prêtres au célibat, et qui n'est conforme ni à l'Écriture ni à notre époque.

À revenir sur la procédure d'élection des évêques, à renouer avec une vieille tradition catholique qui laisse au peuple, au clergé local et aux laïques le droit de proclamer évêque une personne digne, les évêques étant choisis aujourd'hui encore sur la base d'un critère de conformité à la ligne romaine.

Enfin, à faire élire le pape par un synode d'évêques représentatifs de l'Église universelle, non par un collège de cardinaux romains.

Rêves, idéaux, espérances, illusions : voilà qui donne encore à nombre de gens, de groupes et de mouvements le désir d'appartenir à cette Église.

« Nous ne voulons pas inventer une autre Église, mais rendre cette Église-là différente » : tel est le mot d'ordre des communautés ecclésiastiques de base existant en Italie.

Avec le précieux rapport du professeur Küng, nous pouvons en venir à une conclusion amère : la vision négative de la sexualité et la prétention à vouloir la réglementer de quelque manière ont à voir avec la gestion du pouvoir. Alors que le défi des défis serait d'évangéliser sans exercer un pouvoir, en partant d'une relation d'égalité.

Ceux qui pensent ainsi sont accusés de communisme et sont condamnés à disparaître, comme ces mouvements et communautés de base nés en Amérique latine, dont est issue la théologie de la libération.

Car tel est le mot clé : libération.

Le cheminement du chrétien adulte est un processus continu de libération : du sentiment de culpabilité, de l'esclavage vendu comme besoin primaire, de cette dépendance institutionnelle qui alimente l'ignorance et la sujétion, de la peur d'être jugé et puni par Dieu.

Pour résumer, la position actuelle et officielle de l'Église catholique romaine en matière de morale sexuelle et familiale ressort d'une vision négative et superficielle de la sexualité aux origines très anciennes.

La doctrine catholique a terriblement peur de mobiliser les sciences dans le but de comprendre et de gérer les phénomènes propres à cette société. Elle a peur de s'asseoir autour d'une table avec d'autres idées et interprétations. C'est pourquoi elle rabâche fermement que le but reproductif passe avant le besoin de s'unir. Que l'usage du préservatif et d'autres moyens contraceptifs demeure un péché, même si le propos a été quelque peu nuancé récemment.

À ceux qui vivent ensemble, et aux couples mariés civilement, on continue de recommander l'abstinence dans la perspective du mariage religieux, et de reprocher le refus des sacrements, de la communion et de la réconciliation.

Aux divorcés, on continue de refuser l'accès aux sacrements. Une telle aberration aujourd'hui, que même le cardinal de Milan Dionigi Tettamanzi s'en est pratiquement excusé en janvier 2008, dans une lettre dont la tonalité était peu ou prou la suivante : si, au sein de la communauté chrétienne, vous avez rencontré des hommes et des femmes qui vous ont blessés en quelque manière, si chez eux vous avez perçu des jugements dépourvus de miséricorde ou des condamnations sans appel, alors je souhaite vous exprimer mon regret.

Aux couples homosexuels on dit : vous êtes malades, mais si vraiment vous vous voulez du bien, vous pouvez rester purs ensemble à condition de n'avoir pas de rapports.

Aux prêtres, on demande de respecter le célibat obligatoire.

Aux femmes, on interdit l'ordination presbytérale.

Voilà la position officielle.

Mais heureusement, c'est généralement le bon sens qui prévaut. Ce bon sens qui imprégnait les exégèses de Giuseppe Barbaglio, théologien et bibliste renommé, qui disait en 1975 dans une conférence : « L'amour entre l'homme et la femme a sa valeur en lui-même : il n'a pas besoin de bénédictions sacrées. L'aimé et l'aimée ne sont pas mari et femme, mais homme et femme. L'amour n'a pas besoin d'être rendu honnête par une structure juridique. Ce n'est pas le mariage qui rend l'amour honnête, si le lieu où cet amour se vit ne l'est jamais. L'amour a une dimension profondément corporelle, érotique : il n'a pas besoin d'être justifié par sa spiritualisation. »

C'est finalement le bon sens qui en ressort vainqueur. Celui des nombreux prêtres, animateurs de communautés et catéchistes qui prêchent et cherchent avant tout le bien, l'intégrité de la personne, la justice sociale. Qui ne confondent pas les moyens et les fins, les concepts et les histoires réelles.

Celui des nombreux croyants, laïques et incroyants qui se sentent responsables de leurs propres choix, et n'acceptent pas d'être traités comme d'éternels enfants.

Il est important que l'on parle de la sexualité. Non seulement comme problème ou question privée, mais aussi comme lieu d'épanouissement et de bonheur ; comme réalité appartenant à tous, sauf aux petits anges des crèches.

23

Comme je l'ai dit plus tôt, Eugen Drewermann, soutient, études à l'appui, qu'en Allemagne, sur un total de 18 000 prêtres, au moins 6 000 vivent avec une femme. Et sans que cela fasse particulièrement scandale.

Un sur trois. Je suis stupéfait.

Mais Drewermann, qui est aussi célèbre qu'influent, dit que le phénomène ne le surprend plus tellement. La société allemande est par tradition plus ouverte que la société italienne vis-à-vis de la sexualité, de sorte qu'elle regarde d'un œil plus tolérant les prêtres peu fidèles aux règles.

D'après un sondage public effectué en avril 2005, après la mort du pape Jean-Paul II, 78 % des catholiques allemands se sont déclarés favorables à un assouplissement de l'interdiction faite aux prêtres de vivre leur sexualité et de convoler en justes noces. 77 % des personnes interrogées se sont exprimées en faveur de l'ordination des femmes. Une espérance partagée non seulement par la base catholique, mais également, et c'est une surprise, par les religieux eux-mêmes.

Dans l'Autriche voisine, une enquête récente, portant sur un échantillon de 500 prêtres, a été effectuée par le théologien Paul M. Zulehner, doyen de la faculté de théologie catholique de l'université de Vienne. Voici les résultats obtenus : 81 %

des prêtres interrogés souhaitent l'abolition du célibat obligatoire, et 51 % approuvent l'ordination des femmes.

Zulehner a regroupé les résultats de son étude dans un livre : *Wie geht's, Herr Pfarrer*[1] ? (« Comment allez-vous, Monsieur le curé ? »). Il a dégagé de ses conclusions le cadre d'une profonde transformation de l'Église du point de vue de l'institution et de la vie communautaire. « Le processus de changement, écrit-il, ne pourra être évité, mais il requiert un gouvernement responsable, tant d'un point de vue juridique qu'ecclésial. »

En réalité la politique vaticane actuelle sur la question du célibat provoque un mécontentement certes discret mais rampant, jusque chez les plus hauts responsables.

Hanspeter Schmitt en sait quelque chose. Ce professeur d'éthique à l'université de théologie de Chur, en Suisse, a publié en octobre dernier, dans la revue *Diakonia*[2], la liste complète des évêques en service dans les pays germanophones et qui, en l'une ou l'autre occasion, se sont exprimés publiquement en faveur de l'abolition : Robert Zollitsch (Fribourg), Ludwig Schick (Bamberg), Franz-Josef Bode (Osnabrück), Heinz-Josef Algermissen (Fulda), Hans-Jochen Jaschke (Hambourg), Thomas M. Renz (Stuttgart-Rottenburg), Christoph Schönborn (Vienne), Manfred Scheuer (Innsbruck), Ludwig Schwarz (Linz), Alois Kothgasser (Salzbourg), Kurt Koch (Bâle), Norbert Brunner (Sion).

Dans ce même article, Schmitt prend nettement position contre l'obligation du célibat pour les prêtres, qu'il juge non nécessaire, tant en termes de théologie que de droit ecclésiastique : « L'obligation du célibat est considérée désormais comme un fardeau inutile et pesant par une grande partie des prêtres de l'Église catholique. Elle est à l'origine d'une réelle

1. Paul M. Zulehner, *Wie geht's, Herr Pfarrer ?*, Styria, 2010.
2. Hanspeter Schmitt, « *Überforderung Zölibat* », *Diakonia*, n° 41, 2010, pp. 283-289.

hémorragie de prêtres, qui mine à la base le développement normal de la vie paroissiale dans un nombre toujours croissant de diocèses. »

Pour Schmitt, l'absence de sphère intime vécue au sein d'un mariage normal pousse beaucoup de prêtres à rechercher ailleurs des substituts. Et même ceux qui réussissent à vivre le célibat, poursuit le théologien, n'échappent pas au soupçon général selon lequel ils appartiennent à une « caste sexuellement frustrée », et par conséquent très dangereuse. « Les évêques savent bien de quoi je parle. Il est dommage que nous nous obstinions à maintenir le *statu quo* dans le seul but de sauver les apparences. »

En Suisse, nombreuses sont les voix qui s'élèvent en faveur d'une réforme du sacerdoce. Par exemple, le synode de l'Église cantonale de Lucerne, la Kirche von Unten (l'« Église d'en bas »), des personnalités politiques comme Doris Leuthard, l'évêque de Saint-Gall Markus Büchel et l'abbé du monastère bénédictin d'Einsiedeln Martin Werlen.

Il y a dans l'air un grand désir de réforme. Le monde catholique est en effervescence.

Il suffit de penser à l'appel contre le célibat lancé récemment en Allemagne par un groupe d'importantes personnalités politiques de tendance catholique. Parmi eux, figure même le président du Bundestag, Norbert Lambert.

Pour nous, Italiens, il y a là quelque chose de stupéfiant, d'impensable. Comment imaginer une situation analogue avec Schifani à la présidence du Sénat, et autour de lui Casini, Lupi, Rotondi, Giovanardi et Rutelli ?

Leurs petits-enfants y arriveront peut-être. S'il y a un terrain où nous sommes imbattables, au nord de la Méditerranée en tout cas, c'est bien celui du pouvoir transmis de père en fils.

Ceci étant dit, toujours pour bien saisir le niveau atteint par le débat culturel en Allemagne, signalons un article récent paru dans la *Suddeutsche Zeitung*, et qui rend compte d'un autre appel contre le célibat lancé celui-là en 1970, de façon confidentielle, par huit jeunes théologiens allemands.

Or qui trouve-t-on parmi les signataires de cette lettre adressée à la Conférence épiscopale allemande ? Un certain Joseph Ratzinger alors âgé de quarante ans !

Présent désormais dans plus de vingt pays des cinq continents, le mouvement Wir sind Kirche – « Nous sommes l'Église » – est né en Autriche en 1995 suite à l'important scandale médiatique dans lequel était impliqué Hans Hermann Groër, le puissant archevêque de Vienne accusé d'abus sexuels sur des mineurs.

L'association a pour mot d'ordre : « Nous sommes la voix des gens assis sur les bancs des églises. » Son but : initier un long chemin de réformes. Dès le lendemain de sa création, elle a lancé le « Kirchenvolks-Begehren », une pétition dont il n'existait aucun précédent, et qui demandait un fort renouvellement au sein de l'Église catholique.

L'association réclame une Église au visage plus fraternel, porteuse d'un message de joie et non d'une sombre menace. L'égalité des hommes et des femmes dans toutes les charges ecclésiastiques, y compris la pontificale. Le célibat sacerdotal comme relevant d'un libre choix. Une relecture de la sexualité en termes positifs : élément fondamental et irremplaçable du dessein de Dieu pour l'homme.

La pétition a commencé à recueillir des signatures le 3 juin 1995. Une vingtaine de jours plus tard, à la grande surprise des organisateurs, elle avait emporté l'adhésion de plus de 505 000 personnes en Autriche, sans parler de l'Allemagne où les signataires atteignaient presque les 2 millions. Ces chiffres montrent combien est vécue profondément, chez les catholiques germanophones, la dissension vis-à-vis de certaines politiques vaticanes, celles notamment qui concernent le domaine de la sexualité.

C'est aussi la raison pour laquelle on trouve en Allemagne des sites Internet, blogs et forums où se rencontrent les femmes qui entretiennent avec des prêtres des relations secrètes.

Voici deux témoignages sélectionnés par mes soins.

Le premier n'est pas signé.

Mes chers amis, j'ai un gros problème. Depuis quelque temps je vis une relation faite de hauts et de bas avec un prêtre catholique. Je l'aime, je l'aime pour de bon. J'aime cet homme plus qu'aucun autre, je ne pourrais imaginer ma vie sans lui. Souvent je me surprends à essayer d'imaginer ce que ce serait de partager sa vie, d'être sa femme, d'avoir avec lui des enfants.

Jusque-là, dirai-je, rien de bien étrange : une jeune fille est tombée amoureuse de son curé. Le problème, c'est qu'il m'aime aussi. Il est déchiré entre son amour pour moi et son amour pour Jésus, avec en plus la peur d'enfreindre la promesse qu'il a faite à l'Église autrefois.

Même discontinue, notre relation est splendide. Nous avons des rapports sexuels, nous restons des heures au lit dans son appartement, à discuter de tout ; je l'aide à préparer ses prédications, pendant qu'assis à côté de moi il serre très fort mes mains dans les siennes. Que ce soit clair : ce n'est pas seulement sexuel. Ce qui nous unit est tout simplement merveilleux, et je ne me suis jamais sentie aussi bien que lorsque nous sommes tous les deux.

Mais ceci alterne avec des périodes noires, quand soudain il me repousse, m'ordonne de rentrer chez moi, me prévient qu'une relation avec lui est chose impossible. C'est dans ces moments-là que son sentiment de culpabilité reprend le dessus, qu'il se sent traître à l'Église et au Christ.

Je comprends la nature de son refus, je suis moi-même catholique pratiquante, mais quand ça se passe ainsi, je m'effondre dans un trou noir, je passe des heures à pleurer sous mes couvertures. Mes activités quotidiennes, naguère accomplies avec joie, perdent leur saveur et leur signification.

Je me demande quel sens a ma vie si je ne peux la vivre auprès de l'homme que j'aime.

J'ai besoin de lui et je n'arrive pas à l'oublier. Suis-je folle ?

La deuxième histoire est celle de « Tanja la désespérée ».

J'ai vingt-huit ans, et depuis environ deux ans je vis une relation avec un prêtre catholique.

Tout a commencé le jour où je lui ai demandé si je pouvais lui parler en privé car, ayant perdu mon travail, j'étais au désespoir. Après plusieurs rencontres, ce qui devait arriver arriva. Nous avons bien essayé d'arrêter, mais à chaque fois sans y parvenir. Il faut dire que le sexe, entre nous, est paradisiaque. Ou infernal, tout dépend du point de vue.

Je lui ai proposé plusieurs fois de renoncer à son service sacerdotal, et de travailler comme professeur de religion, mais il ne veut rien savoir. Il me veut comme maîtresse, oui, mais sans avoir la moindre intention de renoncer à son métier de prêtre. Il n'a pas le sentiment de commettre un péché ; à l'entendre, c'est l'Église qui a introduit le célibat, ce n'est pas Dieu. Il dit qu'il m'aime énormément, mais aussi que cet amour doit rester secret, étant donné les circonstances.

Dois-je aller dénoncer notre amour à ses supérieurs ? J'ai parfois envie que quelqu'un nous attrape.

Je ne peux plus vivre ainsi.

Il m'arrive même d'avoir des idées de suicide. Aidez-moi.

Après l'association autrichienne, j'entre en contact avec Wir sind Kirche en Allemagne. Je m'entretiens avec son porte-parole, Christian Weisner.

Il est confiant. Il dit que les prochaines années verront le sujet de la sexualité des prêtres figurer sur l'agenda des réformes de l'Église : « C'est inévitable. Non seulement en Allemagne, mais dans tout le monde catholique, l'attention apportée aux âmes est arrivée à un point critique. Les jeunes sont toujours moins nombreux à accepter d'entreprendre un parcours de prêtre qui prévoit le célibat. Les chiffres parlent d'eux-mêmes, et l'Église catholique ne pourra les ignorer encore longtemps. »

Weisner m'en fournit quelques-uns.

Pendant le pontificat de Jean-Paul II, qui a duré plus de vingt-six ans, le nombre de catholiques a augmenté de 40 % dans le monde. En revanche, dans la même période, le nombre de prêtres a diminué de 4 %.

Weisner ne doute pas que la cause principale de cette désaffection soit le célibat obligatoire : il mine à la base le droit des communautés catholiques à l'éducation religieuse. La quasi-moitié des communautés catholiques dans le monde seraient privées de curé. En 2005, selon l'annuaire pontifical, le nombre moyen de catholiques par prêtre approchait de 2700, alors qu'il était de 800 en 1978.

La préoccupation de Weisner est partagée par Helmut Schüller, le président de l'organisation autrichienne Pfarrer-Initiative, un mouvement fondé le 2 avril 2006 à Sankt Pölten pour sauver les nombreuses paroisses menacées de fermeture par le manque de prêtres.

J'ai Schüller au téléphone : « Nous sommes nombreux, religieux de forte vocation, à être contraints par l'Église à embrasser un célibat dans lequel nous ne nous reconnaissons pas. De même, beaucoup de gens qui auraient leurs papiers en règle pour exercer le métier de prêtre font marche arrière par peur du célibat. L'heure est venue où l'Église, comme toute entreprise du monde civilisé, ferait bien de mettre des réformes en route. »

Il y a même aujourd'hui des fidèles qui prient pour que les prêtres puissent prendre femme. Ainsi, depuis le 22 octobre 2009, la communauté d'Hammelburg, en Allemagne, se réunit tous les jeudis à 18 heures pour une activité insolite, la « prière pour l'abolition du célibat ». L'initiative est née d'un ressentiment partagé par beaucoup de paroissiens, suite à la suspension de leur curé bien-aimé, muté pour avoir admis publiquement qu'il entretenait une relation avec une femme, et exprimé son désir de reconnaître l'enfant né de leur union.

Un des organisateurs, contacté par téléphone, me répond : « Notre idée de départ était d'arrêter avec le début de l'avent. Mais l'avent est passé depuis plus d'un an et nous sommes toujours là. Nous sommes profondément convaincus que les temps sont mûrs pour une révolte des personnes pieuses. Nous voudrions être l'étincelle qui mettra le feu aux autres paroisses du pays. Il est temps d'abolir le célibat des prêtres, et d'entreprendre des réformes. »

Dans les pays germanophones, les prêtres qui renoncent au célibat subissent les mêmes conséquences qu'en Italie : ils sont immédiatement privés de leur ministère sacerdotal, et poussés vers un parcours difficile, voire impossible, pour se réinsérer dans le monde du travail.

Un homme en sait quelque chose : le père Fent, soixante-quatorze ans, prêtre salésien du diocèse de Kappeln en Autriche.

Le 15 novembre 2010, le quotidien autrichien *Kurier* informe ses lecteurs que le père Fent a été démis de ses fonctions, un mouchardage ayant révélé qu'il avait épousé sa cuisinière. Mariage qui figure pour de bon dans le registre de la commune. En dépit de son âge, sa pension a été immédiatement suspendue.

Dans une interview donnée à ce même quotidien au lendemain du scandale, l'ex-prêtre s'est vigoureusement défendu : « Je ne suis pas une brebis galeuse. Je puis affirmer avec certitude que 75 % des prêtres ont une relation cachée, et qu'au moins la moitié d'entre eux ont même des enfants. La solution, pour les nombreuses femmes qui ont des enfants avec un religieux, est que l'Église subvienne à leurs besoins. Tant qu'existera l'obligation du célibat, elles demeureront les principales victimes de cette hypocrisie, de même que leurs enfants à qui l'on interdit de prononcer le mot “papa”. »

24

En quête d'autres données, je prends contact avec Claus Schiffgen, président de Vereinigung katholischer Priester und ihrer Frauen (« l'Association des prêtres catholiques et de leurs femmes ») : « D'après notre estimation, en Allemagne, 50 % des prêtres entretiennent une relation stable, hétéro ou homosexuelle. C'est une hémorragie : on voit diminuer le nombre de personnes voulant devenir prêtres, alors qu'augmente le nombre de ceux qui abandonnent à cause du célibat. »

Je découvre qu'il y a dans l'Église catholique allemande beaucoup de prêtres mariés. La plupart d'entre eux ne peuvent officier, ayant été obligés de choisir entre vocation sacerdotale et mariage. Il existe pourtant une exception : les prêtres protestants convertis au catholicisme. Ceux qui avaient pris femme avant leur conversion ont obtenu du Vatican la possibilité de rester mariés.

Baisse du nombre de séminaristes, prêtres qui renoncent, paroisses vides… À un certain moment, une quantité de prêtres anglicans sont venus frapper à la porte du Vatican, disant qu'ils étaient prêts à se convertir. Une belle bouffée d'oxygène pour l'Église de Rome. Il y a cependant un problème : les prêtres anglicans sont presque toujours mariés. Alors que faire ?

En 1980, le pape Jean-Paul II prend une mesure spéciale qui accorde aux convertis la permission d'exercer leur sacerdoce en restant mariés.

Aux États-Unis, ils sont une centaine.

Le révérend Richard Bradford, par exemple, a une femme et trois enfants, tout en étant curé d'une église près de Boston. Avant de se convertir au catholicisme, il était prêtre d'une Église épiscopale qui autorisait ses représentants à se marier.

Le père Sidney Bruggeman a une histoire similaire. Ce protestant, marié à trente ans, est père de quatre enfants et a dix petits-enfants. Il se rapproche du catholicisme après avoir placé trois de ses filles dans une école catholique parce que c'était la plus proche de son domicile. C'est ainsi qu'il s'est converti, après dix ans passés dans l'Église protestante. Quatorze années de préparation lui seront nécessaires, plus le consentement papal, pour faire de grand-père Bruggeman un vrai prêtre du Nebraska.

Paul Schenck, marié depuis trente-trois ans et père de huit enfants, a vu le jour dans une famille juive, mais il est devenu chrétien à seize ans, pasteur protestant en 1994 et finalement catholique en 2004. Il peut célébrer la messe.

Opposé à l'avortement et à l'euthanasie, il a organisé beaucoup de manifestations. Il a fait l'objet d'une arrestation en 1992 pour avoir montré un fœtus avorté à Bill Clinton pendant la Convention démocrate de New York. Il dirige le National Pro-Life Action Center (« Centre national pour le droit à la vie ») et a fondé une station de radio, la National Pro-Life Radio.

Tom McMichæl a quarante-neuf ans. En 2005, il a présenté sa démission de sa congrégation luthérienne pour embrasser la religion catholique. Le pape a accepté sa requête. En 2009, au terme de quelques années de préparation, il a été fait prêtre catholique à Seattle. Alors qu'il était marié depuis vingt-trois ans, et père de deux fils de dix-neuf et vingt ans.

Aux États-Unis, on enregistre de nombreux cas de prêtres ayant décidé de se marier de leur propre initiative, après en avoir vainement demandé l'autorisation à Rome. Il est en effet difficile pour le Vatican d'exercer un contrôle sur le territoire américain. Résultat, beaucoup de prêtres catholiques mariés continuent de célébrer mariages et baptêmes dans leur congrégation, au risque de voir l'Église officielle ne pas les valider.

John Shuster, par exemple, s'est marié en 1983 contre la volonté du Vatican ; il continue d'administrer les sacrements contre paiement dans une petite agglomération de l'État de Washington qui, sans lui, n'aurait pas de prêtre catholique.

Don Wright a quitté l'Église pour se marier avec Jane, mais continue pourtant de pratiquer sa religion pour la Old Catholic Church of America, un regroupement d'Églises qui semblent catholiques et s'affirment telles (« Nous n'avons jamais été excommuniés ») mais ne reçoivent aucun financement de la part du Vatican.

L'histoire de Frank Baiocchi est emblématique.

Troisième des cinq fils d'un couple d'immigrés italiens venus d'un village près de Lucques, Frank grandit à Chicago dans une famille très catholique. Il prononce ses vœux en 1960, au terme de cinq années de séminaire. Frank exerce plus de dix ans dans une paroisse de Chicago où il fonde une association de jeunes catholiques.

Il rencontre une fille, dont les parents sont des immigrés polonais et italiens. Ils s'éprennent l'un de l'autre. Ne sachant que faire, Frank raconte tout à son supérieur. Ce dernier lui suggère de s'accorder une brève liaison avec la femme, puis de l'oublier.

J'ai Baiocchi au téléphone depuis le Wisconsin : « L'archevêque m'a dit sans prendre de gants qu'il avait un travail tout prêt pour moi, quand j'en aurais fini avec elle. Je me suis senti profondément déçu de cette réaction, et d'un tel manque de considération pour la femme que j'aimais et respectais. »

Baiocchi décide de n'en faire qu'à sa tête. Il ignore les conseils de l'archevêque. Il adresse au Vatican une lettre demandant une dispense afin de pouvoir se marier. La réponse arrive à quelques semaines à peine du mariage : c'est non. Le mariage est célébré néanmoins, en décembre 1971.

« Rome n'accepte pas facilement que ses adeptes la quittent ; elle veut tous les garder sous son aile, même quand ils ont le désir de se construire une vie différente. »

Frank reprends ses études, puis trouve un emploi d'enseignant dans l'État voisin du Wisconsin ; il a deux enfants et continue ses activités au sein de la communauté catholique. « Avec ma femme, nous nous sommes éloignés peu à peu du catholicisme au fil des années. Ma religion, celle que j'ai embrassée avec conviction dans ma jeunesse, signifie pour moi ouverture sur l'extérieur et aide aux démunis. Mais j'ai été déçu par la vague de plus en plus grande de messages de fermeture, comme le refus de la contraception et de l'homosexualité, et c'est ce qui m'a décidé à la quitter. »

Coup de théâtre : ayant atteint l'âge de la retraite, Frank redevient le père Baiocchi. En effet, il a fondé une Église ouverte à toutes les religions, appelée Jesus is Our Shepherd (« Jésus est notre berger »), dans laquelle, chaque dimanche, la messe est célébrée, ainsi que de nombreux mariages.

« Je n'ai plus aucun respect pour les archevêques des États-Unis. Ils n'ont aucune intégrité. Ce ne sont que des arrivistes avides de pouvoir et d'argent ; ils n'ont pas vraiment à cœur l'intérêt de leurs paroissiens. Je crois que l'Église a peur d'accepter le mariage des prêtres, qui pourtant était monnaie courante il y a des siècles, car elle craint de devoir partager ses richesses et son pouvoir avec leurs femmes. C'est un problème de contrôle, rien de plus. Il est bien plus facile de contrôler un homme seul qu'un individu qui a charge de famille. »

Autre histoire : celle de Daniel O'Rourke.

Daniel prononce ses vœux en 1959 et quitte la prêtrise en 1971 pour se marier. Il a travaillé trente-cinq ans à l'université de New York. Il collabore à des revues et écrit sur la religion et la spiritualité. Il a trois enfants et six petits-enfants.

Avec Daniel aussi je m'entretiens au téléphone :

« Pour les prêtres, avoir des relations sexuelles est tout à fait normal. En général, on est jeune quand on entre dans l'Église, inexpérimenté, encore immature sur le plan sexuel. La vie au séminaire te maintient à l'écart du monde, et ne te permet pas de faire l'expérience des phases naturelles de développement par lesquelles on passe pour mûrir. Je n'ai pas de doute là-dessus, c'est seulement maintenant que je suis marié, que j'ai vécu personnellement la vie conjugale, que je sais ce que ressentent la plupart des hommes au cours de leur vie, que je peux vraiment comprendre leurs inquiétudes, et donc leur donner des conseils rationnels et logiques. »

Selon lui, le monde moderne souffre beaucoup du sexe. Internet et la télévision nous exposent à des quantités considérables d'images pornographiques. Et tout est encore exacerbé par les particularités de la société américaine qui est extrêmement puritaine. Certains soutiennent que ça explique les cas de pédophilie qui ont été découverts ces dernières années au sein de l'Église. Mais Daniel ne partage pas cette opinion

Il croit en revanche qu'il y a à l'intérieur de l'Église beaucoup d'homosexuels qui nient leur orientation, et se retrouvent réprimés. Surtout chez les jeunes prêtres, plus que dans les générations précédentes. Nombre de prêtres ont des relations sexuelles, affirme-t-il, et les évêques font comme si de rien n'était. Ils tiennent à leur prestige, plus qu'à l'honnêteté morale.

« J'ai eu à en pâtir personnellement, me dit-il. Il est très difficile de tout quitter pour une femme. Laisser un sacerdoce auquel tu croyais appartenir à jamais, c'est comme affronter un divorce. Tu te sépares d'une dimension très importante de ta vie, celle qui te procurait ta stabilité. Même si l'on devait nous permettre un jour, à nous autres les prêtres mariés, de pratiquer à nouveau notre sacerdoce, je ne crois pas que je le ferais : l'Église exerce trop de contrôle sur les individus. Je pense que les choses ne changeront pas avant cent ans. Ce ne sera pas avec ce pape-là, ni avec le prochain. Mais j'ai confiance, on verra un jour des prêtres catholiques mariés, et même des femmes prêtres. »

25

Les prêtres mariés sont devenus une réalité importante en Europe aussi.

Ils seraient plus de 6 000 en Espagne : 20 % du corps sacerdotal, un prêtre sur cinq. Le compte a été fait par un journaliste, José Catalán Deus, qui suit depuis toujours les affaires vaticanes et a écrit un livre intitulé *Después de Ratzinger ¿ Qué*[1] *?* (« Et après Ratzinger ? »).

Bien sûr, il s'agit encore une fois d'estimations. Les chiffres exacts ne sont pas connus puisque le Vatican ne les communique pas. Au contraire, il les cache. Pour ne pas avoir à se séparer d'un nombre important de prêtres espagnols. Ce que l'Église ne peut se permettre. La crise des vocations et le vieillissement du clergé sont de sérieux problèmes : pour un séminariste qui devient prêtre, il en meurt trois. Et la relève générationnelle ne suit pas.

Face à un problème aussi grave, l'archevêque de Madrid s'est trouvé plus d'une fois en situation de devoir publier des communiqués pour rappeler qu'il était absolument interdit aux prêtres mariés de dire la messe, de célébrer l'eucharistie, de confesser, de marier, de bénir et de baptiser.

---

1. José Catalán Deus, *Después de Ratzinger ¿ Qué ?*, Península, 2009.

Mais beaucoup feignent de ne pas entendre, forts d'une tendance qui les soutient toujours davantage : on compte bien 150 mouvements qui luttent en Espagne pour l'introduction du célibat optionnel, et demandent que le choix appartienne aux prêtres eux-mêmes ; ils sont convaincus que le célibat inscrit dans la loi ne se vérifie ni dans la Bible, ni dans la théologie, ni dans la tradition catholique. Au fond, il ne s'agit pas d'un dogme, mais d'une norme introduite par le Vatican, et, en tant que telle, elle peut être abolie.

La plupart de ces mouvements sont de petite taille, mais deux associations peuvent être distinguées : l'ASCE – Asociación de sacerdotes casados de España (« Association espagnole des prêtres mariés ») –, et le MOCEOP – Movimiento por el celibato opcional (« Mouvement pour le célibat optionnel »). L'une et l'autre regroupent des ex-prêtres et leurs femmes, mais aussi de nombreux prêtres qui n'ont jamais été officiellement chassés de l'Église alors qu'ils avaient femme et enfants. Certains ont obtenu une dispense, dans d'autres cas la hiérarchie a préféré fermer les yeux.

L'objectif principal de ces associations est de favoriser le retour à leur ministère des prêtres mariés : leur expérience de la famille et d'un travail en dehors de l'Église leur procure un bagage et un vécu plus complets.

Prenons le cas de Julio Pérez Pinillos, marié, père de deux filles. Il préside la Fédération européenne des prêtres catholiques mariés. Il est toujours prêtre, apparemment grâce à l'entremise d'évêques accommodants.

Julio est prêtre-ouvrier – *cura obrero*. Il est de ceux qui, dans les années soixante et soixante-dix, en pleine dictature de Franco, vivaient au milieu des gens, essayaient de réveiller les consciences, mettaient les mains dans le cambouis pour reconstruire ce que détruisait la dictature.

C'est un très bel homme. Des yeux bleus profonds comme la mer, des cheveux bruns, une peau olivâtre. Fils de paysans repliés à Espinosa de Cerrato, un village sec et brûlant, non loin de Palencia, au cœur de la Castilla-León. Il n'avait qu'une idée en tête : devenir prêtre et partir en mission dans les pays lointains.

Il endosse la robe en 1964, à l'âge de vingt-trois ans. Il devient curé de trois pauvres villages castillans : 430 âmes en tout. Âge moyen : soixante ans. Aucun jeune. Tous ont émigré vers les grandes villes pour essayer d'y trouver du travail. Julio voit ses villages mourir l'un après l'autre. Il décide de partir en mission. Il prépare sa valise.

Il débarque à Madrid. Dans la capitale, le climat est chaud. Les révolutions ouvrières y créent des troubles. Julio comprend qu'il est inutile de passer les frontières de l'Espagne : il y a fort à faire au pays. Il trouve un emploi dans une multinationale dont le siège est à Vallecas, un quartier de Madrid. Il travaille comme ouvrier. Il devient représentant des Comisiones Obreras, un syndicat de travailleurs. Il vit dans sa chair les difficultés des gens pendant la crise industrielle des années soixante-dix, et la révolution sociale qui succède à la mort de Franco en 1975.

C'est au sein du milieu syndical qu'il fait la connaissance d'Emilia, une camarade de lutte avec qui il aime parler du sens de la vie et du message de Jésus. Emilia n'est pas la première femme dont s'éprend Julio. Mais c'est la bonne.

Il décide de l'épouser. Il a trente-trois ans. Ensemble, ils demandent audience à l'évêque. Ils lui exposent leur intention de se marier.

La réponse est révolutionnaire : rien dans l'Évangile ne s'y oppose. Mais le pas est difficile à franchir, et de très lourdes difficultés les attendent.

Julio et Emilia se marient ; nous sommes en 1974.

Dans la petite église de Vallecas, ils sont entourés de 20 prêtres et de 250 fidèles. La cérémonie est atypique, contraire aux règles de l'Église. Aucune demande de dispense sacerdotale n'a été déposée. Pour l'obtenir, Julio aurait dû se soumettre à un test psychologique, lequel, bien que Julio soit tout à fait sain d'esprit, n'aurait pas manqué de révéler la présence de déséquilibres mentaux.

À Vallecas, Julio continue de travailler en usine. De son mariage avec Emilia, naissent deux filles.

Aujourd'hui qu'il est professeur dans le supérieur, il lui arrive de dire la messe et de distribuer la communion quand les fidèles le lui demandent. Il a soixante-neuf ans. Il a conservé un physique d'athlète : des abdominaux et des triceps sculptés dans ses jeunes années. Le regard est résolu, la voix chaleureuse.

Julio a toujours pu compter sur le soutien des fidèles, de sa famille et de ses amis. Et avec lui l'Église espagnole a été tolérante, comme elle l'a été en de nombreux autres cas, pratiquant une sorte de reconnaissance tacite à l'exercice du ministère de la part des prêtres mariés, surtout dans les communautés les plus petites.

Passons aux vicissitudes de Gumersindo Meiriño.

Il entre au séminaire de Saint-Jacques-de-Compostelle à un âge fort tendre : dix ans. Il devient prêtre à vingt-cinq ans. Il fait un doctorat de théologie à l'université de Navarre, et passe par toute une série de paroisses avant de s'en aller en mission en Amérique du Sud.

En Argentine, il s'éprend de Maria, une missionnaire laïque. À quarante ans, il décide de l'épouser. Sans abandonner la prêtrise. Sans demander de dispense.

Le mariage doit avoir lieu dans les salons d'un club sportif, avec une cérémonie civile. L'évêque de Santo Tomé, la petite ville argentine dont Gumersindo dirige la mission, s'adresse par lettre à tous les fidèles : qui participera au mariage du prêtre commettra un péché mortel. Pendant ce temps, à Orense, le diocèse espagnol dont Gumersindo est originaire, l'évêque demande aux fidèles de le persuader de revenir dans le droit chemin.

Rien à faire, Gumersindo fonce vers son mariage.

Aujourd'hui, à quarante-quatre ans, il est suspendu de son sacerdoce mais c'est un théologien respecté.

Son histoire ressemble à celle de Victorino Pérez Prieto.

Théologien et prêtre marié, Victorino a cinquante-six ans. Il continue de célébrer l'eucharistie en dépit du fait que le diocèse de Mondoñedo-Ferro, en Galice, où il a été ordonné prêtre en 1981, lui a plusieurs fois adressé des rappels à l'ordre et des lettres d'intimidation.

Victorino a été curé pendant vingt-cinq ans, d'abord dans plusieurs villages agricoles, puis dans des villes de la côte et des centres urbains. C'est un théologien infiniment cultivé. Nationaliste, convaincu de la nécessité d'accorder une plus grande autonomie politique et économique à la Galice, il tombe amoureux de Cristina Moreira et l'épouse civilement après avoir abandonné son sacerdoce. Non sans déception.

Il continue de dire la messe dans une église de l'archidiocèse de Santiago. Il a réussi à faire face aux dénonciations de quelques fidèles tant que son affaire ne faisait pas les gros titres de la presse ; après, il s'est trouvé exposé. Un porte-parole du Vatican a commencé par nier l'existence d'un prêtre marié dans l'archidiocèse de Santiago, avant de reculer et d'interdire officiellement à Victorino de célébrer ou de concélébrer la messe.

Mais Victorino s'en fiche : il continue de n'en faire qu'à sa tête.

Toujours plus nombreuses et respectées sont les voix qui s'élèvent aux quatre coins du monde pour demander une réforme de la règle du célibat.

En France, et même ailleurs, le livre de l'abbé Pierre a fait grand bruit.

Son histoire est extraordinaire. En 1928, âgé de seize ans à peine, il dit avoir eu le coup de foudre pour Dieu ; il décide alors d'entrer dans l'ordre franciscain.

« Ils disaient que j'étais un beau garçon, peut-être un peu mondain, et pourtant, dès le lendemain j'allais devenir moine. »

Il est ordonné prêtre dix ans plus tard. Après avoir sauvé des enfants juifs des rafles nazies pendant l'Occupation, il fonde Emmaüs en 1949 dans le but de venir en aide aux marginaux et aux sans-abri.

Mon Dieu… pourquoi[1] *?* Tel est le titre du livre dans lequel l'abbé Pierre exprime des positions peu orthodoxes sur les règles de l'Église catholique. Il déclare avoir été attiré par les jeunes femmes, avoir été jeune lui aussi avant d'entrer dans les ordres : « Il m'est arrivé d'y céder [à la force du désir] de manière passagère. Mais je n'ai jamais eu de liaison régulière car je n'ai pas laissé le désir sexuel prendre racine […]. J'ai donc connu l'expérience du désir sexuel et de sa très rare satisfaction, mais cette satisfaction fut une vraie source d'insatisfaction car je sentais que je n'étais pas vrai. »

L'abbé Pierre a invité les dirigeants de l'Église à réfléchir à une éventuelle réforme en faveur de l'ordination d'hommes mariés. Mais Jean-Paul II puis Benoît XVI lui opposèrent une réponse négative. Il a insisté, disant qu'il ne comprenait pas la position du Vatican, qu'il jugeait dure, surtout dans un contexte de pénurie de prêtres. Il a même tenté de relancer la réflexion sur l'ordination des femmes : « Personne n'a jamais pu mettre en avant un seul argument théologique décisif pour démontrer que l'accès des femmes au sacerdoce était contraire à la foi. Alors pourquoi refuser le ministère à des femmes qui en ont la vocation et la capacité ? »

En France, les thèses avancées par l'abbé Pierre sont très écoutées.

La Fédération européenne des prêtres catholiques mariés regroupe neuf associations : MOCEOP en Espagne, Vocatio en Italie, Hors-les-murs en Belgique, Advent en Grande-Bretagne, Vereinigung katholischer Priester und ihrer Frauen en Allemagne, Priester ohne Amt en Autriche, et en France Prêtres en foyer, Effata et Prêtres mariés. La plupart de ces groupes ont été créés dans les années soixante-dix, en un

---

1. Abbé Pierre, *Mon Dieu… pourquoi ?*, Plon, 2005.

temps de fuite générale du clergé, phénomène auquel a contribué l'agitation étudiante et ouvrière des années soixante.

Après une période florissante appelée le « Printemps de l'Église », générée par Vatican II et qui semblait axée sur l'esprit évangélique et sur le renouveau, le dialogue avec le monde contemporain s'est affaibli dans les années soixante-dix. L'encyclique papale *HumanæVitæ* de 1968 et le synode des évêques de 1971 annoncent une sorte de restauration au sein du Vatican, tant au plan moral (rigidité dogmatique sur la sexualité) qu'au plan ecclésiastique (forte hiérarchisation).

Cette situation amène de nombreux prêtres français à renoncer à leur sacerdoce, ou à se marier.

C'est le cas d'Antoine, qui m'a confié son témoignage par mail.

Samedi dernier, Marie-Thérèse et moi nous nous sommes mariés à la mairie du 20e arrondissement de Paris. Marie-Thérèse est une belle hôtesse de l'air, une jeune femme résolue et souriante. Moi, j'ai exercé un ministère paroissial pendant sept ans, avant de reprendre des études de psychologie.

Voici notre histoire en quelques mots.

Il y a six ans, alors que j'étais prêtre dans sa paroisse, j'ai rencontré un couple qui venait à la préparation au baptême pour leur premier enfant. J'avais trente-deux ans. La jeune maman est revenue peu après m'exposer les difficultés qu'elle rencontrait dans sa vie conjugale. Les conversations que nous avons eues alors, et ma personne aussi, l'ont intéressée. C'est ainsi qu'ont vu le jour amitié et affection réciproque. Ensuite je suis tombé amoureux.

À ce moment-là, j'ai pris un congé pour faire le point. J'ai commencé une psychanalyse au rythme d'une séance par semaine. Cependant, durant plusieurs mois, la perspective de ne plus exercer mon sacerdoce m'a plongé dans une terrible angoisse. Je ne pouvais accepter cette relation ; j'ai alors passé une année d'études de plus à prier pour Marie-Thérèse, et à lui offrir ma vie. Neuf mois après, au cours d'une retraite d'éclaircissement de trente jours, j'ai décidé de demander une dispense d'état sacerdotal.

Aujourd'hui je vis dans la joie et la paix ; j'ai la conscience tranquille devant Dieu. Mon incapacité à vivre sereinement le célibat : voilà ce qui a motivé ce choix. Marie-Thérèse est la parole que Dieu m'a envoyée dans la nuit de l'épreuve. Elle est pour moi un chemin de salut. Notre amour m'apparaît comme un don de Dieu.

Nous nous sommes donné un an pour nous connaître mieux, avant de choisir l'engagement du mariage. Nous l'avons fait entourés de nos familles et d'amis. En attendant la célébration de notre mariage dans un village, près d'Assise.

26

Les problèmes ne manquent pas non plus au Brésil, un pays que l'Église, un temps, définissait comme le plus catholique du monde : 94 % de fidèles dans les années cinquante.

Mais depuis lors, l'érosion des fidèles n'a plus cessé. La dernière étude date de 2010. L'institut démoscopique Datafolha estime à six millions le nombre de personnes qui ont abandonné le catholicisme au cours des dix dernières années. La plupart pour adhérer aux nouvelles sectes évangéliques locales, surtout celle des néo-pentecôtistes dont la matrice se trouve aux États-Unis.

Il est permis de faire l'hypothèse qu'en mai 2007, quand le pape Benoît XVI a visité le Brésil, le pourcentage de fidèles était tombé à 64 %.

64 % ! « Le pays le plus catholique du monde » sera bientôt un slogan dépassé.

Parole d'évêque. Parole d'Edir Macedo Bezerra.

Macedo voit le jour dans une famille catholique pratiquante le 18 octobre 1945. Enfant, il est très religieux, et fréquente la paroisse presque tous les jours. Mais dès l'adolescence, il ne se satisfait plus de vénérer les saints et la Vierge. Il juge l'Église catholique trop froide et trop institutionnelle. Avec la complicité d'un ami de fac, il se rapproche de l'*umbanda*, la religion traditionnelle afro-brésilienne qui unit des éléments du catholicisme et d'autres relevant du spiritisme.

Un tournant religieux et économique se produit. Il survient dans les années soixante-dix. Edir Macedo a trente ans. Il travaille comme caissier à la Loteria Nacional, le Loto brésilien. Le 9 juillet 1977, il fonde la Igreja universal do reino de Deus – « l'Église universelle du règne de Dieu » – et s'autoproclame évêque.

Depuis lors il vole des fidèles à l'Église de Rome.

Edir Macedo n'est donc pas un quelconque évêque catholique. C'est le leader d'un mouvement qui compte plus de 20 millions de fidèles, et qui est devenu au fil des années l'Église évangélique la plus importante du Brésil. Ce comédien-né ne perd jamais une occasion de se déchaîner durement contre le Vatican. Lors d'une émission télévisée en direct, il donne des coups de pied à une statuette de la Vierge et tourne le pape en dérision.

Edir Macedo devient un personnage pour le moins bizarre, mais très puissant et dépourvu de scrupules. Il est propriétaire de la deuxième chaîne de télévision brésilienne, la Record ; mais depuis le début de sa carrière de religieux et d'entrepreneur, il traîne dans son sillage pas mal de problèmes judiciaires.

Le 13 septembre 2010, *Folha*, un des principaux quotidiens du Brésil, titre en une : « À São Paulo comme à Jérusalem il y a deux mille cinq cents ans ». Sous-titre : « Edir Macedo pose la première pierre d'un temple identique à celui de Salomon par les dimensions et la splendeur ».

Ce gigantesque édifice s'étendra sur une zone de deux kilomètres carrés, et sera orné d'or. De beaucoup d'or. Comme le temple de Salomon en effet. L'idée est de faire « pâlir la basilique Saint-Pierre ». Pour réaliser son rêve, Macedo a fait l'acquisition de pratiquement un quartier entier, le Brás, qui au XXe siècle était surtout habité par des immigrés italiens, avant de tomber en disgrâce du fait des dégradations et du narcotrafic. Pour se montrer bienveillant, et surtout pour obtenir les autorisations nécessaires, Macedo a promis de construire de nouvelles routes, d'installer des feux de circulation et des infrastructures signalétiques.

Tout cela dans la droite ligne de cette culture du miracle facile et bon marché qui est la clef du succès des nouveaux pentecôtistes dans toute l'Amérique latine. On te change la vie, on te l'améliore : toi, le fidèle, tu n'as à fournir aucun effort. Il t'est seulement demandé de prier et de verser tous les mois un dixième de ton salaire.

Le nouveau Temple de Salomon, tel que l'a conçu Macedo, représente un symbole parfait : quatorze étages, dont deux souterrains, des places assises pour 10 000 personnes, 36 écoles pouvant accueillir 1 300 enfants de quatre à quatorze ans pour l'étude de la Bible dans sa « version Macedo » ; mais aussi des boutiques où acheter des articles évangéliques, un auditorium disposant de 500 places assises, des studios de télévision pour transmettre en direct les services religieux dans tout le Brésil.

L'architecte responsable des travaux, Rogério Silva de Araújo, évoque une « audacieuse entreprise » exigeant « la technologie la plus à la pointe ». À l'intérieur, les fidèles auront l'impression de « voyager des milliers d'années en arrière, véritablement comme dans le premier Temple construit par Salomon ».

Un projet pharaonique. Coût estimé : plus de 100 millions d'euros.

L'Église de Macedo est la plus puissante des Églises évangéliques du Brésil, et compte parmi ses fidèles environ 70 députés et sénateurs.

Autre groupe néo-pentecôtiste célèbre et tapageur : la Igreja Renascer, dont le fidèle le plus célèbre est Ricardo Kaká, le joueur du Real Madrid. Ses deux fondateurs, l'évêque Sônia Hernandes et l'apôtre Estevam Hernandes, un ex-salarié de Rank Xerox, ont été arrêtés par le FBI en janvier 2007, aux États-Unis, sous l'accusation de fraude fiscale. Ils transportaient avec eux 56 000 dollars cachés dans le double fond d'une bible. Leurs trois millions de fidèles les ont défendus, y compris pendant leurs deux années de prison, effectuées en Floride.

Ils ont à présent recouvré la liberté, et recommencé à moissonner des prosélytes au Brésil.

Et qui en fait les frais ? L'Église catholique romaine, bien entendu.

Le pays de la samba n'est certes pas une exception.

En Espagne, deux Églises autonomes ont vu le jour, qui accueillent tout le monde sans se soucier de savoir comment telle ou telle personne se comporte au lit. L'intégration dans la foi des gays, lesbiennes, bisexuels, transsexuels et hétérosexuels s'est concrétisée au sein de l'Église évangélique de Sagunto, près de Valence. C'est un ensemble anarchique plus qu'une congrégation religieuse, mais qui se place sous la croix du Christ et se donne pour guide l'enseignement catholique dont le message est le suivant : « Tous les hommes sont égaux devant Dieu. »

Après vingt ans de vaines tentatives, et de menaces de la part du milieu ecclésiastique et laïque, ce grand projet a été accompli par un groupe de pasteurs protestants réunis derrière Andrés de la Portilla, le porte-parole du collectif Gay Evangélico. Dans l'Église évangélique de Sagunto, tout le monde est bien accueilli. Gays et lesbiennes peuvent être ordonnés prêtres. On y célèbre des mariages. À la face du Vatican et de ses lois.

Autre réalité surprenante : la Iglesia Cristiana Esenia, une communauté apparue aux portes de Barcelone – elle a aussi des succursales à Vigo, Valence, Séville, Madrid – qui accueille des prêtres gays, des sœurs lesbiennes, des religieux mariés. On y prédit la fin du célibat obligatoire dans l'Église catholique, et l'introduction du double modèle : des prêtres mariés aux côtés de prêtres célibataires. Le libre choix dans une Église libre.

L'Amérique latine tout entière est touchée par le phénomène des nouvelles Églises, surtout évangéliques.

Selon un rapport de l'IUDOP, un institut de recherche universitaire dirigé par des jésuites, les néo-pentecôtistes représentent désormais 38 % de la population salvadorienne, alors qu'ils n'étaient que 16 % en 1988.

Le Guatemala, historiquement le pays le plus catholique d'Amérique centrale, est devenu ces dernières années le plus néo-évangélique.

Pour les experts, la visite de Benoît XVI au Brésil en 2007 n'a pas servi à grand-chose, et n'a pas interrompu le mouvement des fidèles qui passent de l'Église catholique aux sectes néo-évangéliques. Ces sectes prolifèrent au Brésil. Telle celle du révérend Moon, quatre-vingts ans, fondateur de l'Église de l'Unification, un empire aux ramifications économiques impressionnantes. Monsignor Emmanuel Milingo, exorciste, est un fervent adepte de cette Église ; le 27 mai 2001, il a épousé à New York la Sud-Coréenne Maria Sung au cours d'un mariage collectif présidé par Moon en personne ; et il semble que Moon ait choisi lui-même l'épouse de Milingo.

Réduit à l'état de laïc par Benoît XVI, Milingo a exprimé plusieurs fois son désir de rentrer au Brésil afin d'y développer son ministère et de soutenir les prêtres mariés du pays vert et or.

En attendant, la secte du révérend Moon a fait l'acquisition, dans le Pantanal brésilien, d'une réserve naturelle sans équivalent dans le monde de quelque 7,5 millions d'acres de terres.

Outre le boom des sectes de tous ordres et types, deux facteurs supplémentaires ébranlent les fondements du catholicisme brésilien. Le premier est le manque de vocations et de prêtres sur le territoire, du moins de prêtres non mariés. Le second tient aux scandales sexuels.

On estime que le Brésil compte plus de 3 000 prêtres mariés qui ont tout fait clandestinement. Ils sont établis dans les régions intérieures et sauvages du pays, ou dans les banlieues les plus pauvres des grandes villes. Ils vivent des unions stables, non déclarées ; ils continuent de célébrer la messe et d'administrer les sacrements. Ils ont souvent des enfants non reconnus. Ils n'ont pas le courage de renoncer aux avantages de leur charge : le salaire, la maison, la voiture.

Sans compter les 5000 prêtres mariés qui, eux, ont quitté l'Église catholique après plusieurs années de double vie. Précisons ici qu'ils n'ont pratiquement jamais été visés par des mesures drastiques de la part des évêques. Comme la suspension *a divinis*, par exemple, que le Vatican avait pourtant infligée, il y a quelques années, à monsignor Fernando Lugo, l'actuel président du Paraguay.

Dans 95 % des cas, les mesures prises par les autorités ecclésiastiques appartiennent à deux catégories. La première consiste à demander aux intéressés un effort de discrétion dans la gestion de leur vie privée ; la seconde, à les muter à des milliers de kilomètres de la paroisse où ils ont tissé des liens sentimentaux.

Mais, neuf fois sur dix, les prêtres concernés ont choisi de renoncer à leur sacerdoce.

Quand on compare les chiffres du Mouvement des prêtres mariés aux données officielles publiées par le Saint-Siège, selon lesquelles les prêtres catholiques sont au Brésil plus de 20000, nous parvenons à la conclusion que le rapport entre prêtres catholiques mariés et prêtres catholiques est de 1 pour 4. Il passe même à 1 pour 3 si l'on prend en compte les prêtres qui entretiennent des relations clandestines.

Le Mouvement des prêtres mariés est présidé par José Edson da Silva, ex-prêtre de Recife, ville du nord-est du pays située dans l'État de Pernambouc, une poche de pauvreté du Brésil. José a pour femme Lucia de Moura.

Elles sont au moins 5000 comme elle au Brésil, mais son histoire est emblématique.

Maria Lucia vient du nord-est, du Ceará, un des États les plus pauvres du pays. Elle s'inscrit en théologie après que sa mère a été emportée par une maladie incurable. Et c'est sur les bancs de la faculté qu'elle fait la connaissance du jeune prêtre José da Silva.

Nous sommes au début des années quatre-vingt-dix. Maria Lucia s'enthousiasme pour les cours de José. Un an plus tard, elle tombe enceinte. Les autorités ecclésiastiques finissent par s'en apercevoir ; leur seule réaction est de muter José à Paris. Sonia, leur fille, a tout juste un an. Le coût du billet d'avion est prohibitif. Maria Lucia et José font tous les deux une dépression. Pendant deux ans, ils ne se parlent qu'au téléphone.

Puis José obtient sa mutation à Brasília, la capitale : plus de quatre mille kilomètres le séparent encore de Maria Lucia et de Sonia. Ils se voient pendant les vacances d'été. Puis Marianna voit le jour : c'est leur seconde fille. La hiérarchie feint de ne rien savoir.

Dix ans plus tard, José abandonne son sacerdoce. Il se marie à l'église avec la complicité d'un prêtre de ses amis.

Aujourd'hui le couple dirige le mensuel *Rumos* ; José et Maria Lucia voyagent à travers le Brésil pour raconter leur expérience de l'amour.

Pour tenter d'enrayer l'hémorragie de vocations et de fidèles, l'Église catholique a consenti d'importants efforts financiers, surtout sous le pontificat de Jean-Paul II. L'argent allait aux ordres ecclésiastiques qui lui ressemblaient le plus, du moins au niveau de la liturgie. À commencer par les néo-catéchumènes et les charismatiques, mouvements catholiques qui insistent sur le rôle et l'action de l'Esprit Saint dans la vie du fidèle. Résultat, ce sont aujourd'hui les seules tendances de l'Église catholique à tenir le coup au Brésil.

Le père Antonello Cadeddu, par exemple, est un charismatique. De même le père Enrico Porcu. Ces deux Cagliaritains de naissance et de sang ont fondé à São Paulo une communauté baptisée Alliance et Miséricorde. Tout en restant dans le sein de l'Église catholique, ils adaptent l'un et l'autre la liturgie et les communications aux standards favoris de la population locale.

Le jeudi soir, la célébration du père Antonello est devenue l'événement dont parle toute la ville. Elle parvient à attirer plus de 3 000 personnes. Le rendez-vous est à 19 heures en face du métro Bresser. Dans un lieu public, donc ; mais la police fédérale, pourtant sévère, souvent corrompue, fait une exception pour le père qui a la permission de célébrer. Sa messe dure plus de trois heures. On chante, on danse, on prie avec une puissance chorale qui puise dans les racines les plus anciennes et les plus bariolées du Brésil. Noirs, Blancs, enfants, vieillards : chacun bouge selon le rythme qui lui est le plus naturel. Beaucoup tombent à terre, et pas à cause du stress. Le père Antonello parle du repos de l'esprit, un état de paix provoqué par ses célébrations. Pas de trace de ce latin si souvent invoqué par le pape Ratzinger, mais qu'il ne soutient plus, contrairement à son prédécesseur.

Les deux prêtres ont inventé la « *cristoteca* ». Littéralement : la « discothèque du Christ ». Il s'agit d'un bal où se précipitent, pour s'y déchaîner, les jeunes des banlieues de São Paulo au sortir de la messe. Et s'ils veulent boire une boisson, ils ont droit au « *cristodrink* », un produit rigoureusement sans alcool. Pas de bière, pas d'alcools forts ; au pire, du Red Bull.

Mais si l'Église, au Brésil, est dans l'œil du cyclone, c'est aussi du fait d'une série d'épisodes qui n'ont pas grand-chose à voir avec l'éthique de l'homme ordinaire. Celui de cette fillette de neuf ans, par exemple, qui s'est retrouvée enceinte de son parrain, lequel abusait d'elle depuis l'âge de six ans.

La fillette ne pèse que trente kilos. Son état physique ne peut supporter une grossesse. Les médecins de Recife autorisent l'avortement. Ils sont excommuniés par l'Église. Livio Moraes, médecin-chef à l'hôpital universitaire du Pernambouc, rappelle que la loi brésilienne autorise l'avortement « en cas de viol ou de péril mortel ». Ce sont les conditions mêmes qui l'ont amené à s'occuper de l'enfant.

La réaction de l'archevêque José Cardoso Sobrinho consiste à agiter des raisons dogmatiques : « La loi de Dieu est au-dessus des lois humaines. De sorte que si une norme promulguée par le législateur s'oppose à la loi de Dieu, elle perd toute valeur. » Le ministre de la Santé de l'époque, José Gomes Temporão, qualifie d'extrémiste et de déplacée cette intervention de l'Église : « C'est une question légale. La petite a été violée. Le reste relève de l'opinion de l'Église. Je suis choqué par les positions radicales de cette religion qui, en prétendant à tort vouloir défendre une vie, en met en danger une autre. »

Le président de l'époque, Lula, déclare : « La médecine, sur ce point, réagit plus correctement que l'Église. Elle a fait ce qu'elle devait faire : sauver la fillette. En tant que chrétien, en tant que catholique, je regrette profondément qu'un évêque ait pu faire preuve d'une attitude aussi conservatrice. »

Mais l'évêque Sobrinho reçoit l'appui du Vatican par la voix du père Gianfranco Grieco, chef du Conseil pontifical pour la famille : « C'est un sujet très délicat, mais l'Église ne peut jamais trahir sa mission, qui est de défendre la vie depuis la conception jusqu'à son terme naturel, y compris face à un drame humain aussi fort que la violence exercée sur une petite fille. La mission de l'Église consiste à défendre la vie et la famille, chacun de nous doit observer un grand respect de la vie. L'avortement n'est pas une solution, c'est un expédient. L'excommunication signifie également que l'on ne peut accéder au sacrement de la communion ; si une personne est dans le péché, et ne se confesse pas, pour l'Église elle ne peut recevoir la communion. Dans ce cas, les médecins sont fortement dans le péché car ce sont des personnes qui ont activement mis en avant l'avortement, ce crime. Ce sont les protagonistes d'un choix mortel. »

L'homme ordinaire en reste pour le moins perplexe.

En somme, l'Église catholique au Brésil traverse un conflit profond où se réfléchissent aussi les contradictions du pays lui-même.

D'un côté, une base sociale aux prises avec une inégalité gravissime, qui réclame d'urgence la présence du Christ car l'État ne voit rien, ou fuit ses responsabilités tout simplement (si l'on ne meurt plus de faim au Brésil, 31 % de sa population vivent sous le seuil de pauvreté).

De l'autre, une élite blanche, riche, opulente, visible partout, qui voit dans la religion une alternative à l'ennui existentiel, ou une façon élégante de décharger sa conscience.

Et entre les deux, l'Église catholique précisément, qui mène une lutte au dernier sang avec les groupes néo-pentecôtistes. Le risque, c'est que le monde catholique finisse par se désagréger par le bas, ou à partir de cette base qui depuis toujours fait sa force. Et c'est exactement ce qui est en train d'arriver.

Ce n'est pas un hasard si la théologie de la libération, cet instrument inventé par l'Église dans les années soixante pour se déclarer proche des populations les plus pauvres, traverse une crise sans précédent. Les communautés ecclésiales de base, qui représentaient des unités opérationnelles dans les régions les plus lointaines et misérables, sont presque toutes éteintes.

Navire qui prend l'eau de toutes parts, l'Église cherche à défendre son image en se cramponnant à des principes qui n'ont rien à voir avec la signification profonde de son message.

Parmi les faits les plus récents qui ont soulevé des débats, la décision de s'en prendre à Columbia Pictures en lui reprochant d'avoir diffusé sans autorisation des images de la célèbre statue monumentale du Christ dominant Rio de Janeiro. L'archidiocèse de la ville carioca, qui gère les droits dérivés de cette œuvre érigée en 1931, a demandé des dommages et intérêts pour les scènes du film *2012*, qui montre la destruction de la statue du Christ lors d'une apocalypse mondiale.

Mais il y a plus.

Beaucoup de prêtres catholiques exerçant dans les quartiers les plus pauvres des grandes villes recommandent souvent aux fidèles l'usage du préservatif. Comme le père Luiz Couto. Dans une interview diffusée en 2009 par Globo, la chaîne de télévision la plus importante du pays, il a défendu ouvertement le préservatif, un « bénéfice pour la santé collective, qui empêche la transmission de maladies comme le sida ».

Cette déclaration est dans la ligne de la politique suivie par l'État brésilien. L'ex-président Lula en personne, et nombre de ses ministres, distribuent gratuitement chaque année 10 millions de condoms pendant le carnaval. L'initiative, très appréciée des pauvres des favelas, est cependant critiquée au sommet de l'Église catholique brésilienne.

Dans son interview, le père Couto s'est aussi déclaré « contre la discrimination frappant les homosexuels » et « le célibat imposé au clergé catholique ». Réponse de l'archevêque Aldo de Cillo Pagotto : la suspension du père. Aussitôt les gens sont descendus dans la rue pour manifester contre l'archevêque conservateur et l'inviter à « faire ses valises ». La solidarité était totale envers don Luiz qui, soit dit en passant, est également député du Parti des travailleurs, auquel appartient Lula.

Énième exemple de la fracture qui s'est produite entre la hiérarchie et la base : les fidèles s'engagent derrière ceux qui leur sont proches dans la vie de tous les jours, et se dévouent pour résoudre les difficultés pratiques plutôt que les grandes questions morales.

Il y a enfin le grave problème de l'apostasie collective : le reniement de la foi catholique reçue avec le baptême. Récemment les principales associations gays ont exhorté leurs membres à renier leur foi catholique : un modèle de lettre était distribué pour être envoyé à l'Église brésilienne. Le motif ? L'opposition du Vatican à l'union entre personnes du même sexe. En mars 2010, une campagne d'apostasie très dure a même été lancée dans le pays voisin, l'Argentine, avec le slogan : « Pas en mon nom ! ».

Tels sont les principaux points de contestation qui agitent l'Église romaine, listés dans cette lettre : « Elle condamne l'avortement et l'homosexualité, boycotte les efforts de l'État en matière d'éducation sexuelle, s'oppose à l'usage et à la distribution des contraceptifs, empêche l'euthanasie et le divorce. »

Résultat : en une seule journée, plus de 1 500 catholiques se sont fait débaptiser.

N'y a-t-il pas là de quoi réfléchir ?

27

Bianca a accepté de me raconter sa vie de missionnaire contre la garantie de l'anonymat. Elle exerce en Afrique. Bianca est religieuse. Elle a dans les quarante ans. Elle est hollandaise. Cela fait dix ans qu'elle vit et travaille dans la partie orientale du continent africain.

Notre conversation se déroule par e-mail.

– J'ai eu une enfance heureuse, je vivais avec ma famille dans un village tout près de Rotterdam. Papa enseignait, maman travaillait dans un bureau de poste. J'ai un frère plus jeune de quelques années. Il est marié maintenant, il a un gosse merveilleux et travaille dans la banque. J'ai grandi dans un milieu serein, paisible et, dirais-je, heureux. L'école, les amies, le sport. À seize ans, j'ai entendu l'appel du Seigneur.

– Seize ans !

– J'étais au lycée. Je me souviens d'une sensation très belle. Je sentais que je n'allais pas pouvoir me dérober. J'ai accepté. Jusque-là, j'avais eu une vie des plus normales, les premières amours, les premières désillusions, les premiers baisers. Devenue sœur, j'ai commencé à m'occuper d'un jardin d'enfants paroissial, mais j'éprouvais un manque, je sentais que j'étais appelée à autre chose. J'en ai parlé à mes supérieurs, et me voilà ici. Beaucoup plus sereine, tranquille et contente de ce que je fais.

– En quelle année êtes-vous arrivée en Afrique ?

– En 2001. J'avais vingt-neuf ans. C'était la première fois que je quittais l'Europe. Les premiers temps, tout était assez facile. Je vivais dans un endroit merveilleux, à la campagne, loin de la ville, au milieu des plantes et des animaux. Le paysage typique d'un film tourné en Afrique. Je suis restée trois ans dans cette mission. Je n'allais en ville que pour faire les courses. La ville m'effrayait, m'inspirait de la peur. Puis cette peur s'est transformée en attraction. Quelque chose me disait que je me rendrais plus utile encore en déménageant en ville. Alors je l'ai fait.

– En quoi l'engagement religieux diffère-t-il en Afrique, comparativement à l'Europe ?

– Au niveau religieux, les différences entre l'Afrique et l'Europe ne sont pas si grandes. Une sœur prie en Europe comme elle prie en Afrique. Mais au niveau logistique, ce n'est plus du tout la même chose. En Hollande, j'étais tranquille, je faisais mes heures de travail au jardin d'enfants, avant de retourner au confort et à la chaleur du mode de vie occidental. Ici, je suis obligée de me salir les mains. D'aller au champ avec des gosses. De les laver, de faire la lessive, de me soucier de leur éducation et de leur santé. L'engagement est total. Les journées sont bien remplies. Pas le temps de s'ennuyer, cela dit.

– À quoi ressemble une de vos journées type ?

– En Afrique, il est difficile de planifier. Mais il y a toutes les tâches habituelles. Lever de bonne heure, prière. Ensuite il faut réveiller les enfants, prendre le petit déjeuner avec eux, et en route. J'accompagne les plus grands à l'école, puis je rentre à l'orphelinat et je commence à faire la leçon aux plus petits. Nous sommes cinq sœurs. Nous accueillons environ quatre-vingts enfants. Un engagement énorme. L'école finit à 16 heures. On retourne chercher les grands, et on prépare le dîner avec leur aide. Après le dîner, tout le monde au lit. Nous autres, les sœurs, nous restons debout encore un moment. On bavarde, on prépare les activités du lendemain, on se consulte.

J'essaie de m'accrocher au sujet qui m'intéresse. Je l'interroge :

– En quel sens une sœur comme vous doit-elle faire preuve de courage ? Les règles qui ont cours dans des situations normales ne sont-elles pas quelque peu adoucies ? Auriez-vous des exemples ?

– Je dois me montrer courageuse quand il s'agit de se débrouiller dans toutes sortes de situations. On travaille toujours dans l'urgence. Quatre-vingts orphelins, c'est peu de monde si l'on envisage l'Afrique dans son ensemble. Mais je vous assure que les gérer n'est pas du tout facile.

– Quelles règles de vie appliquez-vous au sein de votre mission ?

– Je ne puis appliquer les mêmes règles qu'en Europe. Ici, les plus grands ont entre seize et dix-sept ans. En Afrique, à cet âge-là, les filles sont déjà mères, on ne peut pas ne pas en tenir compte. Aussi, alors même que je sais que je vais à l'encontre des préceptes du Vatican, j'essaie d'éduquer mes enfants à la sexualité. Je ne peux pas leur prêcher l'abstinence, ce serait du temps perdu. Je le sais car moi aussi j'ai vécu cette période de la vie extrêmement complexe pour n'importe quel jeune. Alors je leur explique qu'ils ont intérêt à mettre un condom, ne serait-ce que pour éviter d'attraper des maladies dévastatrices. Beaucoup de prêtres et de sœurs agissent comme moi. Nous ne pouvons pas oublier où nous sommes, tant du point de vue temporel que géographique.

– Êtes-vous une femme heureuse ?

– Oui. Vraiment je ne pourrais rêver mieux pour ma vie. Je fais ce que j'ai choisi de faire, ce qui me plaît. Je me sens utile.

– Est-ce qu'il ne vous manque pas quelqu'un avec qui partager les joies, les déceptions, les espoirs ? Je fais allusion bien sûr à un homme, un compagnon, un mari.

– Rationnellement, je dirai qu'il ne me manque rien. Je sens la présence du Christ à mes côtés, je sens que je ne suis jamais seule. Mais sur un mode irrationnel, quand je me vois à quarante ans loin de chez moi, je me dis parfois que j'aimerais bien avoir un homme à mes côtés. Un homme sur lequel m'appuyer, sur qui déverser mes craintes et mon sentiment d'insécurité. J'ai choisi une façon d'être plutôt dure, sans quoi, ici, ils te dévorent. Mais à l'intérieur, je suis restée une femme. Et le besoin d'un homme à mes côtés se fait quelquefois sentir très fort.

– Et votre vie sexuelle ?

– Aborder ces questions est toujours difficile. Je ne voudrais pas m'attirer des ennuis. Je me fie à votre sens des responsabilités. Disons qu'il m'arrive d'éprouver le besoin de me sentir femme, de me débarrasser de mes habits sacrés et d'oublier tous les problèmes qui me tombent dessus au quotidien. Ça n'arrive pas souvent, mais ça arrive. J'ai conscience que c'est contraire aux enseignements de l'Église, mais si ça me permet de mieux faire mon travail, alors que dire ? Sûr que je ne fais de mal à personne.

– Et l'Afrique vue sous l'angle sexuel ? La différence avec notre culture ?

– L'Afrique, d'un point de vue sexuel, est beaucoup plus libre. Bien plus libre même que ma Hollande. Les hommes ont une femme et plein de maîtresses, ce qui n'est pas vu comme un problème mais comme un facteur culturel accepté de tous. Je n'ai aucun moyen de savoir si c'est juste ou non. Je sais seulement que c'est comme ça. Cette proximité amoureuse est responsable de plein de maladies. C'est pourquoi je pense qu'il faut encourager l'utilisation du condom. C'est quelque chose que même Rome doit comprendre. Je répète qu'il faut connaître une réalité avant d'imposer des règles. Moi, j'ai dû m'adapter. Par exemple, les horaires ne sont jamais précis, et je viens d'un milieu où la ponctualité est une obligation ; ici, ce n'est pas comme ça, disons. C'est la même chose pour le condom. Si nous voulons arrêter la propagation du sida, il faut encourager son utilisation, nous ne pouvons pas prêcher l'abstinence.

– Distribuez-vous des préservatifs ? Et si oui, où les achetez-vous ? À qui les donnez-vous ?

– Oui, j'en distribue. J'ai un ami pharmacien en Europe. Tous les deux ou trois mois il m'envoie des médicaments. Des vitamines, du paracétamol, des antibiotiques. Dans le colis, il met aussi des boîtes de condoms. Je les range dans une grande boîte à la mission, à l'entrée du dispensaire. Ceux qui en veulent peuvent se servir. Et je sais que presque tous mes garçons en prennent.

– Les supérieurs ne s'aperçoivent de rien ? Quelle est l'attitude des évêques à cet égard ?

– Je crois que même les supérieurs savent ce qu'il en est. Mais ils font comme si de rien n'était pour protéger leur tranquillité. Ils se mettent les mains devant les yeux et font semblant ; car en Afrique, on a beau prêcher l'abstinence, le nombre de séropositifs continue d'augmenter. Je suis convaincue que Jésus-Christ, s'il vivait en Afrique à notre époque, serait favorable à l'usage du condom.

– Et la liberté en Afrique ? La liberté d'être sœur.

– Je n'ai pas le sentiment d'être inutile, comme c'était le cas en Hollande. Je me sens libre de faire des choix, d'offrir des possibilités nouvelles à des garçons et à des filles qui n'auraient pas d'avenir autrement. Et je fais tout en n'ayant d'échanges qu'avec mes consœurs. Si j'étais en Hollande, je devrais demander l'autorisation de l'évêque ne serait-ce que pour repeindre les murs du jardin d'enfants. Quelle couleur, tout ça. Ici, je peux agir à ma guise. Ce qui ne veut pas dire que je ne respecte pas les autorités.

– Et la liberté d'être femme ?

– Si j'étais restée en Hollande, je n'aurais peut-être jamais ressenti la nécessité d'avoir des rapports sexuels avec un homme. Ici, j'en ai eu. Ça n'a pas été un choix facile. La première fois, j'ai eu très peur. Puis j'ai senti que je devenais une meilleure religieuse.

– Ce serait très intéressant si vous pouviez raconter ce qu'est le sexe, le sexe vu par une sœur, sa découverte, le plaisir physique, la satisfaction.

– Le sexe est un moment de soulagement. C'est nécessaire pour devenir une meilleure religieuse. Nous, ici, nous sommes respectées. La communauté nous cajole. Pourtant il manque quelque chose. Et ce quelque chose, c'est dans le sexe que je l'ai trouvé. Ce serait tellement plus simple si je pouvais me marier, pour tout ce que j'ai dit plus haut sur le partage des tourments et des peurs. Mais c'est ainsi. Je suis obligée de me cacher. Le choix n'a pas été facile. J'en ai été perturbée pendant de longs mois. Puis j'ai décidé de faire le grand saut, et maintenant je me sens mieux. Je ne crois pas que ce soit mal. Ne serait-ce que parce que je le fais de façon traditionnelle, avec un homme. Pas avec des enfants. Ni de ces saloperies que l'on peut lire ici ou là, ou dont on entend parler.

– D'après la perception qui est la vôtre, combien de religieux ont une vie sexuelle clandestine en Afrique ?

– Je crois que beaucoup de religieux ont une vie sexuelle, non seulement en Afrique mais aussi dans le monde entier. En revanche, nous sommes jeunes, donc pas différents des autres jeunes. Eux, ont choisi de devenir ingénieurs ou médecins. Nous, nous avons choisi de devenir religieux. C'est une différence de forme, non de substance. C'est le même engagement au niveau humain.

– Y a-t-il beaucoup d'homosexuels parmi les prêtres en Afrique ?

– Je crois que parmi les prêtres, on trouve un bon pourcentage d'homosexuels, mais surtout en Europe ou en Amérique. En Afrique, l'homsexualité est toujours perçue comme un mal.

– Que dire des prêtres qui ont des rapports sexuels avec des sœurs ?

– Je crois que ça doit arriver quelquefois, à moi ça ne m'est jamais arrivé. Je pense que les prêtres et les sœurs, parfois, sont consentants, et ces choses-là se produisent comme sur n'importe quel lieu de travail. Je peux le concevoir. Ce que je ne peux concevoir, c'est l'abus d'autorité. Ce qui arrive parfois, malheureusement.

Ici s'achève le premier échange d'e-mails. Dans le suivant, j'essaie de développer les nombreux sujets intéressants abordés par la sœur.

Pour commencer je lui demande ce que signifie concrètement éduquer des garçons à la sexualité. Est-ce seulement une question de condom ? Leur enseigne-t-elle une autre vision de la sexualité ?

– Fondamentalement, ça signifie faire comprendre aux garçons ce qu'est le VIH, comment l'éviter, et aussi comment éviter la grossesse quand on est très jeune. Soyons clairs, je ne dis pas que les jeunes qui s'aiment ne doivent pas avoir d'enfants, juste qu'ils ne doivent pas les avoir à quatorze ou quinze ans. Voilà, c'est ce que j'enseigne. J'enseigne que le sexe n'est pas le mal. Qu'il est juste que deux personnes, si elles s'aiment, aient des rapports sexuels, ou mieux qu'elles fassent l'amour.

– J'avoue qu'il me semble étrange que des prêtres et des sœurs fassent de l'éducation sexuelle, alors qu'ils ne sont pas censés avoir une expérience directe du sexe.

– Sur le principe, je comprends ce que vous voulez dire, mais dans la réalité, ici en Afrique, la chose est naturelle. Bien sûr, j'ai ma propre expérience, et du reste je ne me cache pas de parler de choses que j'ai moi-même éprouvées. Mais je ne crois pas que tous les prêtres et les sœurs qui font de l'éducation sexuelle aient eu l'expérience de la sexualité. Dans ce cas, on fait appel au bon sens. On y a sans arrêt recours dans ces communautés en marge où il y a beaucoup de problèmes liés au sexe, aux vaccins ou aux maladies.

– Et votre vie sexuelle ? Qu'est-ce qui fait que vous pouvez la vivre bien ? Cherchez-vous seulement de l'affection ? Un contact avec un autre corps ? Avez-vous jamais expérimenté le sexe comme simple plaisir et comme but en soi ?

– C'est difficile à dire. Mais oui, le fait de sentir un corps auprès du mien est quelque chose qui m'aide à me sentir bien. Quelqu'un qui reste même après le rapport sexuel, qui partage ces petits moments d'intimité et de douceur dont nous avons tous besoin. Disons que je pense n'avoir jamais eu de rapport seulement sexuel : j'ai toujours fait l'amour. Faire l'amour, pour moi, ce n'est pas manquer de respect à l'habit que je porte, ni aux fidèles qui voient en moi une référence au sein de la communauté.

– Ces rapports sexuels, c'est toujours avec le même homme, ou avec des hommes différents ? Ce sont des Africains ? Des Européens ?

– Les hommes avec qui j'ai fait l'amour sont au nombre de deux. L'un était européen, l'autre africain. Le premier était plus âgé que moi. Il travaillait ici pour une grande multinationale. Je crois que j'étais vraiment éprise. Nous parlions souvent de mariage, de bâtir une famille, d'avoir des enfants. J'ai failli quitter l'état religieux pour me marier. Mais il a été emporté par une grave maladie et tous nos rêves se sont évanouis. En ce moment, je fréquente de temps en temps un homme qui est éducateur dans un centre d'accueil pour les enfants des rues. C'est une personne merveilleuse. Avec lui, je me sens aimée, cajolée, femme. Nous ne nous voyons pas souvent à cause de la distance, mais quand nous nous voyons, c'est comme si nous étions de vrais fiancés. Évidemment, nous ne pouvons pas exprimer nos sentiments au grand jour. Mais nous sommes sûrs l'un de l'autre. Je sais qu'il se mariera un jour ou l'autre. Sans doute aura-t-il même des enfants. Mais je suis sûre aussi d'avoir trouvé en lui quelqu'un de spécial. Et j'ai conscience également du fait qu'il se pourrait que nous n'ayons plus de relations sexuelles lui et moi, que la passion pourrait s'éteindre ; mais même si c'était le cas, le principal se poursuivrait. Car le principal, c'est notre relation spéciale.

– Avez-vous des fantasmes érotiques ? Des rêves érotiques ?

– Autrefois je me réveillais au milieu de la nuit et je croyais me trouver dans un grand lit avec des hommes et des femmes. Une promiscuité amoureuse sale et impure. Puis ces fantasmes ont cessé. Ils ont peut-être cessé parce que j'ai commencé à m'ouvrir à la sexualité. Peut-être qu'après avoir assouvi mes pulsions sexuelles, je suis devenue une meilleure religieuse.

Je lui pose une dernière question : que pense-t-elle du vœu de célibat pour les religieux ?

– C'est un débat qui pourrait durer des heures… Je pense que les prêtres et les sœurs devraient pouvoir se marier et avoir des enfants. Ainsi ils bénéficieraient d'une plus grande expérience pour affronter les problèmes de tous les jours : une grossesse difficile, un enfant qui est malade, des désaccords entre mari et femme. En connaissant ces problèmes, en les ayant touchés du doigt, on est plus à même d'aider ceux qui appellent au secours. Et ceci n'est pas valable seulement pour l'Afrique, mais pour le monde entier.

28

Pour l'Église catholique, l'Afrique subsaharienne a toujours été un réceptacle de fidèles ; ceci dès les premières explorations des conquistadors européens.

Dans de nombreux cas, l'œuvre d'évangélisation imposée par les autorités religieuses s'est traduite par un véritable contrôle du territoire : construction d'écoles, d'églises ou de simples lieux de rencontre. Des zones désolées se sont transformées ainsi en communautés vivantes ; une nette distinction s'est établie entre la région subsaharienne et le nord du continent à majorité musulmane.

Le continent noir, depuis des siècles, est l'objet d'une guerre religieuse tacite entre islam et christianisme. L'enjeu : les millions de fidèles que l'une et l'autre religion cherchent à accaparer.

Les chiffres.

Aujourd'hui, l'Afrique compte 140 millions de catholiques ; ils étaient moins de 2 millions au début du siècle dernier. Rien qu'en 2007, le nombre de séminaristes s'est accru de 30 %.

Mais ce constat réclame une précision. La vérité, c'est qu'en Afrique beaucoup de jeunes sont poussés à entrer au séminaire par désespoir. L'Église catholique garantit trois repas par jour. Plus une maison, un salaire et la voiture de la paroisse. La carrière cléricale est alors souvent une façon de survivre. La vocation, on pourra toujours la trouver en route. C'est aussi pour cette raison que beaucoup de prêtres africains, après quelques années de service, commencent à se laisser aller : tous n'ont pas rivée au corps une conviction religieuse qui leur permet de garder leur soutane baissée. C'est une pratique admise dans une culture qui n'a que peu de respect pour le concept de chasteté ; quant à celui de polygamie, il est pour le moins naturel.

Dans les années quatre-vingt-dix, les pays africains comptant le plus grand nombre de prêtres menant une double (voire de multiples) vie(s) étaient le Botswana, le Burundi, le Ghana, le Kenya, le Lesotho, la république du Malawi, le Nigeria, l'Afrique du Sud, la Sierra Leone, l'Ouganda, la Tanzanie, la Zambie, le Zaïre (aujourd'hui République du Congo) et le Zimbabwe.

Il est très répandu en Afrique que les prêtres des zones pauvres et lointaines abusent de leurs pouvoirs, et de la confiance de leurs paroissiens, pour accepter des faveurs, souvent sexuelles. Surtout quand ils ne sont pas d'origine africaine mais occidentale.

Beaucoup de missionnaires perdent le sens de leur mission, du fait du pouvoir qu'ils exercent sur la population. Dans les situations extrêmes, quand un conflit ou une famine tenaillent les civils, il est normal de se tourner vers l'homme blanc qui sert de guide religieux pour faire face aux défis de la vie quotidienne.

Le Vatican est loin et le missionnaire est libre d'agir à sa guise, sans contrôle. Non seulement à l'égard des femmes ou des hommes habitant les villages où il exerce, mais aussi des religieuses chez qui on compte beaucoup de victimes. Dans de nombreux cas, on a préféré les femmes d'Église aux jeunes villageoises nubiles. Pourquoi ? Parce qu'elles passent pour être vierges. Et que virginité veut dire moins de risque d'attraper le sida.

L'Église de Rome a admis en 2001 que dans 23 pays au moins, des prêtres avaient commis des abus sexuels sur des femmes, souvent des religieuses. La plupart de ces abus se seraient produits en Afrique, où sont enregistrés des cas de sœurs forcées de prendre la pilule parce qu'elles ont fréquemment des rapports sexuels avec des prêtres ; et des cas de sœurs décédées au cours d'un avortement, dont l'enterrement est célébré par le prêtre même dont elles ont dû subir les abus.

Ce n'est pas tout. Le quotidien britannique *Guardian* a pu citer le cas de 29 sœurs de la même congrégation mises enceintes par des prêtres de leur diocèse. Ou de sœurs stagiaires obligées de se prêter à des actes sexuels avec des prêtres ou des évêques, à qui elles venaient réclamer une signature sur le certificat de bonne conduite nécessaire à la poursuite de leur carrière religieuse.

Dans les années quatre-vingt-dix, s'il faut en croire l'hebdomadaire onusien *National Catholic Reporter*, le Vatican a reçu au moins cinq rapports décrivant la situation en Afrique comme l'une des pires, ne serait-ce que parce que les victimes d'abus sexuels rencontraient fort peu de soutien de la part des autorités.

Aucune réponse en retour.

La plus éclatante de ces dénonciations est datée de 1998. Elle est signée d'une religieuse catholique du nom de Marie McDonald, alors supérieure générale des Missionnaires de Notre-Seigneur d'Afrique.

Sœur Marie a rédigé à la main un bref et triste rapport que devait intercepter en 2001 le *National Catholic Reporter*. La couverture du document porte la mention : « Extrêmement confidentiel ». Son titre : « Le problème de l'abus sexuel dont sont victimes les sœurs africaines en Afrique et à Rome ».

Le style de Marie est didactique. Il ne laisse guère de place à l'imagination : « On pourrait raconter beaucoup d'histoires de violences subies par des religieuses de la part de prêtres et d'évêques. Tout le monde ici connaît le problème ; pourtant la situation ne s'améliore pas, au contraire elle empire. »

Marie décrit les faits : « Tant les agressions que les violences sexuelles sont monnaie courante de la part des prêtres et des évêques à l'égard des sœurs. Parfois, quand une sœur tombe enceinte, on l'oblige à avorter. Puis elle est chassée de sa congrégation. Le prêtre qui l'a violentée, en revanche, on se contente de le muter dans une autre paroisse, ou de l'envoyer étudier ailleurs. Beaucoup de sœurs dépendent économiquement des prêtres qui, en échange, demandent des faveurs sexuelles. Il arrive que les prêtres exploitent leur rôle de directeur spirituel ou de confesseur pour réclamer des prestations sexuelles. »

Marie n'en a pas fini. Elle dresse la liste des causes responsables de ces abus : « Le célibat et la chasteté n'ont aucune valeur dans beaucoup d'États africains. Et la femme est regardée comme inférieure tant dans la société qu'au sein de l'Église. Cela signifie que, pour une sœur, il est impossible de repousser les avances sexuelles d'un prêtre. La femme a été éduquée à se montrer affectueuse, serviable, obéissante. Surtout quand la demande provient d'une autorité comme le prêtre, *a fortiori* de l'évêque. »

En outre, écrit-elle, « souvent les prêtres ont recours à de faux arguments pour justifier leurs requêtes. Par exemple ils expliquent que si le célibat signifie l'interdiction de se marier, il n'interdit pas d'avoir des rapports sexuels ».

Le problème est financier. Beaucoup de congrégations féminines ont besoin d'argent pour payer les études de leurs séminaristes. Lesquelles, bien souvent, travaillent pour le diocèse sans rémunération aucune. Ce sont les prêtres qui décident : elles dépendent d'eux. Et la dépendance, dans ces régions, et dans ces milieux, est très périlleuse.

Le problème est culturel. Souvent on demande aux sœurs et aux prêtres de gérer des paroisses ou des activités religieuses dans des pays dont ils connaissent mal les us et coutumes.

Marie, toujours : « De nombreuses jeunes femmes qui étudient pour devenir sœurs sont invitées à Rome, ou dans une autre ville d'Europe ou d'Amérique. Elles y rencontrent des difficultés pour se loger, pour comprendre la langue et, parfois, dans leurs études elles-mêmes. Elles ne sont pas prêtes, elles sont trop jeunes. Elles deviennent des proies savoureuses pour les prêtres qui, en échange d'un coup de main, demandent et obtiennent des faveurs sexuelles. Je ne veux pas dire par là que seuls les prêtres et les évêques méritent d'être condamnés. Les sœurs sont souvent trop conciliantes, et dans certains cas, naïves. »

Quoi qu'il en soit, la situation est pesante. Et l'omerta fait le reste.

« J'ai déjà envoyé un rapport aux évêques chargés des contrôles. Mais ils m'ont fait des réponses désolantes, c'est le moins que l'on puisse dire. Pour les évêques, ce que les jeunes sœurs ont fait est déloyal : elles n'auraient pas dû dénoncer les abus qu'elles ont subis. Il aurait été plus opportun d'aller directement leur en parler. Mais les sœurs ont essayé à plusieurs reprises. Soit on ne les reçoit pas, soit on leur répond qu'il n'y a rien à faire. »

En 1994, la sœur Maura O'Donohue était déjà intervenue. Coordinatrice pour le sida au Fonds catholique de développement outre-mer, elle a rédigé un rapport confirmant que les sœurs sont souvent repérées par les prêtres comme des proies faciles pour un rapport sexuel sans risque. Mais elle a ajouté que s'opposer à ce phénomène est difficile du fait d'une grande omerta ou, plutôt, d'une « conspiration du silence ».

Je décroche le téléphone pour un appel en Virginie aux États-Unis.

Mon interlocuteur s'appelle Thomas Doyle. Il a soixante-six ans, un doctorat en droit canonique et cinq masters : droit canonique, science politique, philosophie, administration des biens ecclésiastiques, théologie.

En 1984, le révérend Thomas Doyle est l'avocat de l'ambassade du Vatican à Washington. C'est alors qu'il occupe cette fonction qu'il est informé de cas d'agressions exercées par des prêtres sur des mineurs. Déconcerté par la nouvelle, et plus encore par le comportement de l'Église qui couvre les coupables et ignore les conséquences de leurs malversations, il fonde un centre de traitement pour les prélats atteints de troubles sexuels.

Il rédige ensuite un rapport explosif dénonçant les évêques américains auxquels il donne quelques conseils. L'Église n'apprécie pas ; son contrat à l'ambassade de Washington n'est pas renouvelé.

Doyle devient chapelain de l'aéronautique militaire américaine, poste qu'il occupera durant dix-huit ans. Entre-temps, il travaille à défendre les victimes d'agressions de la part de prêtres et de sœurs.

Doyle a témoigné dans plus de 200 procès, il a interrogé environ 2000 victimes, il est intervenu comme expert dans plus de 300 affaires, il a écrit de nombreux ouvrages dont l'un en collaboration avec Richard Sipe : *Sex, Priests, and Secret Codes. The Catholic Church's 2000 Year Paper Trail of Sexual Abuse* [1] (« Sexe, prêtres et codes secrets : les archives de 2000 ans d'abus sexuels de la part de l'Église catholique »).

À la question de savoir pourquoi le sexe est aussi présent au sein de l'Église catholique, voici ce qu'il me répond :

« Parce que le célibat ne marche pas, c'est évident. Ça n'a jamais marché. Le sexe est omniprésent. Les prêtres ne sont pas les seuls à s'y adonner, les évêques aussi, et même les cardinaux. La culture du secret répandue dans l'Église existe depuis des siècles. Elle est dictée dans la sous-culture des ecclésiastiques. Les ecclésiastiques appartiennent à un cercle étroit qui contrôle l'Église tout entière et détient tous les pouvoirs. Et le pouvoir exige un certain niveau de secret. Le reste du monde doit rester dans l'ignorance. »

Il enchaîne ensuite sur la question des abus sexuels, à laquelle il a beaucoup réfléchi.

---

1. Thomas Doyle, Richard Sipe, Patrick J. Wall, *Sex, Priests, and Secret Codes. The Catholic Church's 2000 Year Paper Trail of Sexual Abuse*, Volt Press, 2006.

« On parle sans arrêt, et à juste titre, de pédophilie. Mais le problème de fond, c'est l'effort intense fourni par les représentants de l'Église catholique, des sphères les plus basses aux sphères les plus hautes, pour couvrir les faits. Pour tout ce qui touche au domaine sexuel, des abus aux rapports consentis avec des adultes, les évêques s'efforcent de maintenir sur ces choses le plus grand secret possible. Ils usent de tout leur pouvoir et de leur influence pour empêcher que tout sorte au grand jour.

« Je ne parle pas seulement des personnes directement intéressées, des victimes et de leurs familles, mais aussi des représentants des forces armées, de la police et de la presse. La police elle-même, surtout par le passé, était habituée à laisser les évêques se débrouiller, comme si les gens d'Église n'étaient pas soumis aux lois de l'État ou aux lois fédérales. Et les choses continuaient comme si de rien n'était, il n'y avait aucune conséquence.

« La vraie nouveauté de ces dernières années, ce n'est pas tant le fait d'avoir découvert combien l'activité sexuelle était répandue chez les ecclésiastiques. La grande nouveauté, c'est que l'affaire ait pu venir sur la place publique alors que l'Église avait toujours réussi à garder le secret. Mais la société n'est plus disposée à tolérer ce type de comportement. Tout finit par remonter à la surface. En effet, on peut se demander comment il est encore possible de garder des secrets dans le monde dans lequel nous vivons, le monde de la communication virtuelle, d'Internet, de WikiLeaks. Les informations sortent de toutes parts. Les choses sont en train de changer et beaucoup ne s'en rendent pas compte parce tout se passe justement sous leurs yeux. Les évêques n'ont plus le contrôle des activités sexuelles au sein de l'Église.

« Une Église qui n'est plus en mesure de faire taire personne ne peut pas davantage intimider les victimes et les gens impliqués. Ce temps-là est bien fini. »

Je lui demande si seuls les États-Unis sont concernés :

« Il est fini dans pratiquement tous les États-Unis, mais également dans les autres pays. Il suffit de voir ce qui est mis au grand jour en Europe : en Belgique, en Allemagne, en Autriche, en Italie. Dans tous ces pays, pour la première fois, les gouvernements collaborent avec la justice et ne tolèrent plus cette culture du secret. Ils ne permettent plus que l'Église s'en affranchisse.

« En Italie, le changement est plus lent à cause de la présence massive de l'Église dans tous le pays. Je me rappelle ce qui s'est passé voilà un an et demi, quand le président de la Conférence épiscopale a affirmé que le problème des abus sexuels dans l'Église était tellement peu de chose qu'il ne valait même pas la peine d'en parler. Un vrai, un authentique mensonge. Car en réalité, le problème est très répandu en Italie même.

« Les faits finissent par sortir, surtout grâce au travail des médias qui ont arrêté de protéger les représentants de l'Église. C'est la même chose dans le reste du monde : les citoyens, les représentants du gouvernement et des forces armées en ont par-dessus la tête de la corruption et de cette hypocrisie enracinée dans l'administration de l'Église. Ils n'acceptent plus sa domination. »

Je suis saisi par ses propos. Doyle a raison. Ce n'est pas l'Église qui, à un certain moment, a décidé de changer. C'est la société qui est en train de changer. C'est nous qui sommes en train de changer. Et nous aussi, les Italiens.

À bien y réfléchir, ce livre, je l'ai écrit et je l'ai même publié.

29

J'ai retrouvé la trace d'une sœur qui a été violée par un prêtre.

Nous l'appellerons sœur Paola.

Elle n'était pas la seule à subir les attaques sexuelles du prêtre. Elle a partagé son expérience avec les autres sœurs autour d'elle. Ensemble, elles ont décidé de le dénoncer à la police. Mais ensuite, pour quelque étrange raison, on les a éloignées de leur couvent et dispersées de par le monde. Toutes ont eu l'impression d'avoir été punies pour avoir dénoncé le prêtre.

Car la première des règles non écrites à laquelle se conforment les évêques est la suivante : pas de scandale.

La sœur qui a accepté de me raconter son histoire est actuellement missionnaire en Afrique.

Elle est indienne. Et c'est en Inde, justement, qu'elle a été violée. Dans ce cas aussi, notre correspondance est télématique.

J'ai trente-quatre ans. Je suis née en Inde, à Calcutta. Ma famille était très pauvre, nous étions neuf. Moi, maman, papa, quatre sœurs et deux frères. Grandir en Inde n'est pas une partie de plaisir. Nous ne savions pas si nous aurions quelque chose à manger le soir. Ni si papa rentrerait du travail ou ne s'arrêterait pas plutôt pour boire avec ses amis. Que nous étions pauvres !

Maman était une forte femme ; elle nous a élevés en nous apprenant l'honnêteté et le respect. J'étais la plus jeune, la petite reine de la maison, tous se privaient d'une bouchée de leur portion pour me la donner à manger. La situation a empiré quand papa est mort au travail. J'avais neuf ans, mes frères guère plus de treize ans : ils ont été obligés d'aller travailler. Les bouches à nourrir étaient nombreuses, aussi maman a pris une décision en ce qui me concernait, et en ce qui concernait le plus jeune de mes frères : je serais sœur, il serait prêtre.

Mon frère, maintenant, est curé en Europe. Il vit en France, dans une petite paroisse, il est heureux. Moi je suis là, en Afrique, selon le vœu de mes supérieurs.

Je lui demande comment se sont déroulés ses débuts à Bombay.

Une fois devenue sœur, on m'a nommée dans une mission à Bombay. Le curé était un Brésilien. Nous étions sept religieuses à nous occuper d'une centaine d'enfants des bidonvilles.

Je l'interroge quant à la violence.

Je m'en souviens comme si c'était hier. Une soirée d'été. Il faisait très chaud, j'étais dans la chambre avec les autres sœurs, nous venions de finir de réciter notre rosaire. Il est rentré d'un dîner de travail. Il était ivre. Il a pénétré dans notre chambre et s'est déshabillé. Il a commencé à se masturber devant nous, et nous a obligées à avoir avec lui des rapports oraux. Puis il s'est uni charnellement avec chacune de nous.

Il n'arrêtait jamais. Plus nous pleurions, plus son expression se faisait démoniaque. Il était comme possédé. Moi, j'avais peur de mourir. Je priais le Seigneur pour que cette nuit s'achève enfin. Cela a duré ainsi pendant deux heures. J'étais épouvantée. Je n'avais jamais eu de rapport sexuel. Je n'avais jamais connu intimement un homme. Je me sentais violée. J'étais pleine de dégoût. J'avais peur de mourir.

Elle me raconte ensuite son réveil le lendemain, sa vie d'après.

Le lendemain matin, il faisait comme s'il ne s'était rien passé. Avec les sœurs, nous n'avions même pas discuté entre nous de ce qui était arrivé. Toutes nous avions honte. Je me sentais sale, j'avais l'impression d'avoir trahi le Seigneur. C'est le côté absurde de la chose, j'étais victime et je me sentais coupable. Et mes sœurs éprouvaient la même chose.

Je me souviens d'avoir prié toute la journée. Seule, afin de m'isoler du monde. Je cherchais des réponses dans la prière, j'y cherchais peut-être le courage de tout dénoncer, mais je ne le trouvais pas. C'est là que se situe la très grande erreur : ne pas être allée le dénoncer immédiatement. Lui, voyant que nous gardions le silence, s'est senti autorisé à poursuivre le même chemin.

La violence continue donc.

Pendant un an, il n'a fait qu'exiger des rapports sexuels, de ma part et de la part des autres sœurs. Nos nuits étaient devenues un véritable cauchemar. Il entrait dans notre chambre et nous contraignait à des rapports sexuels. Après quoi il s'en allait et nous laissait seules avec nos larmes et nos peurs. Avec notre dégoût de nous-mêmes.

Je pense avoir été violentée des dizaines de fois. Heureusement, j'arrive maintenant à oublier. Je n'ai pas seulement été violentée physiquement : il m'obligeait parfois à regarder pendant qu'il avait un rapport sexuel avec une sœur. Ou bien il m'obligeait à avoir des rapports homosexuels pendant qu'il regardait en se masturbant. Parfois il me forçait simplement à le regarder alors qu'il se touchait.

Le dénominateur commun à toutes ces nuits, c'était son taux d'alcoolémie. Il était toujours ivre. Qui sait s'il n'était pas drogué.

Je demande quel prêtre était cet homme.

C'était un bon prêtre. Il avait beaucoup d'influence sur ses fidèles, il agissait pour le bien de la communauté. Mais quand il buvait, il n'était plus lui-même. Pendant les violences, il avait un visage terrible, comme si le mal s'était emparé de lui.

Enfin sonne l'heure de la dénonciation.

Nous nous sommes décidées à tout dire quand une nuit, après qu'il a eu un rapport avec une sœur, elle s'est trouvée mal. Nous avons dû l'emmener à l'hôpital. Le lendemain, nous sommes allées à la police. Nous avions compris qu'il ne fallait plus attendre. Tôt ou tard, l'une de nous, sûrement, risquait de mourir. Le prêtre a été arrêté. On l'a envoyé au Brésil. Nous nous sommes senties libérées.

Elles ne sont pourtant pas au bout de leurs peines.

Mais c'était vraiment dur. Nous avions l'impression d'être les méchantes. Les mauvaises filles. On nous a exclues de la vie de la communauté. C'était comme si le cauchemar n'était pas terminé. Cinq mois plus tard, les mutations ont commencé. Des lettres nous arrivaient, qui à toutes conseillaient de quitter l'Inde pour aller en mission dans d'autres pays. C'est comme ça, sans motif apparent, que nous nous sommes mises à voyager loin de l'Inde. Certaines en Europe, d'autres en Amérique latine.

Moi, je suis allée en Afrique et, tout compte fait, j'y suis bien. Je me sens libre et heureuse, maintenant. Le cauchemar est fini.

À l'époque, ils nous ont sévèrement punies, mes sœurs et moi, parce que nous avions parlé, parce que nous avions eu le courage d'aller tout raconter. Parce que nous avions décidé qu'il fallait que ça cesse. Personne ne nous l'a jamais dit en face, mais un secrétaire de l'évêque, un jour, m'a fait comprendre qu'après le départ du curé brésilien les riches donateurs qui étaient ses amis n'ont plus envoyé d'argent. Je pense qu'en définitive nous avons été punies pour une question d'argent.

Ces souvenirs la hantent-elle encore ?

J'y pense de temps en temps. Je ne comprends pas comment un prêtre peut faire une chose pareille. Je sais bien qu'il y a des prêtres et des sœurs qui ont des rapports sexuels, mais je crois que ça se passe entre personnes consentantes. Nous, nous étions forcées. Et ça, c'est quelque chose que je ne pourrai jamais oublier.

Je n'ai jamais fait l'amour et je pense que je ne le ferai jamais. Je porte les habits sacrés, et je suis contente de ma vie. J'ai eu des rapports sexuels ou, pour être plus précise, j'ai été violée à de nombreuses reprises. Impossible que ce soit là l'acte qui sert à procréer, à donner naissance à une vie nouvelle.

Je ne fais pas ici d'éducation sexuelle. Car je m'occupe de petits enfants. Mais je sais que c'est pratiqué, et que l'on enseigne des méthodes pour ne pas attraper de maladies, pour ne pas tomber enceinte trop jeune. J'y suis parfaitement favorable.

Et que pense-t-elle du célibat ?

C'est une chose à laquelle je n'ai jamais réfléchi. Je suis heureuse d'avoir choisi le Christ. Je connais des collègues qui voudraient avoir un compagnon auprès d'elles. Car elles se sentent seules, quelquefois ; elles auraient besoin de quelqu'un avec qui partager les angoisses et les peurs. Voilà, je dirais que nous devrions être libres. Celui qui veut le faire, qu'il le fasse. Celle qui ne veut pas, comme moi, doit pouvoir rester seule. C'est aussi de cette façon que nous éviterions toutes ces affaires, comme ce qui nous est arrivé en Inde.

Le *National Catholic Reporter* a publié une interview d'une sœur africaine qui étudiait dans une faculté catholique aux États-Unis.

Cette femme a été violée en Afrique-Occidentale par un prêtre africain.

« J'avais vingt-sept ans quand j'ai été violée. J'ai essayé de me débattre pendant qu'il me prenait de force. Le plus difficile a été d'accepter le fait d'avoir déshonoré ma virginité dans un milieu religieux justement.

« Les sœurs, qui n'ont pas beaucoup d'argent, tolèrent les viols commis par des prêtres ; en effet, au couvent, elles ont une vie meilleure que ce qu'elles auraient chez elles. En plus, bien souvent, les femmes croient que les prêtres africains qui ont étudié à Rome sont supérieurs, culturellement. Elles croient tout ce qu'ils leur racontent. Même quand ils disent qu'il est bien d'avoir des rapports sexuels, que c'est quelque chose de normal.

« La situation a changé par rapport au passé. Aujourd'hui, une femme africaine vit plus en sécurité au milieu des gens que dans un couvent de prêtres.

« Les sœurs plus jeunes regardent les anciennes comme des modèles. Quand elles comprennent qu'elles aussi ont été séduites par des prêtres, elles croient qu'il n'y a là rien de mal. »

On en arrive quelquefois à de vrais paradoxes, comme celui qui a été dénoncé dans un article de l'*Associated Press* en mars 2009 : en Angola, on conseille très souvent aux sœurs d'utiliser un préservatif pendant les relations sexuelles.

Le père Giulio Albanese est un des rares témoins qui aient accepté de parler aux médias de ce fléau. Ex-directeur de l'agence de presse Misna (Missionary International Service News Agency), il dit : « Les missionnaires sont des êtres humains souvent soumis à d'incroyables pressions psychologiques, dans des situations de guerre et de violence continues. D'un côté, il est important de condamner ces horreurs et de dire la vérité ; de l'autre, il faut éviter de généraliser. »

Beaucoup d'autorités religieuses connaissent le problème.

Voici ce que dit Peter Schineller, père jésuite qui a passé vingt ans en Afrique : « Bien que nombre de prêtres aient adhéré à la promesse de chasteté, le sexe entre adultes consentants, ou semi-consentants, est une pratique très répandue. »

On sait ce qui se passe en Afrique jusque dans les étages les plus élevés de la place Saint-Pierre à Rome.

Joaquín Navarro-Valls était le porte-parole du Vatican quand a paru la lettre de sœur Marie McDonald. Voici sa réaction : « Nous avons connaissance du problème, même s'il est limité à quelques zones géographiques du monde. »

Ce n'est pas un hasard si le vœu de chasteté a été un des principaux thèmes abordés au cours du synode de 2009 pour l'Afrique. Pas un hasard non plus si Benoît XVI, au cours de son voyage en Afrique en 2010, a abordé la question du célibat sur le continent noir, et invité les prêtres à « s'ouvrir pleinement à servir les autres comme le Christ l'a fait, tout en respectant le vœu de chasteté ».

30

En finir avec ces pratiques en Afrique n'est pas une mince affaire. Il s'agit d'une société où les hommes qui ont des enfants jouent un rôle plus important que les autres. C'est aussi une des raisons pour lesquelles les prêtres se retrouvent souvent mis à l'écart, isolés. Dans une situation qui rend la solitude intrinsèque du sacerdoce encore plus difficile à gérer.

Résultat, les prêtres qui ont une compagne, ou une épouse officieuse, sont loin d'être rares en Afrique. Par exemple, à en croire la presse locale, l'évêque du Zimbabwe, Pius Ncube, a reconnu une relation avec une femme mariée de sa paroisse, et demandé en 2007 d'être relevé de ses fonctions. Il semble que cette décision ait été prise sous la pression des médias officiels, lesquels menaçaient de diffuser une vidéo le montrant nu, au lit, avec une femme. Mais Ncube n'en continue pas moins d'assurer son service de prêtre dans une paroisse de campagne.

S'il y a une affaire qui a provoqué une belle pagaille, c'est celle qui a mis en cause le père Dominic Wamugunda et Martha Karua, ex-ministre de la Justice du Kenya, ex-candidate à la présidentielle. En 2003, ils ont été victimes d'un braquage nocturne. Ils n'avaient pas de gardes du corps. Le couple s'est fait surprendre sur le siège arrière de la voiture de service de

Martha. Les voleurs n'ont pas emporté grand-chose, mais l'histoire a fait le tour des médias.

Le 9 juin 2009, le Vatican a excommunié le prêtre zambien Luciano Anzanga Mbewe au motif qu'il s'était marié. Mbewe dirige à présent une secte de prêtres, la Catholic Apostolic National Church, née en Zambie, apparemment inspirée par le père Emmanuel Milingo, et qui désormais possède aussi un siège en Ouganda, dans la petite ville de Jinja, dont l'évêque et guide spirituel est aujourd'hui Leonard Lubega.

Lubega s'est exprimé devant le Service d'information catholique pour l'Afrique (CISA), une agence de presse basée à Nairobi, au Kenya, et qui s'adresse au monde catholique. Il a déclaré qu'au début ils n'étaient que 20 prêtres, et que la secte a grossi jusqu'à accueillir maintenant plus de 12 000 fidèles rien qu'en Ouganda. « Nous nous considérons comme catholiques, mais pas catholiques romains. Nous ne sommes pas sous l'autorité du pape Benoît XVI, même si nous le reconnaissons et prions pour lui. »

Les réactions n'ont pas tardé. Le gouvernement ougandais a affirmé avoir diligenté des enquêtes sur cette secte, et être sur le point de la déclarer illégale. L'archevêque de Kampala, Cyprian Kizito Lwanga, a demandé au gouvernement de la bannir sans délai, au motif qu'elle risquait de créer des confusions entre les fidèles, et de déclencher des conflits religieux. Le cardinal Emmanuel Wamala, archevêque émérite de Kampala, a qualifié les membres de la secte de faux prophètes : « Je ne connais pas ces prétendus prêtres, et l'Église ne devrait pas en avoir peur. Ce n'est pas la première fois que l'on entend parler, en Ouganda, de personnages de cette sorte, qui disparaissent comme ils sont venus, en un rien de temps. Je conseillerais aux Ougandais de ne pas les suivre, de ne pas les écouter, car leur seul but est de diviser l'Église. »

La situation de l'Afrique est bien décrite dans un article paru en octobre 2009 dans *Nigrizia*, un mensuel d'histoire africaine publié par des missionnaires comboniens.

Au même moment, monseigneur Sarah, originaire de Guinée et secrétaire de la Congrégation pour l'évangélisation des peuples, se rend à Bangui en qualité de visiteur apostolique. Sa mission est d'étudier une situation fâcheuse sur laquelle a déjà enquêté l'archevêque vietnamien Pierre Nguyên Van Tot, nonce apostolique en République centrafricaine et au Tchad depuis août 2005. Van Tot a rapporté qu'à Bangui beaucoup de prêtres sont chefs de famille, ont des enfants et possèdent des biens privés.

Monseigneur Robert Sarah, arrivé à Bangui, dénonce violemment ces prêtres qui mènent une double vie. Il les exhorte à quitter leur ministère sacerdotal, et à ouvrir la voie à une opération de nettoyage de l'Église centrafricaine coordonnée par monseigneur Jude Thaddeus Okolo, un Nigérian, successeur de Van Tot en République centrafricaine et au Tchad.

Résultat, sur les neuf diocèses centrafricains, un seul est dirigé désormais par un évêque local. Six ont à leur tête des évêques missionnaires venus de l'extérieur. Deux restent vacants.

Mais les prêtres locaux, qui voient dans cette opération un manque de confiance à leur égard, la dénoncent dans de nombreuses lettres où est employée l'expression « néo-colonialisme ecclésial ».

Le Vatican doit alors intervenir pour tenter de remédier à une situation très difficile. Le 19 mars 2009, depuis Rome, le cardinal Ivan Dias, préfet de la Congrégation pour l'évangélisation des peuples, adresse une lettre aux catholiques :

« L'Église centrafricaine a vécu des moments difficiles qui ont troublé la paix et l'harmonie de ses membres. Il faut reconnaître que l'Église d'aujourd'hui est le fruit de l'œuvre pastorale, patiente et laborieuse, des milliers de missionnaires venus de loin, et du clergé local qu'ils ont formé au cours des cent quinze dernières années.

Mais il faut reconnaître aussi, en toute sincérité et humilité, que dans le champ du Seigneur, près du bon grain il y a l'ivraie, laquelle nuit à la cause de l'Évangile et de l'Église de Jésus-Christ.
Surtout, il y a l'état moral de quelques prêtres qui trahissent leur vocation sublime : être les guides spirituels du peuple de Dieu sur le chemin de la sainteté.
Lors de sa visite, monseigneur Sarah a pu constater hélas la profondeur du malaise introduit dans le peuple de Dieu par la conduite peu exemplaire de certains de ses membres, dont certains appartiennent même au clergé, tant autochtone que missionnaire.
Le Saint-Siège s'est senti obligé de prendre les mesures nécessaires et de remédier aux situations irrégulières par lesquelles les pasteurs trahissent des engagements pris devant Dieu et devant l'Église, et scandalisent le troupeau. »

La presse a reconnu la gravité des faits. Elle a désigné les diocèses et les paroisses dans lesquels prêtres et religieux ont une famille, femme et enfants. Mais elle s'est étonnée aussi du fait que le Vatican ait mis si longtemps à prendre conscience de la situation.

On a pu lire dans *Centrafrique Presse* : « On navigue en pleine hypocrisie : le célibat des prêtres, en République centrafricaine comme ailleurs, est une utopie. »

Tandis que les missionnaires comboniens écrivaient dans *Nigrizia* : « Rome, étant donné son expérience multiséculaire, ne peut méconnaître la faiblesse humaine. Cependant elle n'a pas l'intention de revoir sa discipline. Pour ainsi dire, elle ne prend pas en compte la situation. Le Vatican voit les choses dans une perspective à long terme, alors que l'existence des prêtres, des fidèles et des non-baptisés se joue en l'espace de peu d'années.

« Nous ne sommes pas de ceux qui déclarent que le célibat n'est pas fait pour les Africains. Ou que le soi-disant culte de la fertilité et le besoin d'enfants ne leur permettent pas de renoncer à une descendance charnelle. Comme le mariage, le célibat pour le Royaume est un signe prophétique qui ne s'harmonise pleinement avec les valeurs d'aucune culture : ni celles du passé ni les actuelles, ni les africaines ni les occidentales. Le célibat ne peut être embrassé que dans la foi, et en pleine liberté. Le lier à des institutions et à des structures peut conduire à des situations dramatiques et scandaleuses, comme celle que nous sommes en train de critiquer. »

Le sujet est chaud.

Sachant combien le vœu de chasteté est peu respecté en Afrique, il ne manque pas de religieux pour chercher à sensibiliser à l'usage du préservatif.

Selon les Nations unies, l'Afrique compte 22 millions de personnes atteintes par le virus du sida.

À l'initiative d'un groupe de 14 sœurs sud-africaines travaillant auprès de malades atteints du sida, s'est créée l'organisation Sisters for Justice, dont le but est de protester contre l'interdiction formulée par l'Église quant à l'usage du préservatif.

Écoutons Velesiwe Mkwanazi, ex-leader catholique, puis fondatrice de la Women Ordination South Africa (WOSA) : « En Afrique du Sud, très nombreux sont les prêtres qui ont des relations sexuelles. Les paroissiens nous en rendent responsables, nous les femmes, en disant que nous séduisons les prêtres. Mais on nous apprend depuis toutes petites que nous devons respecter et honorer les hommes ; nous ne pouvons dire non à un prêtre qui, pour nous, est une source précieuse de communication avec Dieu. »

La multiplication des scandales sexuels au sein du contexte religieux africain oblige les responsables de l'Église à poser la question : sommes-nous sûrs qu'il existe un modèle valable partout et pour tout le monde ?

La réponse, ce sont les missionnaires comboniens de *Nigrizia* qui l'ont apportée : « Certains secteurs du clergé vivent une situation de schizophrénie, à cheval qu'ils sont entre deux cultures : l'africaine, dans laquelle ils sont nés, celle où ils ont grandi, et l'occidentale, reçue pendant leurs longues années d'études en philosophie et en théologie. Surtout ils n'ont pas assumé en toute liberté et franchise leur condition de célibataires, ce qui les a condamnés à faire l'expérience d'une grande frustration. »

Suffit-il d'améliorer la formation des futurs prêtres, comme le soutient l'Église ?

J'ai envie de citer à nouveau ce qu'écrivait, à propos des évêques, le théologien et sociologue camerounais Jean-Marc Éla dans *Repenser la théologie africaine*[1] : « La figure de l'évêque qui nous intéresse est celle de l'authentique serviteur de l'Évangile de libération [...]. Nous ne voulons pas rencontrer de hauts fonctionnaires de Dieu, mais d'humbles pasteurs que l'Esprit envoie à son peuple afin de ritualiser la tradition des évêques défenseurs des pauvres et des opprimés. »

1. Jean-Marc Éla, *Repenser la théologie africaine*, Karthala, 2003.

31

Mais en Afrique, il n'y a pas que des prêtres affamés de sexe, privés de scrupule et violeurs. Il y a aussi un très grand nombre de prêtres qui accomplissent leur œuvre missionnaire avec passion et engagement. Avec respect et dévotion. Des hommes et des femmes qui n'obéissent pas toujours aux lois rigides de Rome.

C'est le cas du père Félix.

Là encore, ma correspondance avec ce religieux s'effectue dans le monde virtuel.

J'ai plus de cinquante ans, je suis né dans un petit village de la province de Brescia. J'étais le seul fils d'une famille d'agriculteurs. Une famille normale, avec le papa qui s'occupait des champs et des animaux, pendant que la maman faisait tourner la maison. Nous n'étions pas riches, pas pauvres non plus.

Depuis tout petit, pour ainsi dire, j'aimais faire le fou. J'adorais vivre en plein air, jouer dans les champs, être avec les amis. Aller à l'école ne me plaisait pas. Bien souvent je n'y allais pas. C'est comme ça qu'on m'a expédié au séminaire. J'avais huit ans. Même mes parents ne se doutaient pas que je deviendrais prêtre un jour.

Je ne rentrais à la maison que pour Pâques et Noël. Les miens venaient me voir le dimanche. On allait à la messe, puis déjeuner dans une trattoria près du séminaire. C'était dur, quand ils repartaient. Je voulais toujours rentrer avec eux, retrouver mes sœurs, mes amis du village, mes journées dans les champs.

Les amis ont toujours beaucoup compté pour moi, et ça n'a pas changé. J'ai quelques bons amis en Italie, des gens de mon village, mais d'autres aussi que j'ai connus au séminaire et qui ne sont pas forcément devenus prêtres. Avec eux, j'ai fait d'interminables parties de foot, partagé les fatigues de l'étude et, à l'adolescence, regardé les filles qui venaient à la messe à la paroisse. Il n'y avait pas de possibilité de rencontrer des filles, de faire connaissance avec elles ; nos seuls contacts avec elles, c'était le dimanche.

Je me souviens de l'une d'elles, à qui je n'ai jamais parlé. Elle venait à la messe avec sa grand-mère. C'était une créature angélique, blonde aux yeux clairs. Je l'ai encore en mémoire. Que d'émotions elle m'inspirait ! Pourtant l'occasion ne s'est pas présentée de lui parler ni de faire autre chose, ces choses auxquelles il m'arrivait de songer.

J'en viens à l'appel du Seigneur. Vers mes seize ans, j'ai compris que la prêtrise était mon chemin. Mes parents et mes sœurs étaient ravis de ma décision. Le jour de mon ordination, ils ont organisé une grande fête à laquelle tout le village était convié.

J'ai été affecté dans une petite paroisse, chez des gens paisibles qui menaient une vie sans histoire. J'étais jeune, j'avais l'impression de perdre mon temps.

Ayant fait un jour la connaissance d'un missionnaire, j'ai décidé de partir pour l'Afrique. J'avais conscience de pouvoir être plus utile là-bas qu'en Italie. Je pourrais aider de façon beaucoup plus concrète, donner un sens véritable à l'appel du Seigneur, plonger les mains dans la boue. C'est ce que je voulais depuis toujours.

Je dirais que c'est l'ennui, pour le dire un peu brutalement, qui m'a poussé vers l'Afrique. Il fallait que je donne un sens à mon être de prêtre.

Je lui demande depuis quand il est en Afrique. S'il se rappelle ses débuts, une réalité différente, les premières difficultés…

J'y suis arrivé au début des années quatre-vingt-dix. Les premiers temps ont été difficiles, surtout à cause du manque de communication avec les gens du coin. On échangeait en anglais, mais on ne se comprenait pas. Les choses ont commencé à s'améliorer après que j'ai appris le kiswahili.

En ce qui concerne la logistique, je savais que je ne devais pas m'attendre à des merveilles, que je n'aurais pas une maison confortable comme en Italie, qu'il n'y aurait pas d'eau chaude, et qu'il me faudrait faire des kilomètres pour téléphoner. Mais ça ne me faisait pas peur. J'ai grandi à la campagne. J'ai toujours aimé ça.

Mais je me suis rendu compte tout de suite que je ne pourrais pas non plus être prêtre comme on l'était en Italie.

Comment a-t-il compris qu'il allait devoir changer sa manière d'être prêtre ?

En Italie, mon plus gros problème, c'était d'organiser les randonnées paroissiales et le catéchisme des enfants. En Afrique, c'est tout autre chose. Je devais offrir une espérance à tous les garçons qui fréquentaient ma paroisse ; il fallait leur faire comprendre que le Seigneur ne les avait pas oubliés, que ce n'était pas par punition divine qu'ils vivaient dans un bidonville.

Et les prêtres ? En quoi étaient-ils différents de ceux qu'il avait connus en Italie ?

Les prêtres que j'ai rencontrés en Afrique étaient des prêtres qui, parfois, ne disaient pas la messe. Qui ne revêtaient pas les habits sacrés. Qui devaient se salir les mains dans le mortier quand il fallait bâtir une église ou creuser un puits. Des prêtres qui s'occupaient du concret plus que de l'abstrait.

Ici, il y a vingt ans, on mourait encore de faim tous les jours. Aujourd'hui, les choses vont un peu mieux. Bon, on ne meurt plus de faim, mais on peut mourir d'une simple grippe. Tu as vite fait de comprendre qu'il faut être aussi concret que possible. Des fois, une aspirine, c'est plus important qu'une prière.

Quelles autres règles d'airain de l'Église lui a-t-il fallu adapter à ce contexte particulier ?

Quand je suis arrivé en Afrique, on ne savait pas grand-chose du sida. Les séropositifs étaient très nombreux. Pourtant personne ne faisait rien pour enrayer cette terrible épidémie, ni l'Église ni les États.

Depuis quelques années, dans ces régions, les gouvernements prennent des initiatives pour stopper la diffusion du virus, mais c'est encore trop peu. Ce qu'il faudrait, selon moi, c'est une prise de position bien nette de la part du Vatican.

Je vis dans un bidonville, avec des exclus, dans un milieu que la politique n'atteint pas ; je vis avec des gens qui se sentent oubliés par les autorités politiques du pays. Si c'était l'Église, et non pas l'État, qui se chargeait de promouvoir les initiatives officielles pour bloquer la diffusion du virus, les résultats seraient nettement meilleurs.

Le bon sens est fondamental. Si j'en avais manqué, je serais devenu fou il y a quinze ans. Ici, je dois adapter tous les jours la réalité officielle, une réalité de façade, à la vraie réalité vécue. Je dois obéir à l'Église, mais aussi faire tourner mon église. Notez bien : l'Église avec une majuscule, l'église avec une minuscule.

L'Église, c'est celle des prêtres, des évêques et des cardinaux qui ne savent pas grand-chose de ce qui se passe ici. L'église, c'est ma paroisse, mes paroissiens : des gens qui n'ont aucune certitude quant à leur avenir, qui ont seulement une cabane au-dessus de leur tête, et qui voient le curé comme un point de repère. Voilà, je suis obligé de travailler dans l'église en oubliant quelquefois l'Église.

Je crois que les cardinaux qui vivent à Rome, ça leur ferait grand bien un séjour en Afrique. Pas un de ces voyages officiels où on leur montre seulement les beaux endroits. Il faudrait qu'ils prennent leur sac à dos et en route. Comme je l'ai fait il y a longtemps. Partager la vie des gens. Respirer la puanteur des égouts. Voir naître un bébé déjà condamné à mort parce qu'on leur a dit de ne pas mettre de condom. Scruter le désespoir dans les yeux des adultes et des enfants. Et jouir en même temps de la vie avec eux, voir dans leurs regards la joie, l'espérance d'un avenir meilleur.

Je lui demande, comme pour Bianca, de me raconter une journée type de missionnaire.

Il y a toujours énormément à faire. Impossible de programmer. Le seul point fixe, c'est la messe du dimanche matin. Très différente de celle que je célébrais en Italie. On chante, on danse. Des gens, au moment de l'offertoire, me remercient en m'offrant une partie de ce qu'ils ont. De la nourriture, des légumes.

Le reste de la semaine, on prend les choses comme elles viennent. On travaille toujours dans l'urgence la plus totale.

Je m'occupe de gérer quatre centres d'accueil pour les *chokora*, les gosses qui sniffent de la colle (*chokora* veut dire « ordure »). Au total, il y a dans les 300 enfants. Des enfants pas faciles, complexes, pleins de problèmes. Des enfants que je dois convaincre de rester dans mon centre parce que c'est pour leur bien. Quand tu travailles dans ce genre de situation, tu sais ce que c'est que l'urgence. Souvent je suis obligé de courir à droite à gauche pour régler des problèmes. Non que mes collaborateurs n'en soient pas capables, mais les garçons, bien souvent, ont tendance à m'écouter moi plutôt que les autres, disons.

Quoi qu'il en soit, il faut prévoir de se lever de très bonne heure, à l'aube. La messe, je dois admettre que je n'arrive pas toujours à la célébrer quotidiennement, Dieu comprendra.

Le matin, accompagné des employés locaux, je fais un tour au centre-ville pour voir si des garçons qui sniffent de la colle ne voudraient pas venir vivre chez nous. L'après-midi, je vais d'un centre d'accueil à l'autre.

Le soir, je bois une bière avec un ami digne de confiance : impossible de me priver de ça. C'est le seul moment de la journée où je débranche. Où je peux enlever mes souliers et arrêter de penser à tout ce que j'ai vu et vécu dans la journée.

La bière, c'est le moment où je cesse d'être prêtre. Je ne suis plus qu'un homme avec ses amis. On parle politique, foot, livres. Femmes. J'essaie toujours de m'en tenir à une attitude de démocrate chrétien, mais j'ai des yeux pour voir, moi aussi. Je suis capable de dire si une femme est belle ou moins belle. Sûr qu'il y a de temps en temps des commentaires un peu lourds qui me mettent mal à l'aise, mais après tout, nous sommes entre amis, et il n'y a pas de raison que je m'en aille.

Quel est le meilleur côté de sa vie africaine ?

La liberté absolue. Je n'ai pas à me plier à des ordres, ou à des *imprimatur* venus d'en haut. En Italie, j'aurais une vie bien plus tranquille. La messe, les petites vieilles qui viennent te faire le ménage, le patronage. Mais je n'échangerais pas ma vie avec celle d'un prêtre italien. Je ne tiendrais pas une semaine.

Ici, en Afrique, je ne pourrais jamais empêcher les fidèles de chanter et de danser pendant la messe, je ne pourrais jamais les empêcher de garder cet héritage puissant venu des religions traditionnelles africaines. Si je le faisais, je me retrouverais à enseigner un christianisme faux, un christianisme qui n'est pas le leur.

Si j'importais ici, en Afrique, les diktats du Vatican, jamais je n'obtiendrais les mêmes résultats.

Le pape, il y a quelques jours, a entrouvert la porte à l'utilisation du préservatif. Mais même dans ce geste, j'ai vu beaucoup d'hypocrisie. Il dit que le préservatif peut être utilisé par les prostituées. Bien, très bien. Mais les autres ? Je distribue des condoms à mes fidèles depuis vingt ans, maintenant. Depuis que j'ai compris que prêcher l'abstinence est chose inutile.

J'ai commencé à distribuer des préservatifs parce que je devais présider à trop d'enterrements de jeunes vies. Des jeunes qui mouraient parce qu'ils étaient malades du sida. J'ai essayé de prêcher l'abstinence : en vain. Après, j'ai compris que le seul moyen, pour tâcher de ralentir le virus, c'était de leur apprendre à se servir d'un condom. C'est toujours difficile, de leur faire accepter ça, vu que pour un Africain faire l'amour avec un préservatif, c'est comme ne pas faire l'amour. Mais au bout de vingt ans, je puis dire avec une certitude absolue qu'ils s'y sont habitués petit à petit. On a sauvé quelques vies comme ça.

Je veux savoir à la lumière de cet exemple comment il concilie sa mission pratique et les règles imposées par Rome.

Sereinement. Il faut être fou pour imposer l'abstinence comme seule et unique méthode pour éviter la contagion. C'est vivre dans un monde irréel, un monde qui n'existe pas.

Les Africains se sentent libres, ils s'accouplent librement avec leur femme, mais ils vont aussi en voir d'autres. Avec leur femme, ils font l'amour pour avoir des enfants. Avec les autres, ils s'accouplent par pur instinct sexuel. Et ça, c'est très risqué pour la transmission des maladies.

Je pense être un bon prêtre, même si je distribue des condoms à mes fidèles. Au début, je le faisais en cachette. Maintenant je n'ai plus honte d'être surpris en train de donner des préservatifs.

Et les autres prêtres, le font-ils aussi ? Comment réagissent les évêques ? Sont-ils au courant ?

Disons que les prêtres qui vivent en Afrique le font presque tous. Et partout en Afrique. Les nouveaux, ceux qui sont arrivés récemment, essaient de faire comme je faisais moi il y a vingt ans : ils prêchent l'abstinence. Ça peut sembler absurde de voir en 2010 un jeune prêtre frais émoulu du séminaire débarquer en Afrique et prêcher l'abstinence, mais il ne peut pas faire autrement.

Nous autres, les anciens, nous sommes davantage habitués à cette situation, et nous distribuons des condoms sans problème. Je pense que les supérieurs sont au courant. Ils n'ont jamais rien dit. Sincèrement, même s'ils avaient quelque chose à en dire, je crois que je ne les écouterais même pas une minute. Je ne prêche pas l'amour libre, ni la promiscuité ; je pense que si je leur distribue des condoms, c'est seulement pour leur bien.

Et lui, lui arrive-t-il de se sentir seul ?

Je l'ai dit en parlant de ma bière, combien j'y tenais. Le soir, j'ai besoin de me retrouver avec des personnes de confiance. Bien sûr, quelquefois, mes sœurs me manquent. Je voudrais bien pouvoir prier sur la tombe de mes parents. Mais j'essaie de les avoir toujours présents dans mes pensées, et dans mes prières. Et puis, grâce à la technologie, les distances semblent moins réelles de nos jours.

J'insiste sur le sujet qui m'intéresse. Il ne lui manque pas une personne avec qui tout partager ? Une femme, une compagne, une épouse ?

Ça, c'est une question complexe, difficile à aborder. Les gens que je croise en chemin ont leur famille, leur vie. Après m'avoir salué, ils rentrent chez eux où quelqu'un les attend, si ça se trouve avec un bon dîner bien chaud, ou alors avec une engueulade parce qu'il est tard. Et tout ça, ça me manque.

Le soir, je referme la porte derrière moi. Et parfois je suis pris d'une tristesse infinie. Je voudrais avoir quelqu'un qui m'attende, avec qui partager mes joies, mes angoisses, mes peurs. Malheureusement ce n'est pas possible.

J'avouerais très sincèrement que, si j'en avais la possibilité, je me marierais tout de suite.

J'aborde alors le cœur de ma question. Sa vie sexuelle.

Je peux vous faire confiance ? De temps en temps, je quitte l'habit de prêtre et je vais chercher ce dont j'ai besoin. Et quand je fais ça, je n'ai absolument pas le sentiment de faire du tort au Seigneur.

Ça m'embête de ne pouvoir montrer au grand jour mon amour pour une femme. Ça me dérange d'être obligé de tout garder pour moi. Je crois que tous les prêtres du monde, ou presque, ont fait l'amour. Mais faire l'amour en cachette est malsain, tant pour l'homme prêtre que pour l'Église. Tout le monde sait et personne ne dit rien.

Tout serait plus simple, sans ce vœu de célibat. Comment un prêtre peut-il gérer des questions familiales quand il n'a pas de famille ? Je me suis trouvé en difficulté face à un homme et une femme mariés venus me raconter leurs problèmes avec leurs enfants, leurs parents. Ils me parlaient de choses que je n'ai ni vues ni vécues. Si j'avais une famille, je serais sûrement un meilleur prêtre.

Je demande des détails. Le sexe, ça se passe comment ? Où ?

Je le fais de la façon la plus naturelle du monde, au sens où je ne pratique aucune déviance. Je fais l'amour avec une femme, toujours la même depuis quelques années. Je sens que je l'aime, et je sens aussi que si je pouvais vivre cette situation au grand jour, je serais sûrement un homme meilleur. Mais Rome me dit que c'est impossible.

Je n'ai jamais parlé de ces choses à personne... À mon arrivée en Afrique, j'étais vierge, je n'avais aucune expérience. Je ne me rappelle pas exactement ce qui m'a pris, ma famille me manquait, je me sentais seul, j'ai cherché du réconfort auprès d'une femme.

Au début, je pensais que ce ne serait qu'un épisode isolé : un instant de faiblesse. J'avais honte devant Dieu. Après, je ne pouvais plus m'en passer. Que ce soit clair, je ne suis pas un possédé. Disons que je le fais deux ou trois fois par mois. Et je pense être un meilleur prêtre qu'autrefois. Je sais ce que veut dire éprouver un sentiment qui t'attache à une femme. Je ne sais pas si l'on peut parler d'amour. Quoi qu'il en soit, ça rapproche énormément. Je suis bien quand je suis avec elle. Je voudrais vieillir en l'ayant à mes côtés. Mais nous savons tous les deux que ce sera impossible.

J'espère qu'à l'avenir, nous autres prêtres aurons la possibilité de nous marier, même si je ne crois pas que ce soit pour demain. Mais quand ça viendra, ce sera un bien pour toute l'Église.

D'après la perception qui est la sienne, combien de prêtres mènent en Afrique une vie sexuelle clandestine ?

Chez les jeunes, ceux qui débarquent en prêchant l'abstinence, tous les prêtres ont une vie sexuelle. Pour ce que j'en sais, il y a beaucoup de prêtres homosexuels, mais pas en Afrique. Ici, les homosexuels sont encore traités complètement différemment, ils sont exclus. Le bruit s'est répandu chez les prêtres qu'au Vatican on donne tous les jours des festins avec des prêtres un peu efféminés, si vous me permettez l'expression.

Quelles sont ses relations avec les sœurs ?

Dans mes établissements, j'ai de jeunes sœurs, presque toutes des Indiennes, ou des Sud-Américaines. Sincèrement, je ne les ai jamais regardées comme des objets de désir. Mais je pense qu'elles ont leur instinct sexuel, elles aussi, et qu'elles recherchent peut-être le contact des hommes. Prêtres et sœurs travaillent tous les jours en contact étroit, et il doit y en avoir qui se connaissent, si je puis dire, profondément. Mais je n'en suis pas sûr. Ce sont des suppositions.

Je remercie le père Félix pour sa sincérité.

À nouveau je vous demande d'utiliser tout cela avec beaucoup de prudence.

Je vous remercie : pour une fois, j'ai fait une confession à l'envers.

Je vous embrasse.

Moi aussi, je vous embrasse, père Félix. Bonne chance pour tout.

32

Après avoir correspondu par e-mails pendant quelques semaines, j'arrive à me connecter sur Skype avec le frère Ksawery Knotz. Un interprète est présent pour traduire notre conversation.

Le visage qui apparaît sur mon écran d'ordinateur ne m'est pas inconnu. Il suffit de taper son nom sur Google pour voir défiler une liste de près de 40 000 pages Web.

En Pologne, le frère Ksawery est une célébrité. En 2009, son nom a paru dans tous les journaux, et les télévisions se sont disputé pendant des semaines le privilège de l'avoir à l'antenne. Tout cela à cause d'un livre : *Sex as you don't know it : For married couples who love God*[1] (« Le sexe comme vous n'en avez jamais entendu parler : pour les couples mariés qui aiment Dieu »).

Rien de renversant dans cet ouvrage, si ce n'est qu'il est de la plume d'un frère – le frère Ksawery lui-même.

Un petit succès éditorial, une réimpression quelques semaines à peine après sa sortie, des traductions à l'étranger. Des chapitres tels que « La Religion t'aidera à augmenter ta

---

1. Ksawery Knotz, *Sex as you don't know it : For married couples who love God*, SW Pawel, Varsovie, 2009.

libido », ou encore « L'*ars amandi* est utile même dans les périodes d'infertilité », ont attisé la curiosité des lecteurs. Les médias en sont même venus à parler de véritable « Kama Sutra catholique ».

En dépit de cette popularité inattendue, le frère Ksawery n'a pas la tête d'un homme qui s'amuse à déclencher des tourmentes. Une épaisse barbe brune lui mange une grande partie du visage, tandis que la chevelure est plutôt clairsemée. Des lunettes à montures noires entourent un regard profond.

Il est 21 heures, il est visiblement fatigué. Nous nous présentons ; il plaisante un peu avec l'interprète. Dans la vie, le frère Ksawery doit être un homme simple et facile. Au premier abord, on a l'impression d'une personnalité sévère.

Derrière lui, la Webcam cadre une petite chambre où j'aperçois un lit et une bibliothèque en bois encombrée de livres. La lumière est faible, on ne voit rien d'autre. Tout paraît empreint d'une grande sobriété. Entre deux réponses, il sirote un thé.

Tel est le frère Ksawery ; telle est la synthèse d'un dualisme en apparence inextricable entre le sexe et l'Église catholique. Le frère Ksawery n'a pas la langue dans sa poche. Il parle tranquillement de masturbation, de vagin, d'éjaculation, etc. Dans une perspective strictement catholique. Ce qui signifie pour lui relier la phénoménologie du sexe à la lumière du message christique.

Mais avant de discuter avec le frère Ksawery, voici ses maximes en matière de sexe, telles que publiées sur le site polonais szansaspotkania.net, réflexions qui ont inspiré la rédaction du *Sexe comme vous n'en avez jamais entendu parler.*

« Ouvrir une célébration conjugale, c'est se câliner, s'embrasser, se masser, échanger des caresses y compris sexuelles. D'un point de vue psychologique, ces gestes ont le pouvoir d'influer sur l'harmonie des époux, alors la conscience de la relation érotique est plus importante encore que l'orgasme lui-même. (…) Faire des baisers sur le corps de l'être aimé est signe de respect, de connaissance, d'adoration et même de communion. C'est un signe de paix. Échanger des gestes tendres, c'est célébrer le corps de l'époux. (...) Exprimer sa tendresse, c'est exprimer du fond du cœur une volonté de s'unir à l'autre. Si ces gestes ne durent pas assez, ils échouent à créer la conscience de la communion conjugale.

(...)

« Les époux qui s'appliquent à considérer sérieusement les recommandations morales de l'Église catholique doivent être sûrs que, s'ils commencent à échanger des gestes tendres en ayant à l'esprit l'idée d'avoir un rapport sexuel complet (s'achevant par une éjaculation à l'intérieur des organes génitaux féminins), alors tous les comportements possibles (différentes sortes de caresses, et de positions sexuelles) contribuant à améliorer la qualité de la vie sexuelle sont permis et approuvés par Dieu.

(...)

« Il y a cependant un problème quand mari et femme ont recours à des excitants en tout genre : cockrings, balles vaginales, substances chimiques pour augmenter la libido sexuelle, contraceptifs. Ces types d'instruments sont supposés inciter au plaisir, l'augmenter, et le rendre accessible à tout moment. Mais les époux qui s'engagent sur cette voie doivent savoir qu'elle est dangereuse. À jamais insatiables, ils abuseront de l'acte sexuel, et le rabaisseront, au risque parfois d'en perdre la signification originelle. Se soucier du plaisir de l'autre ne sera plus le don d'une personne à une autre personne, mais deviendra une technique d'excitation mutuelle. La vraie relation se crée quand une personne donne du plaisir à l'autre à l'intérieur des limites fixées par la nature et par la biologie humaine.

« Quelquefois, le mari a besoin d'une stimulation manuelle pour être excité. Dans de nombreux cas, la femme éprouve un plaisir intense si, pendant qu'elle le stimule, son mari lui stimule le clitoris. Le mari doit être perceptif à ce genre d'exigences de la part de la femme.

(...)

« Un des doutes les plus répandus chez les couples catholiques concerne le sexe oral. Est-il ou non moralement acceptable ? Ces doutes proviennent souvent du fait que cette forme de tendresse se trouve valorisée par un grand nombre de sites pornographiques en mal de clientèle. Dans ce contexte, le sexe oral passe pour une perversion, une dépravation, et les époux préfèrent souvent le tenir à distance. Cependant l'ambiance d'un site pornographique diffère de celle qui prévaut dans l'amour conjugal. Le fait d'embrasser les organes génitaux externes, d'y mettre les lèvres et la langue, est moralement acceptable en tant qu'élément préliminaire d'un rapport, et ne doit pas être regardé comme un péché. L'Église se contredirait elle-même en affirmant qu'il est acceptable de caresser et d'embrasser toutes les parties du corps de la personne aimée : la bouche, les seins, les cuisses, les fesses, mais à l'exception toutefois des organes génitaux.

(...)

« Les autorités de l'Église n'entrent pas dans les détails. Ils ne traitent pas du rôle de la masturbation dans un rapport préliminaire. Les indications du pape à ce sujet sont reliées au thème principal de façon seulement indirecte. Il parle par exemple de la "permission de rechercher le plaisir selon la volonté de Dieu". Il ne dit rien, toutefois, sur la façon dont les époux doivent accomplir cette volonté.

(...)

« Quoi qu'il en soit, il faut noter que la stimulation des organes génitaux est une des manières les plus intimes d'exprimer la relation, le sentiment. Dans le cas présent, l'aspect essentiel concerne les sentiments partagés par les époux, et leur consentement réciproque à ce type de stimulation. Une intimité profonde, et la nature spécifique des actes de ce genre, rendent nécessaire le dialogue conjugal. Les époux doivent être au courant des sensations éprouvées de part et d'autre. (...) Plus la stimulation est intime, plus il faut de douceur et de sensibilité.

« Le sexe oral, entendu comme une stimulation conduisant à l'orgasme sans qu'il y ait rapport sexuel complet tombe dans la même catégorie morale que la masturbation et le coït interrompu. Quand les époux pratiquent le sexe oral de cette façon, ils sont conscients qu'une stimulation aussi directe des organes génitaux conduira au maximum de plaisir. La période d'abstinence n'est pas adaptée à la recherche de sensations aussi intenses que celles procurées par le sexe oral. Ce type de stimulation peut accompagner un rapport complet qui culminera avec l'introduction du pénis dans le vagin, et par l'éjaculation à l'intérieur de celui-ci.

(...)

« C'est seulement après avoir éprouvé un orgasme, parfois plusieurs, qu'une femme excitée peut se sentir satisfaite.

« Par amour pour sa femme, le mari, après qu'il a atteint sa satisfaction personnelle, doit obligatoirement caresser les lèvres vaginales et le clitoris de sa femme jusqu'à ce qu'elle atteigne l'orgasme à son tour. Car un mari qui laisse sa femme seule et insatisfaite lui fait du mal. Certains hommes le font par ignorance : ils croient que le temps d'activité sexuelle de la femme prend fin quand le leur cesse. Ceci prouve la tendance de l'homme à percevoir l'acte sexuel comme un acte qui mène directement à la pénétration et à son orgasme à lui. Dans cette optique, il n'y a de place ni pour un rapport préliminaire, ni pour la pleine satisfaction de l'épouse. »

Il y a maintenant matière à nourrir la discussion avec le frère Ksawery Knotz.

Ma première question sera la plus espiègle, la plus prévisible aussi.

– Frère Ksawery, commençons par balayer tous les doutes : comment faites-vous pour connaître si bien votre sujet ?

– Je lis beaucoup et j'ai des contacts étroits avec des couples mariés que je rencontre régulièrement, tous les week-ends. Ils me racontent beaucoup d'histoires en rapport avec leur vie sexuelle. Certaines sont belles, d'autres laides.

J'ai réussi à en saisir les nuances, et à décrire ces expériences dans mon livre.

– À force de parler de sexe aussi souvent, ne courez-vous pas le risque de céder à la tentation ?

– Paradoxalement, c'est quelque chose qui rend plus simple ma vie de célibataire. En effet, je suis en contact avec des époux qui s'aiment. Ils ont leurs problèmes, sérieux quelquefois, mais ils se soucient l'un de l'autre, pour beaucoup d'entre eux en tout cas. Et je ne pense pas au sexe comme à une expérience des sens, car je peux voir de mes propres yeux combien est profond l'amour dans un couple. C'est une relation très spirituelle.

– Toujours lucide et détaché, alors ?

– Par ce contact avec des femmes mariées, je deviens en quelque sorte plus pur. Je sens leur amour, et je deviens encore plus conscient du fait que s'aimer est autre chose qu'une attitude du type « Si nous avions une expérience sexuelle ensemble ? » Et puis il y a un aspect de l'histoire qui rejoint mon identité de prêtre. Quand Dieu t'appelle, tu deviens plus sûr de toi.

« Prenons un exemple. Mettons qu'un homme marié rencontre des femmes plus attirantes que sa femme. L'idée va peut-être l'effleurer d'avoir avec elles des rapports sexuels, mais il s'agit alors d'une dimension différente, car s'il aime vraiment sa femme, il a envie d'être seul avec elle, et il sait que cette envie d'être seul avec elle est autre chose qu'avoir des rapports sexuels.

« C'est la même chose pour moi. J'ai ma vie, et je peux penser à la vie des autres de toutes sortes de façons. Mais il s'agit là d'expériences superficielles, rien de plus, qui ne modifient pas mon attitude personnelle. La question de l'identité est très importante quand il est question de ces sujets. Ma vocation est claire : c'est la vie monastique, le sacerdoce du célibat. Si j'avais des doutes sur ce point, ça ne marcherait plus.

– La question n'est peut-être pas aussi simple pour tous vos collègues ?

– Ils ont certainement des conflits intérieurs, des inquiétudes, car chacun d'entre nous affronte cette question d'une manière différente. Même ceux à qui la chose paraît facile doivent néanmoins apprendre à se familiariser avec la sexualité. En effet, demain, un problème peut surgir. Nous sommes fragiles, nous les êtres humains.

– Quand surgit un problème, vous arrivez à vous soutenir les uns les autres ?

– Si un prêtre qui a des problèmes les met au grand jour, il est traité avec un amour spirituel. Dans tous les cas, il faut beaucoup parler. Celui qui tente de résoudre ses problèmes tout seul risque de perdre le cap. Il faut avoir quelqu'un à qui se fier, avec qui pouvoir parler de prêtre à prêtre, à qui demander secours, soutien, conseil. C'est une nécessité.

– Pourquoi les couples s'adressent-ils à vous ? À vous qui ne savez même pas ce qu'est la vie de couple ?

– En psychologie, l'approche du thérapeute est la plus neutre possible. Je fais la même chose. Quand je parle avec un couple marié, ils m'écoutent, et surtout ils ne confondent pas ce que je dis et ma vie personnelle. Ils savent que je parle de leur expérience, de leurs problèmes, lesquels ne sont pas miens. Je prends un exemple. Si je dis à un mari qu'il n'en fait pas assez pour exciter sa femme, il ne le prend pas mal. D'un autre côté, si j'étais un homme marié, la femme pourrait dire : « Tu vois, lui, il sait et toi tu ne sais pas. » Une rivalité surgirait. Le thérapeute est une personne neutre qui prend du recul et observe la situation.

« Ce n'est pas toujours facile, loin de là. Il m'a fallu du temps pour parvenir à une espèce de synthèse, pour voir les détails, les problèmes, pour convaincre les couples que je pouvais les comprendre. Mais c'est un processus, et ils savent en tout cas que je suis au courant de leurs problèmes. Même s'il y en a que je ne peux pas résoudre, je peux du moins les connaître en détail, et en parler avec précision.

« Et puis il y a la satisfaction de faire quelque chose dont les personnes ont vraiment besoin. Il y a des couples pour qui la sexualité devient un sujet de disputes, de souffrances. Ils se quittent, se tourmentent, ou alors ils ont des dilemmes moraux.

« Le travail que je fais est nécessaire. Donc je me sens satisfait, je sens que les gens ont besoin de moi. Au fond, c'est la signification même de ce qu'est être membre de l'Église catholique : nous vivons pour les personnes, ce sont elles qui donnent son sens à notre vie.

– Les considérations contenues dans votre livre s'appliquent-elles aussi aux couples homosexuels ?

– Je ne travaille pas avec des couples homosexuels parce que c'est un autre domaine qui requiert une attitude différente, une autre façon de dire les choses. De toute façon, il m'arrive parfois de me trouver dans des situations où un membre du couple est homosexuel, mais reste marié. Par exemple, un homme reste avec sa femme parce qu'il y a des enfants, ou parce que s'il s'est engagé dans une relation hétérosexuelle, c'est précisément dans l'espoir de changer d'orientation.

« La situation typique est la suivante : il a femme et enfant. Il les aime beaucoup tous les deux. Mais quand il vient à nos rencontres, auxquelles participent de nombreux couples, il voit que tout le monde court après une meilleure vie sexuelle, que tous se sentent plus passionnés et romantiques, plus amoureux, alors que lui, il est là, tout seul, à penser à son ami, ou à se dire qu'il adorerait avoir un ami et éprouver lui aussi le même romantisme. Je connais plein d'histoires sur ce sujet, car ces choses-là arrivent.

– Quand vous parlez de l'homosexualité, vous la traitez de façon naturelle ou comme une particularité de la nature ?

– Je suis expert en couples hétérosexuels. Il est naturel qu'un homme et une femme se rencontrent et s'éprennent l'un de l'autre. D'autre part, les toutes dernières recherches montrent qu'il existe différents niveaux d'homosexualité, disons des degrés de un à dix. Ce qui veut dire que la chose peut s'exprimer dans beaucoup de nuances différentes.

– L'homosexualité est une chose maligne, contre nature ?

– Si quelqu'un est homosexuel, il est homosexuel et voilà tout. Si nous avons la possibilité de le connaître mieux, nous pouvons même découvrir les raisons, comment il se fait qu'il soit devenu homosexuel. Mais souvent, la personne ne le sait pas elle-même. C'est comme ça, point. Il vit sa vie et nous devons l'aider, l'aider à se comprendre. On ne peut pas émettre un jugement moral sur l'homosexualité en soi.

– Une aide pour retourner à Dieu et lui faire comprendre qu'il est dans l'erreur ? Ou une aide pour qu'il accepte son homosexualité, afin de la vivre mieux ?

– Tout dépend de la façon dont vous l'entendez. C'est une question très difficile, un mélange de vie et d'idéologie. Cela dit, il y a un homme dans tout ça, quel qu'il soit. Cet homme cherche à améliorer sa vie, à vivre heureux à sa manière.

« D'un point de vue sacerdotal, on ne doit pas juger quelqu'un moralement, car personne n'a rien à y gagner. C'est la même chose pour un couple marié qui a recours à des contraceptifs. Qu'y a-t-il à gagner si je les juge moralement ? Alors que ce dont ils ont vraiment besoin, c'est de comprendre ce qui se passe entre eux ? Même chose pour les homosexuels. Il faut être très sensible car ils affrontent beaucoup de conflits intérieurs, beaucoup de problèmes avec leur propre vie, beaucoup d'angoisses. Ils ne faut pas qu'ils perdent le sentiment d'être respectés et aimés sous prétexte que quelqu'un veut les aider.

– Il y a des homosexuels dans l'Église ?

– Il y a des homosexuels dans toutes les communautés. Donc il y en a dans les communautés de prêtres. Il est difficile de dire combien. Au fond, il n'y a rien de certain.

– Même dans votre communauté ?

– En Pologne, c'est quelque chose qui se fait clandestinement. Ce n'est pas comme aux États-Unis ou au Canada, où les prêtres homosexuels ne craignent pas d'être découverts.

– Quand je lis votre livre, une pensée provocatrice me vient : peut-on dire que le sexe est une forme de prière ?

– Dieu est caché dans la relation entre époux, dans leur expérience de l'amour. Ce n'est pas un acte religieux typique, comme une prière, mais une présence de Dieu dans la beauté de l'acte. Dieu crée cette beauté par sa présence. Dieu est dans la relation conjugale qu'ils créent. Et cette relation est aussi de nature sexuelle. Mais il est certain que ce n'est pas à Dieu que tu penses à ce moment-là. Quand tu embrasses ton partenaire, tu ne penses pas à Dieu mais au baiser, et au plaisir que ce baiser te procure. Dieu est présent dans toute l'expérience de la beauté, de la joie, du bonheur. Il y a donc une présence de Dieu, mais la signification est différente de ce qu'elle est dans une prière, une prière entendue comme un acte direct.

« Je cherche à mettre l'accent sur le fait de créer une relation. La sexualité n'est pas seulement une question de sensations, mais aussi de relation entre deux époux. Or on ne peut créer certains liens sans préliminaires et sans intimité. Et l'expérience sexuelle ne se justifie pas seulement par la procréation. Elle a aussi pour but d'unir les personnes. C'est une grande expérience d'union.

Parole de frère, parole du frère Ksawery Knotz.

33

« Ciao, très cher Carmelo, je suis don Matteo, un prêtre d'un diocèse de l'Italie du Nord.
Merci pour ce travail dans lequel vous racontez l'histoire de plusieurs prêtres homosexuels. L'heure est venue de ne plus se taire, d'arrêter de faire comme si de rien n'était.
Pardon d'écrire seulement maintenant, mais mes engagements pastoraux m'ont beaucoup accaparé.
Je souhaite vous dire brièvement ce que j'ai vécu, l'histoire amère et triste qui a marqué ma vie de chrétien, d'homme et de prêtre. Je suis furieux, déçu, découragé.
Il y a trois ans, j'ai été envoyé dans une paroisse, avec un curé et un prêtre qui avait quelques années de moins que moi. Notez que j'étais ami avec ce dernier, nous avions été au séminaire ensemble.
Après quelques mois de vie commune, je me suis aperçu qu'il avait des penchants homosexuels ; de temps en temps, il avait des rapports tarifés avec des escorts. Je vous laisse imaginer ma déception, ma colère, mon dégoût, quand je l'ai appris.

Mais ce qui m'accablait le plus, c'étaient les bobards en tout genre qu'il me racontait pour cacher sa double vie.

Il y a plus. Après quelque temps, parce que j'en avais par-dessus la tête de cette farce, je me suis confié au curé. Sa seule réaction a été de me dire que ce n'étaient pas ses affaires. À moi de me débrouiller avec ce que j'avais découvert. Pour sa part, il ne voulait pas savoir.

Suite de l'histoire : je fais comprendre à mon confrère que je suis au courant. Un jour il me demande de l'aider, le lendemain de m'occuper de mes affaires, que sa vie privée ne regarde que lui, qu'il fait ce qu'il veut. Je supporte quelque temps. Mais je finis par aller en parler à l'évêque. L'évêque le convoque, le fait parler, puis laisse tomber. Ou plutôt il l'appelle de temps en temps, lui demande comment il va, s'il y a du changement. Bien entendu, le prêtre homo répond qu'il se fait aider par un psychologue, que le problème est quasi résolu.

Il avait la responsabilité de la pastorale des jeunes ; et personne n'a rien à dire sur son aptitude à remplir cette tâche.

Résultat : il poursuit sa vie nocturne sans s'en faire. Quant à moi, l'évêque m'a éloigné de la paroisse. Il m'en a confié une autre, pendant que l'aumônier continue de faire tranquillement et librement ce qui lui chante.

Je vous laisse le soin de conclure, cher Carmelo. Je suis indigné, déçu. Par chance, le Bon Dieu continue de me donner la sérénité et l'envie d'être prêtre.

Merci de m'avoir écouté.

Don Matteo. »

Je prends aussitôt contact avec don Matteo. Je saute dans ma voiture pour presque cinq cents kilomètres de route.

Il m'accueille à la porte du presbytère. Nous entrons dans son bureau : un secrétaire, deux chaises, un divan, une bibliothèque murale, un crucifix. L'atmosphère est plutôt fraîche. Anonyme. Il y a des cartons par terre. Il dit qu'il vient d'arriver dans la paroisse, et qu'il n'a pas fini son emménagement.

Don Matteo est devenu prêtre à trente-cinq ans. Avant, il a dû se battre contre une grave maladie. Aujourd'hui, après des années de traitements et de sacrifices, sa santé s'est améliorée, même s'il n'est pas guéri.

Il vient d'un village du Nord.

Avant d'entrer au séminaire, il menait une existence plutôt tranquille. La vie de tous les fils de bonne famille nés à la campagne. Sorties l'après-midi, café, jeux, retrouvailles avec les amis, balades ; le soir, la télé avec maman, papa et la grand-mère, puis la tisane et au dodo car il se fait tard. Des distractions saines, d'un autre temps. Du genre à faire rire les gens quand tu leur en parles ; ou alors ils se demandent si tu ne te fiches pas d'eux.

Matteo est heureux comme ça.

La première fiancée arrive comme dans un jeu : c'est une amie d'enfance. Des relations platoniques et sans intimité, au sens où le temps qu'ils passent ensemble est partagé avec sa famille à elle, qu'il connaît très bien. Les dimanches ils sont chez elle, à la campagne, au coin du feu, avec maman, papa, deux frères et leurs épouses, la tante restée vieille fille, l'amie de celle-ci, vieille fille également.

De temps en temps, Matteo hasarde une requête : une promenade dans les champs. Il y met un brin de malice dont il faut dire qu'il a un peu honte. Mais non, rien à faire. Elle ne voudrait pas que ses parents aient des soupçons. Et puis il y a la tante, la vieille fille : elle pique des colères, celle-là... Non.

Matteo comprend. C'est un brave garçon. Il ne veut pas trahir la confiance d'une belle-famille qui le traite comme un fils.

La fille, à la fin, décide qu'elle veut se marier et que tout doit aller très vite. Mais Matteo ne se sent pas prêt ; il n'est pas si sûr qu'elle puisse être la compagne de toute une vie.

Ils se séparent. Elle en épouse un autre presque tout de suite ; elle a aujourd'hui deux enfants.

Matteo aussi trouve une autre fiancée. Pas vraiment belle. Même la grand-mère de Matteo, qui est à moitié aveugle, après l'avoir rencontrée, une fois seule avec son petit-fils lui dit : « Tu ne vas pas te mettre avec celle-là, hein ? Elle est moche. »

Moche, douce, gentille. Une brave fille. Mais ça ne marche pas. Fin de l'histoire.

Nouvel essai : une autre fiancée apparaît. Cette fois, c'est une fille beaucoup plus grande que lui. Une personne exquise, mesurée, mais qui sort du rang et vient d'une famille bien en vue ; elle le couvre d'attentions, de câlins, de prévenances.

Elle est la première à laquelle Matteo confie l'idée qui le travaille depuis quelque temps : entrer au séminaire. La douche froide. La fiancée le prend mal, très mal. Elle le laisse partir.

Ils restent bons amis. Elle ne s'est jamais mariée. De temps en temps, ils s'appellent.

Matteo n'a jamais eu de rapports sexuels.

« Je ne sais pas si ça vient des sains principes auxquels j'ai été habitué depuis tout petit. J'ignore si ce n'était pas ma vocation latente qui m'empêchait d'avoir des relations charnelles avec une femme. C'était peut-être à cause du message effrayant qui émanait de mon milieu ambiant : le sexe y était une chose mauvaise ou, pour employer un terme moderne, c'était tabou. Bien qu'attiré par les femmes, je ne me suis jamais senti de m'abandonner à des actes sexuels. Je n'ai jamais regretté ce choix, et je ne me sens pas du tout stupide de ne pas en avoir profité quand c'était le moment. Ce sont des choix de vie, des choix qui s'entrecroisent aussi, et surtout, avec mon milieu d'origine. En ce qui me concerne, en tout cas, les sains principes moraux m'ont toujours aidé, et non pas contraint. J'en suis fier, aujourd'hui plus que jamais. »

Don Matteo est grand, maigre, bien fait. Cheveux clairs, regard vert. Dans les quarante ans. Il a l'air d'un homme malheureux.

Cette mutation, il ne l'a pas digérée ; les cartons pas encore ouverts en sont la preuve. On lit dans ses yeux de la colère, du dépit, de la résignation.

Je me lève, je prends ma chaise et je fais le tour du secrétaire pour aller m'asseoir à côté de lui.

Don Matteo allume l'ordinateur. Il apparaît sur la page d'accueil au milieu d'une vingtaine de garçons, tous des adolescents, lors d'une sortie en montagne.

Ils sourient. Ils sont heureux. Ils sont purs.

Le prêtre se tourne vers moi. Me regarde. Saisit des CD-Rom et en insère un dans l'ordinateur portable. Il pose la main sur la souris. Double clic.

Vidéo : un homme en train de faire une fellation à un autre homme. Ça dure une dizaine de secondes.

Vidéo : un homme nu se masturbe sur la table d'examen d'un médecin. Le docteur entre. Ils ont un rapport sexuel. Même durée que la précédente.

Vidéo : trois hommes dans une salle de gym.

Il y en a comme ça des centaines et des centaines. Toutes téléchargées sur Internet et conservées dans des dossiers répertoriées : 4 juin, 5 juillet, 7 août, et ainsi de suite. Les CD-Rom totalisent au minimum plus de 4000 fichiers. Plus de 4000 films courts pornos gays.

À quoi s'ajoutent au moins 1000 photos du même acabit.

Toujours des hommes. Adultes et consentants. Pas de vieux, pas d'enfants. Aucune scène de pédophilie. Pas de violence. Rien de rien. Seulement des garçons sportifs, hypermusclés, sans un gramme de ventre, bien faits, épilés, dotés d'une belle peau. Et bien montés. La fellation est l'élément dominant.

Un dossier est nommé « porc-maur ». Clic. Six fichiers vidéo.

Clic. Scène filmée. Sûrement par une caméra fixée dans un angle à l'intérieur d'une maison. On voit seulement un radiateur, un bout de mur habillé de carreaux marron, un peignoir et des toiles blanches. Le radiateur est surmonté d'une grosse batte de base-ball. C'est l'élément central de la scène : la batte de base-ball.

La tête d'un homme s'approche de la batte. On ne voit que sa bouche, son menton, une partie du cou. Il crache sur le bout de la batte. Ses mains y étalent la salive. Il crache encore.

Il pose son pied sur le radiateur. Socquette noire. Apparaît une jambe nue, puis l'autre. La batte de base-ball finit dans le derrière de cet homme ; il pousse vers le bas.

Il halète. Il crie. Il hurle de douleur. Il la retire. La batte est pleine de sang.

Une minute, dix-sept secondes.

Clic. Double clic. Scène filmée. Une cordelette est nouée à la batte de base-ball, à une quinzaine de centimètres de son extrémité supérieure. Une main entre dans le champ et dépose de la salive sur la batte. Elle l'étale.

La figure. Sa figure se rapproche de la pointe de la batte, s'assure qu'elle est filmée par l'objectif, et se tourne vers la caméra fixe. Un brun. Aux cheveux courts. Aux sourcils épais. Il parle : « Maintenant je veux me la prendre dans le cul jusque-là. »

Il s'empale sur la batte. Il halète. « Aïe, aïe, aïe. »

Sa main passe derrière, à la recherche de la cordelette. Elle la trouve, la touche. « Encore un peu. » Il pousse. « Encore un peu. » Il l'extrait. Il n'est pas satisfait. « Je n'ai pas réussi. »

Clic. Double clic. Scène filmée. Le cadre est légèrement plus large. On découvre maintenant un lavabo et, dessous, une poubelle de salle de bains.

La batte de base-ball est couverte d'excréments. Il la nettoie avec du papier hygiénique.

Il s'y remet. Il halète. Il hurle : « Que ça fait mal, je la sens à l'intérieur, je la sens à l'intérieur, je la sens trop profond, elle me casse le cul. »

Clic. Double clic. Scène filmée. Sa figure, près de la batte, se tourne de nouveau vers la caméra pour annoncer le « clou du spectacle ».

Il se remet sur sa batte. Il bouge. De haut en bas, de bas en haut. Il la retire. Du sang, beaucoup de sang.

Clic. Double clic. Scène filmée. La dernière.

Il crache. Il répand. Il regarde l'objectif. Il annonce le « super moment final ». Il halète. « Allez, on pousse. » Il est seul. La cordelette disparaît. Mais la batte de base-ball ruisselle de filets de sang. « Allez, casse-moi le cul. »

Il la retire. Se masturbe. Il éjacule sur la batte pleine de sang.

Je me tourne vers don Matteo. Impassible. Immobile. Aucune expression.

Je jette furtivement un coup d'œil vers son pantalon. J'appréhende. Je demande une pause. J'ai envie de sortir fumer un cigare.

Don Matteo s'empare de sa souris.

Clic. De nouveau la photo des garçons en sortie, heureux et tout sourires en compagnie de leur curé. Don Matteo me dit qu'il va faire un saut à l'église pendant que je fume. Il sort.

Je me rends dans le jardin. Entre la porte et le portillon de la barrière.

Deux enfants approchent, un garçon et une fille ; ils portent le short classique bleu, la chemise, le foulard de scout. Ils demandent après le prêtre. Je réponds qu'il est à l'église.

Je ne parviens pas à ouvrir le portillon. Ils attendent dehors.

Au retour de don Matteo, ils nous suivent dans son bureau. Ils ont besoin de faire des photocopies. Puis ils repartent. Don Matteo ferme la porte.

Il s'assied.

Un autre dossier. Encore marqué « porc-maur ».

Clic. Double clic. J'imagine la caméra fixe. Une autre salle de bains, différente de la précédente.

Sur le carrelage, comme une stalagmite, se dresse une sorte d'épieu. De quoi s'agit-il ? Difficile à dire… L'épieu a la forme d'un crayon. Mais il est grand, long. Un pied de parasol.

Il se place face à la caméra. Il plie les genoux et s'enfonce l'épieu dans le derrière. Sa figure reste bien visible. Le cadrage le montre entièrement. Nu. Grand. Maigre. Au poignet, une montre rectangulaire à bracelet argenté.

Il halète. « C'est un géant, il me défonce le cul. » Il crie. « Il me défonce le cul ! »

Il se masturbe tout en remuant de haut en bas sur l'épieu enfoncé en lui. Il saisit la caméra. Il filme son propre visage en gros plan, tout en continuant de se masturber.

Dans la vidéo suivante, l'homme recommence l'opération avec un gros concombre.

Encore un dossier. Un des fichiers indique « Le mien. »

Une cinquantaine de photos au moins. Un seul sujet : lui. Ou, pour être plus précis, son pénis.

Plusieurs photos prises de bas en haut : nu, le pénis en main, le visage bien visible.

Je regarde don Matteo. Je me lève. Je reviens m'asseoir en face de lui. Je lui demande de commencer par le début.

34

À sa sortie du séminaire, don Matteo est envoyé dans une paroisse de campagne. Il y retrouve son grand ami, prêtre lui aussi, établi là depuis un an : don Maurizio.

Ils ont fait leurs études ensemble, et sont très proches. Si proches qu'au séminaire quelqu'un avait fait circuler de vilaines rumeurs à leur sujet. De fausses rumeurs. Car il n'y avait rien d'autre entre eux qu'une pure amitié. Une amitié qu'ils partageaient également avec un troisième séminariste, don Guido, qui les accompagnait souvent quand ils sortaient pour aller manger une glace ou voir un film.

Don Matteo arrive dans la paroisse qui lui est attribuée. Un très riche village de l'Italie du Nord : plus de 20 000 habitants, une population paisible qui vit bien, a peu de problèmes et travaille. Le dimanche, l'église est pleine de fidèles.

En somme, la meilleure affectation que l'on puisse espérer. Et si l'on ajoute à cela le fait que don Matteo y retrouve son très cher ami don Maurizio, alors le tableau est complet.

Don Matteo est heureux. Cependant, son bonheur est de courte durée : il est bientôt troublé, rongé par le doute, les idées fixes et les obsessions.

Car il y a quelque chose d'étrange chez don Maurizio. Don Matteo ne comprend pas pourquoi la porte de son bureau est toujours fermée à clef. *Idem* pour sa chambre au presbytère. Matteo demande des explications. L'ami répond que le coffre-fort est ouvert, ou que c'est à cause de certains documents. À chaque fois, une nouvelle excuse.

Derrière ces portes fermées, Matteo sent une puanteur. Un an plus tard, son ami du séminaire n'est plus le même. Quelque chose lui échappe.

Entre les deux, l'idylle est finie, remplacée par la rivalité, la méfiance, la jalousie, les désaccords.

Matteo lui prête quelques-unes de ses pastorales, ou des prières de fidèles qu'il a réécrites. Don Maurizio s'en sert, en reçoit beaucoup de compliments de ses supérieurs ; il en fait des tirages et les distribue comme du bon pain tiré de son sac.

Don Matteo bout à l'intérieur. Il est de plus en plus mécontent. Puis viennent les méchancetés, et la soif de vengeance.

Un jour, don Matteo dérobe les clefs du bureau de don Maurizio, et s'empresse d'en faire un double. Puis, pendant que son ami est en train de célébrer la messe, il y pénètre en catimini. Dans un seul but : allumer l'ordinateur et effacer toutes ses pastorales. Toutes, d'où qu'elles viennent.

Mais don Matteo n'est pas un grand expert en technologie. Il ne sait pas se servir d'Internet. Il vient seulement de commencer à se familiariser avec une boîte mail. Il clique un peu partout, avide de vengeance et de curiosité. Ayant fini par ouvrir l'historique des pages internes récentes, il tombe sur une interminable liste de sites pornographiques.

Don Matteo copie au stylo les adresses de ces sites. L'innocence est perdue. Et pas seulement celle de son ami.

Il se précipite dans sa chambre, s'y enferme, allume son ordinateur et saisit la première adresse. Puis la seconde, la troisième, la quatrième, la cinquième…

Ce sont tous des sites pornographiques gays.

Des homosexuels. Don Matteo est bouleversé. Jamais de sa vie il n'a été à ce point agité. Il se sent trahi. Son meilleur ami, son camarade de jeux, son confident lui a tout caché. Il était là, auprès de lui, il le prenait dans ses bras, le consolait, le serrait contre lui avec une innocence ingénue.

Et pendant ce temps…

Dix ans. Dix ans de mensonges. Dix ans.

Don Matteo lui racontait sa vie en détail, ses joies, ses soucis, ses faiblesses, ses maladies.

Et lui pendant ce temps…

Il lui cachait tout.

Don Matteo est dans tous ses états. Il ne sait que dire. Ni que faire.

On est samedi soir. Il ne ferme pas l'œil de la nuit. Il reste éveillé jusqu'à l'aube. Tôt le matin, il doit célébrer la messe. Au seuil de l'église, il se bloque. Il a envie de se taper la tête contre le mur et d'en finir. C'est un homme désespéré qui célèbre le service sacré.

Il ne dit pas à son ami qu'il sait tout. En revanche, il en parle à son père spirituel. Lequel lui conseille de ne pas bouger : « Surveille, regarde, observe. » Mais sans prendre aucune initiative.

Et don Matteo de surveiller. Profitant d'une absence de don Maurizio, il se glisse dans son bureau encore une fois. Il allume l'ordinateur. Il regarde les sites consultés et les dates. De Noël à Pâques. Sans pause ni trêve. Même la nuit du Vendredi saint, son ami a passé des heures à naviguer sur les sites pornographiques homosexuels.

Don Matteo est perdu.

Après avoir célébré le moment le plus important de l'année liturgique, après avoir prêché sur Jésus mourant pour sauver l'humanité, don Maurizio a allumé son ordinateur et regardé pendant des heures des pompiers, des enculades, des orgies. Toutes avec des hommes. Sans pudeur. Sans décence.

Don Matteo lève les yeux de l'écran. Il regarde autour de lui. Qui sait quels autres secrets dissimule la chambre toujours fermée à clef de son ami…

Dans une boîte blanche, anonyme, il trouve un pénis en caoutchouc. Un vibromasseur.

Au-dessus d'une armoire murale, bien en vue, il y a une petite pile de CD-Rom. Dessous, un bandeau porte la mention : « Personnel ».

Il emporte les CD, les copie, les lit : des milliers de vidéos et de photos gays, l'ami qui se filme avec sa batte de base-ball, le pied de parasol, le concombre.

Don Matteo en parle au curé de la paroisse. Il lui montre les preuves. Ayant subtilisé, de nuit, le téléphone portable de don Maurizio, il le lui montre aussi : l'appareil est plein de messages du genre : « Quelle taille ? » ; « Où es-tu ? » ; « Tu reçois chez toi ? ».

Le curé se la joue Ponce Pilate : « Tu as levé le lièvre, tu te débrouilles. » Mais lui non plus n'a pas pu ne pas se rendre compte que don Maurizio sortait en cachette la nuit, et rentrait des heures plus tard.

Don Matteo en reparle à son père spirituel, qui en informe l'évêque, qui à son tour téléphone à don Matteo et lui dit son intention d'avoir rapidement une discussion avec don Maurizio. Que le délateur soit tranquille : l'évêque lui promet de le laisser en dehors de tout ça.

L'évêque convoque don Maurizio, puis d'autres personnes. Il en ressort que le prêtre entretenait une relation sexuelle avec un collègue : don Guido. Lequel fait à l'évêque une confession complète, et demande de l'aide. Il veut changer, il veut en finir avec cette relation clandestine et se remettre sur le droit chemin. Il ajoute qu'il essaie de rompre depuis quelque temps, mais que don Maurizio trouve toujours un moyen de le retenir.

Pendant ce temps Don Maurizio, ignorant le rôle joué par son ami dans toutes ces péripéties, se confie à don Matteo. Il lui dit qu'il a été convoqué par l'évêque à cause de SMS bizarres échangés avec le troisième prêtre. Il commence par nier toute relation avec don Guido, puis cède au bout de quelques jours et avoue toute la vérité.

Et le troisième prêtre, qui lui aussi était leur condisciple au séminaire, ouvre à son tour son cœur à don Matteo.

Il dit que lui et don Maurizio ont eu des rapports sexuels pendant toute la durée de leurs études au séminaire. Qu'ils mettaient à profit la plus petite excuse pour s'éclipser et s'enfermer dans une chambre. Il raconte qu'ils ont continué à avoir des rapports même après le séminaire, qu'ils en ont même eu en Terre sainte, lors du classique voyage que les prêtres font là-bas avec leur famille, après l'ordination sacerdotale. Il ajoute qu'il voulait rompre depuis longtemps, mais qu'à chaque fois qu'il essayait de s'éloigner de lui, don Maurizio le séduisait à nouveau. Cependant il a fait une promesse à l'évêque : ça suffit. Il va se faire suivre par un psychologue.

Don Maurizio aussi promet à l'évêque de se racheter. Il veut subir un lavage de cerveau.

Mais après une période tranquille, il commence à aller voir des prostitués. Racontant des bobards à don Matteo et au curé, il s'échappe la nuit et file dans des motels où il rencontre et paie des hommes pour avoir des rapports sexuels.

Don Matteo feint de dormir. En fait, il reste éveillé. Il surveille.

35

Je ne crois pas à la fable de l'amitié. Certes, je ne suis pas Sigmund Freud. Mais il suffit d'un minimum de bon sens pour comprendre ces choses. Tu parles d'une personne en la présentant comme ton meilleur ami, puis tu découvres que cet ami mène une double vie, a une conduite déplacée ou immorale. Que faire d'autre que de l'entraîner à l'écart pour lui dire son fait les yeux dans les yeux ?

Tu ne commences pas par aller le dénoncer à son chef : ce serait risquer de ruiner sa vie.

Par pitié, je ne tiens pas à m'arroger le droit de juger la conduite de don Matteo : elle est impeccable sous son profil de courtoisie formelle et substantielle. Mais je ne peux pas non plus faire comme si de rien n'était. Je ne peux ignorer l'attention compulsive qu'il développe à l'égard de son ami. Don Matteo est obsédé par don Maurizio.

Et j'incline à penser qu'il y a autre chose, à la base, que ces deux ou trois prières que l'ami lui aurait dérobées, et qui lui ont valu des compliments de ses supérieurs. Il y a plus. Il y a forcément plus…

La première chose que je fais est d'aller voir don Maurizio.

C'est un dimanche matin de fin octobre. Le village où il vit et exerce son ministère sacerdotal accueille un petit marché d'automne.

Vers les 11 h 30, je me glisse dans l'église pour suivre la messe. J'ai de la chance, c'est lui qui officie derrière l'autel. Il a quelques cheveux blancs de plus que sur les photos et les vidéos hard, mais aucun doute : le prêtre qui s'apprête à me donner la communion en est bien le protagoniste.

Quelques jours plus tard, je téléphone à la paroisse. Je demande à parler à don Maurizio. Je lui dis que je suis venu pour le marché, et que j'ai assisté à sa messe. Il m'a touché. J'habite dans la province de Padoue, j'éprouve depuis quelque temps un fort besoin de me confesser, et je souhaiterais que ce soit lui qui m'entende. Avec le vieux prêtre de ma paroisse, je ne me sens pas à l'aise : il m'a vu grandir, il connaît ma famille, mes amis. Je ne me sens pas de me confesser à lui.

Don Maurizio m'invite à passer le voir le dimanche suivant. Après la messe de midi, il me recevra volontiers dans le confessionnal de l'église.

Entre-temps, je m'efforce de comprendre qui est vraiment don Matteo.

Je retourne le voir au bout de quelques jours. On parle. On reste en contact. J'essaie de fouiller sa vie privée, sa sphère intime.

Il m'a dit qu'il n'avait jamais eu de rapports sexuels de sa vie. Très bien. J'essaie de comprendre comment il vit le vœu du célibat, sa promesse de chasteté.

Don Matteo ne s'épanche que par e-mails. Je lui envoie mes questions et il répond.

Dans le rite de l'ordination diaconale, l'étape avant de devenir prêtre, il y a une formule à prononcer et qui dit ceci : « Vous qui êtes prêts à vivre dans le célibat, voulez-vous, en signe de soumission totale au Christ Notre-Seigneur, garder à jamais cet engagement pour le Règne des Cieux au service de Dieu et des hommes ? ».

Suivent les engagements : « Voulez-vous être toujours plus étroitement unis au Christ, prêtre suprême qui, comme pure victime, s'est offert au Père pour nous, en vous consacrant à Dieu vous aussi, avec lui, pour le salut de tous les hommes ? ».

Je ne suis pas en train de faire des dissertations théologiques sur le sujet. Il est clair que le prêtre consacre sa vie à Dieu, qu'il met sa confiance en Lui, et toute sa vie entre Ses mains. Et il est encore plus clair qu'en choisissant l'Église, il contribue à perpétuer ses pratiques et sa tradition.

J'interroge don Matteo sur sa propre sexualité, sur la dimension charnelle de la vie, sur les instincts.

Je voudrais démystifier l'idée selon laquelle les prêtres n'éprouvent pas les désirs de la chair. Et comment, qu'ils les éprouvent ! Nous sommes des hommes à tout point de vue. Nous ne sommes pas castrés, ni handicapés. Nous avons certainement une façon particulière de gérer ça. Moi, en tout cas, j'ai du mal à gérer les moments de faiblesse, de fatigue, de solitude, de tension. Je suis convaincu que mes énergies, y compris sexuelles, devraient être mises au service des gens, employées avec les gens, mais je n'y arrive pas toujours.

La masturbation. Comment, où, quand, la fréquence…

Je ne pense pas scandaliser qui que ce soit en disant que j'ai recours à la masturbation de temps en temps. Je ne me sens pas le cœur de dire combien de fois. Ça dépend des périodes. Il arrive que ce soit deux fois par semaine, je peux aussi rester des mois sans le faire. Le fait d'avoir recours à la masturbation, je le reconnais avec une certaine gêne. Ces instincts, ou plutôt ce soulagement, se manifestent dans les moments difficiles, dans les moments de solitude, ou de fatigue. Alors la chose la plus spontanée est de s'enfermer dans sa chambre, où nul ne te verra, où personne ne te jugera, où tu es seul avec toi-même, et d'essayer de te procurer du plaisir.

Des fantasmes, des stimuli, des magazines, Internet ?

La plupart du temps, je le fais en regardant la télévision. Je n'ai pas besoin de grandes émissions, ni de vrais films pornos. J'ai encore la conscience qui fonctionne, grâce à Dieu. Il suffit d'une scène un peu osée. Et aujourd'hui, à la télévision, pas la peine de chercher longtemps. Le reste, je vous laisse imaginer.

Et après. Satisfaction, sentiment de culpabilité ?

Souvent je suis assailli par un sentiment de culpabilité. Je me sens mal. Mais gérer les pulsions n'est pas simple. Je suis très sévère, très exigeant avec moi-même. Je me demande de quel droit je me permets de confesser ou de conseiller les gens, puisque je suis incapable d'assumer ce que j'ai promis au moment de l'ordination.

Cependant, je suis également convaincu que la personne prévaut sur les règles, qu'il faut de l'amour et de la miséricorde. Mais ça, j'arrive à l'appliquer aux autres, pas à moi-même. En confessant, on apprend à ne pas juger, à ne pas s'étonner des faiblesses, à vivre les misères humaines avec la même miséricorde que Jésus, en dépit du fait que l'Église, au cours des siècles, ait présenté Jésus comme un être qui juge et châtie. J'ai conscience que ces expédients pour dépasser les difficultés ne sont pas ce qu'il y a de mieux. Mais, comme je l'ai déjà dit plusieurs fois, gérer ces moments-là n'est pas toujours facile.

Je lui demande s'il ne ressent pas le besoin de serrer un corps dans ses bras, de l'embrasser, de le posséder ; ou un besoin d'affection, de réconfort, de complicité, de partage, d'amour.

Si je fais un examen de conscience au sujet de ma sphère sexuelle, je m'aperçois que le sexe n'est pas ce qui me manque le plus.

Sincèrement, ce qui me manque le plus, c'est l'affection d'une épouse qui, le soir, me demanderait comment s'est passée ma journée, et me réconforterait dans les moments difficiles. Une femme avec qui partager les joies et les peines, qui me suivrait dans ma vie, veillerait sur mon corps et sur ma santé.

Beaucoup de prêtres sont gros, ont du cholestérol et se négligent. C'est qu'ils n'ont pas de femme pour prendre soin d'eux.

Pour remédier aux frustrations de la solitude, certains ont recours à l'alcool.

Quand je pense à ma mère, comme elle s'occupait de mon père, ça me bouleverse. Ou à mes grands-parents qui sont restés ensemble pendant cinquante-six ans.

Ça me choque que l'on présente les femmes sous l'angle de leur rôle fonctionnel, mais là n'est pas la question. La question, c'est pourquoi ne pas vivre une vie qui lui permette d'avoir ce qui lui manque ?

Je ne regrette pas d'avoir choisi le sacerdoce. Des satisfactions, il y en a beaucoup. Je suis proche de la communauté et je ne me vois pas marié.

Ce qui me manque, ce sont des enfants à aimer, et qui s'occuperaient de moi durant mes vieux jours. Avoir la satisfaction d'élever des enfants, la chair de ta chair.

Mais j'ai fait le choix de servir le Seigneur et il faut en accepter les bons comme les mauvais côtés, les choses agréables comme celles qui le sont un peu moins. La solution n'est pas, comme on l'entend dire souvent, la fin du vœu de célibat, pour permettre aux prêtres de se marier.

Cela présenterait beaucoup plus d'inconvénients que d'avantages.

Je lui demande ce qu'il fait dans ses moments de solitude et de découragement. Téléphone-t-il à ses proches ?

Sur la suggestion d'un de mes pères spirituels, je m'appuie sur une famille amie, un couple marié avec trois enfants. Ce sont des amis très chers, et je sais que beaucoup de prêtres font de même.

Quand je me sens seul, et ça arrive de temps en temps, je sais qu'il y a quelqu'un pour m'accueillir, je reste un peu en leur compagnie, je savoure un peu d'atmosphère familiale. Dans une famille discrète et intelligente, capable de se taire, humaine et disponible, consciente de la responsabilité délicate qui est la sienne à l'égard du prêtre.

Beaucoup de prêtres ont cette famille. Vous en avez peut-être entendu parler avec ironie. Il y a souvent l'allusion au fait que la femme ou l'épouse est une belle femme.

Je dois admettre que plus je connais les prêtres, et plus je vois qu'ils savent être méchants quand il le faut…

Nous avons un grand défaut : nous n'avons pas pitié les uns des autres, surtout en paroles. Il y a très peu de compréhension entre nous, et guère de charité. Surtout quand un confrère se trompe, ou vit des situations ambiguës. Même s'il agit de bonne foi.

Revenons à la sexualité. Retournons au séminaire.

Le séminaire est un endroit où il se passe quelque chose de spécial en matière de sexualité. Les jeunes gens, ingénus et sans expérience, se trouvent à devoir gérer des modifications du corps et des situations psychologiques compliquées. Certes, il y a le père spirituel, mais souvent, pour différentes raisons, on n'affronte pas le problème sexuel avec lui.

En outre, tout le monde sait que les milieux clos et la promiscuité favorisent les comportements déviants et les pratiques homosexuelles. Ce qui se produit assez souvent, par exemple dans les prisons, ou les internats.

Moi-même, il m'est souvent arrivé de recevoir les confidences de quelques garçons ex-séminaristes, ou de prêtres, qui ont fait l'objet d'attentions homosexuelles, quand ils n'ont pas dû les subir.

J'ai des amis prêtres qui sont de loin meilleurs que moi. Certains parviennent à vivre leur sexualité de façon excellente. Voilà quelque temps, un de mes amis prêtres m'a dit qu'il pouvait passer des années sans avoir recours à la masturbation. Non parce qu'il a des problèmes physiques, mais parce qu'il a une volonté très forte, et une vie spirituelle intense.

Inversement, il est d'autres prêtres qui se laissent aller et, de temps en temps, ont même recours à la prostitution, avec des hommes ou avec des femmes.

Mon attitude, devant ces actes, c'est seulement la pitié. Les gens ordinaires ont du mal à accepter ces situations.

Mais parmi toutes ces brebis galeuses, il existe de nombreux prêtres qui vivent leur vie sexuelle avec engagement. Beaucoup ont des problèmes et des déviances sexuelles, mais il y en a tout autant, plus peut-être, qui vivent leur sexualité douloureusement, avec ténacité, mais avec aussi la conviction que la promesse de chasteté pour le Royaume des Cieux se préserve et se conquiert tous les jours par la prière, et par le service de l'Évangile.

Quel rôle joue la famille de soutien ?

Dans les moments de solitude, dans les moments où la vie au presbytère se fait trop dure, je leur téléphone et je vais les voir. Quelquefois seulement pour un café, d'autres fois pour dîner, ou encore pour m'épancher.

Ils ont la cinquantaine. Ils sont mariés depuis vingt-cinq ans et ils ont trois enfants. Elle est enseignante, lui a pris sa retraite récemment. Ils ont une fille de vingt-deux ans, une de dix-sept et un fils de seize ans. Ce sont des gens extraordinaires. Ils continuent de me répéter que pour eux, je suis comme un fils aîné. Surtout ce sont des personnes discrètes et intelligentes. Leurs enfants savent que ce que nous nous disons ne sort pas de la maison ; et personne ne va crier sur les toits que je les fréquente. Les jalousies et les bavardages inutiles sont toujours à guetter au coin de la rue, surtout quand il y a un prêtre au village.

J'ai avec eux des relations de franchise. Ça va du bouton à recoudre aux conseils spirituels.

Et les bonnes de curé ? Comment ont-elles fini ? Elles ne savent plus recoudre les boutons ?

C'est vrai que pour recoudre un bouton, ou ce genre de choses, il y a des bonnes dans les sacristies. Mais il vaut mieux changer de sujet. Ce sont de saintes femmes, mais il faut être prudent avec elles. J'ai rencontré des bonnes de curé qui étaient braves, dévouées. Elles faisaient leur service avec amour. Mais récemment, j'ai eu une expérience qui m'a fait changer d'avis. La plupart sont des vieilles filles de la pire espèce, toujours prêtes à raconter au curé les erreurs des jeunes prêtres, ou à insister avec leurs amies sur les défauts du curé, en faisant des blagues peu charitables.

Il est vrai que leur vie n'est pas simple. Il faut être toujours disponible, toujours au milieu des gens. C'est une vie de sacrifice, une vie dure. La principale qualité d'une bonne de curé doit être la discrétion. Or, les gens sont très habiles à les faire parler, à se faire raconter les requêtes, les défauts ou les secrets des curés.

On bavarde en coulisses…

Un bon ami me disait qu'il était à couteaux tirés avec sa bonne. Un jour, il lui a donné de l'argent, un pourboire, et elle lui a jeté d'un air méprisant : « Qu'est-ce que vous voulez que j'en fasse, de vos sous ? ». Il a répliqué : « Achetez-vous une corde et pendez-vous avec ! ». On imagine le mépris de cette femme.

Ou bien c'est le curé qui, avant de partir en voyage, avertit le jeune prêtre : « Je t'interdis de laisser traîner un savon dans l'escalier ! ». Il a peur pour la bonne.

Le dernier épisode concerne un ami cher. Il est furieux après qu'il s'est encore disputé avec elle. Pris d'une rage folle, il descend dans le jardin. Il voit un chat près des bengalis de la bonne. Il le pousse dans la cage. Le chat, un peu effrayé et un peu dépaysé, commence à faire un carnage de bengalis. La bonne entend du remue-ménage, se précipite dans le jardin et trouve le désastre. Comme dit mon ami prêtre : « Je lui répète sans arrêt de bien fermer la porte de la cage. »

On tourne autour du pot ; je voudrais bien savoir si la famille de soutien ne cache pas quelque chose…

Cette famille est extraordinaire, ils vont à la messe tous les matins, ils font beaucoup pour la paroisse. Ils ont suivi un chemin de foi très intense, avant même mon arrivée. Je m'adresse à eux aussi quand j'ai besoin du soutien de la prière. Je suis sûr que dans les moments importants de ma vie, ils prient pour moi, et bien sûr je prie pour eux.

Ils me disent que tous les soirs, avant d'aller se coucher, ils se réunissent tous dans le salon où il y a un grand crucifix. Ils s'agenouillent et prient pour moi, pour leur famille, pour les êtres chers et pour tous ceux qui en ont besoin. Ça n'arrive pas souvent, de tomber sur une telle famille ; j'estime que j'ai de la chance, elle m'aide beaucoup.

Les femmes ont une délicatesse, une façon à elles d'affronter les situations, une sensibilité extraordinaire.

Nous y voilà…

Je ne sais pas pourquoi, mais plus encore qu'avec le mari, qui de toute façon est concerné lui aussi, avec cette dame, nous nous sommes compris tout de suite ; nous avons une entente extraordinaire, et en même temps un immense respect. Cette dame, je lui fais beaucoup de confidences, et elle me donne vraiment de sages conseils, même sur les sujets les plus intimes, les plus délicats.

Une compagne spirituelle ?

Une mère spirituelle.

Nous parlons souvent de nos problèmes, elle des siens, de son mari, de ses enfants ; et ça m'aide à faire le prêtre, à comprendre les problèmes des familles d'aujourd'hui.

Comme ma mère, elle est très douée pour comprendre, rien qu'à l'expression du visage, si j'ai des soucis.

Avec elle, je me sens libre. Étant du village, elle connaît les gens et les situations, même si, en général, je ne prononce pas de nom. Le secret de la confession est sacré. Si une famille rencontre des difficultés, si les enfants ont des problèmes, qui mieux qu'une mère de famille est à même de gérer la situation ? De toute façon, nous étudions ensemble les décisions à prendre. La plupart du temps, ce sont mes problèmes à moi, mes difficultés : les relations entre les prêtres, un souci avec tel paroissien, avec la bonne, ou simplement quel habit mettre, quel achat faire. Toutes sortes de sujets.

Intimité ? Malice ? Sentiments ? Désirs inconscients ?

Entre elle et moi – en tout cas pas de ma part, pour elle, je ne peux pas en être sûr – il n'y a rien de sentimental, encore moins de sexuel.

Cette dame est très intelligente, elle lit beaucoup. Je suis particulièrement fasciné par les personnes qui sont capables d'affronter tous les sujets, et d'en débattre. Je me rappelle, une fois, nous avons discuté d'un prêtre qui avait abandonné son ministère. Nous le connaissions tous les deux. Nous en avons beaucoup parlé. Elle a fait une analyse très précise des risques que peut encourir un jeune prêtre, et des précautions qu'il doit prendre quand il a affaire aux femmes.

Je me rends compte d'une chose toujours plus vraie : il y a des filles qui ont la sale manie de t'exciter, de se mettre en valeur, de s'ouvrir à toi de leurs problèmes pour te lâcher ensuite des phrases du genre : « Personne ne me comprend comme vous me comprenez », ou « Comment ferais-je sans vous ? ».

Et toi, pauvre petit prêtre sans expérience ni vraiment de malice, tu lui tombes dans les mains comme une poire bien mûre. Si en plus la fille est jolie, le tour est joué.

Le diable est comme le lion rugissant : il rôde, cherchant des proies. Ainsi parlent les Écritures. Et puis un prêtre doit cultiver la vie de prière. Un évêque a dit que la prière est le préservatif de la vie du prêtre. Inutile d'écrire ça. C'est juste pour te faire sourire. Mais c'est vrai, il a dit ça.

Le cercle se referme.

L'ami. Le condisciple du séminaire. Le traître. Est-ce qu'il représente un objet d'envie ? N'est-il pas une obsession ?

Cette histoire amère et triste a marqué ma vie d'homme, de chrétien et de prêtre. Je me rends compte que don Maurizio s'est servi de moi, m'a exploité, a ruiné mon existence, et quand il en a eu assez, il s'est débrouillé pour que je débarrasse le plancher, avec l'aide des supérieurs.

Comment je me sens ? D'abord et avant tout, furieux après lui. Furieux de la façon dont il m'a traité. Furieux des bobards qu'il m'a fait gober. Furieux qu'il soit resté dans une belle paroisse, en partie grâce à moi, pendant qu'on m'expédiait moi dans une banlieue bourrée de problèmes, où tout est à faire. En plus, j'ai dû changer toutes mes habitudes, et jusqu'à ma façon de penser, avec des difficultés physiques et psychologiques réelles.

Furieux pour toutes ces raisons, souvent je me dis : « Et les supérieurs, où sont-ils ? Puisqu'ils connaissent parfaitement la situation, pourquoi n'interviennent-ils pas ? ».

Une fureur mêlée d'envie. J'ai conscience que c'est là une mauvaise façon de raisonner, surtout de la part d'un prêtre. Mais pourquoi tout est si simple pour lui, vu la façon dont il se conduit ? Je ne vais pas rester là, à essayer de trouver une explication spirituelle.

Furieux de la vie infernale qu'il m'a fait mener, pour les couleuvres qu'il m'a fait avaler en trois ans de vie commune, sous le même toit.

Furieux des mensonges qu'il continue de me raconter, aujourd'hui encore, quand nous nous rencontrons.

Furieux surtout pour cette sainteté qu'il affiche, et qui n'existe pas. Pour toutes les fois où il s'est étonné parce que j'avais osé une plaisanterie un peu malicieuse, en me regardant d'un air supérieur, avec l'air de dire : « Tu n'as pas honte de sortir des choses pareilles ? ».

On pourrait me dire : « Tes pensées, ta façon de raisonner et d'agir, il n'y a rien de chrétien là-dedans. » J'en ai conscience. Mais j'ai du mal à penser autrement.

Aujourd'hui encore je me demande comment j'ai fait pour résister, pour feindre de ne pas savoir, pour célébrer avec lui sachant ce que je savais. Célébrer la messe et penser à ce qu'il avait fait la nuit même. Boire dans le même calice en sachant que...

Je me considère comme un pécheur, mais il y a une limite qu'il vaut mieux ne pas franchir. Il y a des gens qui viennent se confesser à toi. Il y a des gens qui te racontent les choses les plus intimes, parfois les plus bouleversantes de leur vie. Ça leur est terriblement difficile de t'en parler. Mais ils sont certains que tu es un homme de Dieu, qu'ils peuvent avoir confiance en toi, que tu sais, d'une façon ou d'une autre, gérer les problèmes et les chagrins, que tu vis l'Évangile. Comment peut-on vivre une vie sans règles, une vie indécente obéissant aux instincts ?

Comment peut-on rester calme en sachant que beaucoup de prêtres prient, souffrent et donnent leur vie pour l'Évangile, pendant que d'autres s'amusent par des moyens et des actes dont le moins que l'on puisse dire est qu'ils sont hors des règles, pendant qu'ils embrassent ce que l'Église condamne ?

Je me suis proposé, quand nous nous voyons, de me conduire avec lui comme si de rien n'était. Extérieurement, j'y arrive. Mais à l'intérieur, ça bout comme dans un volcan. Je ne sais pas si le temps réussira à adoucir, à apaiser mes pensées. Parfois je suis serein, et je me dis alors : « Ça va maintenant, ce sont aussi des signes de la Providence, et ils m'ont appris quelque chose. »

D'autres fois, je n'arrive pas à pardonner, et je songe alors à me venger.

Souvent je prie pour lui. Je ne sais pas dans quelle mesure il est serein, je ne sais pas si la vie qu'il mène lui convient. Le soir, mais souvent dans la journée aussi, je me retrouve en train de prier.

J'insiste auprès de Dieu pour qu'il m'apporte la sérénité, et à lui la rédemption.

36

Le dimanche suivant, je vais écouter la messe de don Maurizio. Nous sommes début décembre.

Après la fin de l'office, je me rends auprès de lui.

Il porte une chemise et un pantalon noirs.

Je me présente sous le nom d'emprunt Alessandro, je lui rappelle notre échange téléphonique, quelques jours plus tôt.

– Oui, Alessandro, je me souviens. D'où êtes-vous ?

– De la province de Padoue.

– Allons chez moi, si ça ne vous pose pas de problème ?

– Non, aucun problème.

Nous quittons l'église et prenons à droite en direction de la sacristie. Des enfants l'arrêtent pour échanger quelques mots avec lui et lui frapper dans la main.

Il se tourne vers moi.

– C'est ici.

Je le suis dans son bureau.

Je suis étonné par l'ambiance. Une étagère accueille toutes sortes de jouets : des poupées, de petits soldats, des voitures de Formule 1 télécommandées. Tout est parfaitement rangé.

On a le sentiment qu'il s'agit de bibelots plutôt que d'objets à la disposition des enfants qui fréquentent la paroisse. Au-dessus, la photo de Benoît XVI, comme si sa tâche était de surveiller les jouets.

Le bureau aussi est-il bien ordonné. Des feuilles blanches d'un côté. Trois stylos : un rouge, un bleu, un noir, reposent dans un plumier ethnique. Un surligneur rose. Au milieu, l'ordinateur éteint.

Ordre. Tout est-il strictement en ordre dans le bureau de don Maurizio ?

Même les livres sur ses deux bibliothèques murales sont disposés de façon à donner une impression de grandeur. C'est un peu comme les jouets : on dirait qu'ils sont là pour décorer, plus que pour être lus.

Il me fait asseoir sur la chaise en face de son bureau, et prend place à côté de moi.

– Vous venez souvent dans la région ?

– Non. C'est le petit marché qui m'a amené ici.

– Je vous écoute. Dites-moi.

– Si je suis venu, en somme, c'est que je n'ai pas de bons rapports avec la confession. Au sens où je crois que… En définitive, ça ne m'a jamais plu. Déjà enfant. C'est un point de vue personnel. Un point de vue qui n'a fait que se renforcer au cours de mes études. Je suis historien de formation. Ça m'est toujours apparu comme un sacrement inutile. Dans la mesure où je recherchais une relation directe avec Dieu.

Don Maurizio se tait. Il écoute. Il me scrute. Je reprends.

– Il y a deux ans, j'ai perdu mon père. Il est mort d'une grave maladie qui m'a mis très en colère : une tumeur au foie. Lui qui n'a jamais bu une goutte d'alcool ! J'ai vécu la chose comme une farce. Il y a des gens qui boivent comme des trous et qui n'ont rien. Vous comprenez, une tumeur au foie, dans au moins 90 % des cas, est due à l'abus de substances alcooliques. Avoir un père qui tombe malade, puis succombe à une maladie qui… À la fin je priais le Seigneur de l'emporter, je ne supportais pas de le voir dans cet état. Lui qui a toujours été si proche de moi, qui était si fort…

Don Maurizio ne dit rien. Il écoute. Il remue sur sa chaise. Il paraît nerveux.

– C'est mon père qui m'a élevé, et la messe a toujours été un moment important dans ma famille. Je me rappelle le dimanche comme un jour de fête, tout le monde était à table. Un jour dont le point de départ était la messe. Tout cela pour dire que je viens d'une famille très catholique ; cependant, depuis la mort de mon père, je ne vais plus à la messe. Je ne sais pour quelle raison je suis entré dans votre église dimanche dernier. J'ai répondu à un appel puissant. Quelque chose me poussait. Ou quelqu'un. Peut-être le son de la cloche que j'ai perçu différemment des autres fois.

Don Maurizio ne dit rien. Il écoute. Il croise les jambes, et aussitôt les décroise.

– Voici pourquoi je suis entré. Voilà deux ans et demi que je ne fréquentais plus l'église, et que je ne me confessais plus. Ma dernière confession, c'était avec le curé qui a célébré l'enterrement de mon père, mais peut-on appeler ça une confession ? Mieux vaudrait parler de bavardage.

« C'est arrivé dans les jours qui ont suivi la mort de mon père, alors que j'étais très en colère, comme je le disais. J'ai l'impression de n'avoir toujours pas dépassé ce traumatisme. Je ne peux plus entendre la voix de mon père, ni voir ses yeux. Parfois je me force à me souvenir de sa voix, sans toujours y parvenir.

Don Maurizio se tait. Il écoute. Il tousse.

– Je vous ai demandé de me confesser. J'ai une vie tout à fait normale, je vis depuis un an et demi avec ma fiancée. Mais depuis quelques mois, sur ce sujet, et j'ai un peu honte de l'avouer, je me demande si je ne suis pas en fait attiré par ceux qui ne sont pas différents de moi.

« J'aime ma fiancée, je sens qu'elle pourrait être la mère de mes enfants, que je voudrais fonder une famille avec elle. Une famille semblable à ce qu'était la mienne. Et voilà que je me retrouve dans cette situation, sans savoir si ce qui me tombe dessus est ou non une fausse route.

Don Maurizio se tait. Il écoute. Il se frotte les yeux. Quant à moi, je sens mon inspiration se tarir.

– J'admets n'avoir jamais eu aucun contact physique sexuel avec un homme, mais impossible de trancher si je suis ou non attiré par les hommes. J'ai essayé d'en parler à mon thérapeute. Il m'a proposé une vision laïque de la question ; il dit qu'il n'y a pas de problème, que ça peut arriver, et que l'important, c'est que je me sente bien avec moi-même. Mais justement, je ne me sens pas bien avec moi-même en ce moment. Car je ne comprends pas ce qui m'arrive. Je ne sais pas si je m'explique bien… J'en ai peut-être trop dit. C'est aussi pourquoi j'ai très honte.

Don Maurizio a un petit rire hystérique, puis il me dit :

– Ne vous en faites pas, ce que vous m'avez dit ne sortira pas d'ici. Je crois que la première chose à faire, c'est de se comprendre et de s'aimer. Ce sont là des difficultés qui touchent à notre être, non des sujets de plaisanterie. Je crois que c'est bien d'avoir exprimé la chose, d'en avoir parlé pour essayer de comprendre ce qui ne va pas. Ce qui me vient d'abord à l'esprit, c'est que c'est peut-être lié à la disparition de votre père. Jusqu'ici vous avez beaucoup parlé de lui…

– Oui, c'est possible.

– De toute façon, c'est une relation qui vous manque. Mais vous savez, un jour, si ça se trouve, vous aussi vous manquerez à vos enfants. Ce sont des choses que nous ne découvrirons jamais dans notre esprit, dans notre être. Pourquoi nous posons-nous ces questions ? Pourquoi sommes-nous attirés… Il faut avancer avec prudence, d'autant que vous avez une femme dans votre vie.

– Oui, c'est vrai. Et quelquefois, avec elle, je me sens… Non pas faux, mais mal à l'aise. Dans la mesure où, OK, je l'aime énormément, mais qu'est-ce que c'est que ce ver qui se tortille dans ma tête ? J'ai toujours été fasciné par l'image de saint Augustin, qui a commencé par avoir une vie dissipée, et puis s'est converti.

Don Maurizio se tait. Il écoute. Il toussote. Je reprends :

– Je ne sais pas… Comme j'ai grandi dans une famille très catholique, s'il y avait quelque chose qui… C'est-à-dire, si j'étais homosexuel… Je verrais ça comme une honte pour ma famille. Je me demande comment ça serait pris. Et les miens, et la communauté, et le curé qui mange toutes les semaines chez ma grand-mère ? Je me retrouve dans une situation telle, que je ne sais pas quelle est la bonne direction à prendre. Je sens que si ce sont les hommes qui m'inspirent de l'intérêt, et peut-être un intérêt trivial…

Don Maurizio m'interrompt :

– Si vous permettez, je voudrais vous poser une ou deux questions. Il me semble avoir compris, mais je souhaite m'en assurer. C'est quelque chose qui dure depuis un moment déjà, ou qui est arrivé seulement ces derniers temps ?

– C'est seulement ces derniers temps.

– Vous m'avez dit aussi n'avoir jamais eu aucun problème ? C'est important, car j'ai souvent eu affaire à des garçons qui ont subi des abus ; du coup, ils se sont juste engagés sur une mauvaise route, et il suffit de peu de chose pour sauver la situation. Il y a aussi le cas de celui qui ne s'est jamais senti profondément aimé, aimé du fond du cœur, ce qui amène beaucoup de difficultés. Il peut lui manquer une figure parentale. Par exemple, vous faites allusion à vos grands-mères… L'image féminine a peut-être beaucoup compté pour vous, et maintenant que votre papa n'est plus là, il y a cette composante qui apparaît en vous… Ce que je dis, ce sont de toutes petites remarques pour essayer de comprendre la situation.

– Je n'ai subi aucun abus. C'est une chose qui est apparue ces derniers temps.

– Qui date de ces derniers mois…

– Oui, de ces derniers mois.

– Écoutez, vous vous faites trop de souci pour cette… faut-il vraiment parler d'homosexualité ? Pour cette mésaventure ? Je ne suis pas en train de vous dire que vous vous êtes trompé. Mais n'oubliez pas que le mal essaie de nous abuser. La science le dit… Il y a un côté mâle et un côté femelle. Et puis, dans la création, nous devenons homme ou femme. Cependant, cette part de féminité, nous ne la perdons pas pour autant. N'oubliez pas que la Genèse, dans la version hébraïque de la Bible, parle de la femme en disant « homme ». Ce que je crains, c'est que vous ne vous fassiez trop de soucis, et que vous ayez commencé à laisser le mal prendre toutes les décisions…

– Je ne me sens pas libre de mes choix. Je suis en grande difficulté.

– Je suis convaincu que ce problème-là n'existe pas, il est peu solide… Il y a autre chose, que nous ne nous sommes pas encore dit. Et ce n'est pas à moi de le dire. C'est une préoccupation que vous avez, ça vous obsède. Ici, je m'occupe moi-même de nombreux enfants, dont beaucoup sont très jeunes… J'ai vraiment de beaux enfants, même chez les garçons. Combien de fois je le dis… Tout se passe comme si… Vous savez que le tabou n'est pas tabou et que tout va bien. Mais dans notre confusion, il y a également le souci de dire : ma famille, la paroisse, la communauté…

Je n'y comprends absolument rien. Que diable peut-il bien vouloir dire ?

Il est nerveux, lui aussi. Il ne parle pas calmement. Il gesticule, pose la main gauche sur sa braguette. L'autre, la droite, il la met sur mon genou.

J'ai quasiment l'impression qu'il attend que je lui dise que je suis venu pour lui. Parce qu'il est beau. Mais ce n'est peut-être qu'une impression. Rien de plus. Je ne me sens pas de chercher à savoir si elle fondée.

Don Maurizio continue.

– Et puis il y a un aspect qu'il ne faut pas sous-estimer, à mon avis. C'est celui de la foi. Pourquoi ces deux années d'absence ? D'abord, vous m'avez dit que vous vous étiez, entre guillemets, un peu mis en colère contre Dieu…

– Oui, et même sans guillemets.

– Cette façon de vous détacher de la foi a créé de l'insécurité en vous.

– Je me sens comme une coquille de noix au milieu de la mer.

– Je vais vous poser une question : vous sentez-vous aimé de Dieu ?

– Je crois que je ne vais pas arriver à répondre. La confusion me gagne

Don Maurizio reprend :

– Pour être clair, si en allant plus loin vous vous apercevez que cette chose est vraie, sachez que d'autres personnes sont dans le même cas, que vous n'êtes pas le premier… Voilà, le problème, c'est de s'accepter, de s'aimer comme on est. Le problème existe, et il faut essayer d'apprendre à vivre avec. Mais il peut aussi simplement s'agir d'une toquade, d'un moment d'abandon, il n'y a pas de souci à se faire.

– Le problème est de s'accepter. Puis-je m'accepter ? À la minute présente, je ne saurais le dire.

– Ce qui me fait venir des doutes très importants, c'est que ça vous tombe dessus comme ça à trente ans, sans aucun signe avant-coureur. Alors il vaut mieux prendre ça avec beaucoup de sérénité… Faisons en sorte que ça ne devienne pas un problème plus grave que la vie, un problème qui gouvernerait votre vie.

– Il est probable que ce soit le cas en ce moment.

– Laissons de côté le jugement ; d'abord, il faut savoir si vous l'êtes réellement.

– Je n'ai eu le courage d'en parler à personne à part vous.

– Vous avez bien fait de me le dire, c'est très bien. Mais tant qu'on n'est pas sûr, ma foi… J'ai un garçon qui l'est pour de bon… Eh bien, la vie qu'il a eue, ses relations, un chaos… Je lui ai conseillé de ne pas le dire… Pas encore… Parce qu'il est jeune, parce qu'il a une famille, ça provoquerait d'énormes désastres.

– Moi, je crois que ma famille me soutiendrait…

– Nous pouvons cependant continuer à parler de cette chose que nous ne connaissons pas encore. Continuons de l'appeler homosexualité. Mais moi, pardon, je suis très… J'aime mieux faire dix pas de moins que de me casser les jambes… Je ne veux pas me soucier avant de savoir. Il y a aussi des éléments forts qui peuvent nous aider à comprendre. Parce que ça ne colle pas, qu'à l'adolescence, dans la jeunesse… Enfin, il est vrai que vous étiez protégé. Vous le dites vous-même…

– Le problème…

– Même s'il y avait un problème, je n'irais pas… Après tout, vous avez tout de même une copine…

– Quoi qu'il en soit, je vous remercie. Ça n'a pas été facile du tout pour moi.

– Rappelez-vous que nous devons être les premiers à être sauvés. Je traduis : vivre sauvés, c'est être heureux.

Don Maurizio m'invite à une rencontre prévue pour la fin de la semaine suivante.

– Je vous laisse l'invitation, c'est un geste extraordinaire que je fais pour vous… Vous venez de Padoue, vous m'appelez, ça veut dire que l'Esprit est en train de remuer quelque chose…

Il me demande de le prévenir à temps.

– Ça pourrait être un début, je serai moi aussi à cette rencontre.

Il passe encore la main sur sa fermeture Éclair.

– Vous allez manger ?

Nous nous sommes levés. Il me prend par l'épaule.

– Si vous voulez rester, pas de problème…

– Non. Merci mille fois, merci pour la conversation.

– Quand vous voulez, un coup de fil et…

– Au revoir.

Je sors.

37

Mars 2010. En pleine tempête médiatique internationale due aux scandales provoqués par les nombreux religieux catholiques ayant abusé de mineurs, le prêtre et artiste de quatre-vingt-cinq ans Sieger Köder, peut-être le peintre d'art sacré vivant le plus célèbre d'Allemagne, présente un tableau irrespectueux.

Titre de l'œuvre : *Le Lavement des pieds*.

On y voit Jésus de dos, penché sur une bassine, près de saint Pierre. Jusque-là, rien de spécial. Cependant certaines particularités iconographiques, telles la position de la tête du Christ et sa bouche ouverte reflétée dans l'eau, ont amené beaucoup d'observateurs allemands à penser qu'il ne s'agissait pas tant d'une ablution que d'un rapport oral.

Interprétation renforcée par un autre détail : le mot « *sex* » à demi caché et pourtant lisible entre les coups de pinceau. Ceci tendrait à confirmer une lecture hard du tableau.

Au point que le fervent catholique américain Michæl A. Calace, dans le documentaire *Rape of the Soul* (« Viol de l'âme »), en est venu à voir dans la peinture de Köder « la preuve éclatante de l'existence du démon, qui choisit les hommes d'Église pour discréditer de l'intérieur l'institution du Christ ».

Il faut dire que Sieger Köder est quelqu'un dont l'Église de Rome n'a qu'à se féliciter, du moins d'un point de vue artistique. N'a-t-il pas été élevé à la dignité de *monsignor* par Jean-Paul II ? D'où le bruit provoqué par une œuvre aussi peu orthodoxe.

Qu'est-ce qui peut bien l'avoir poussé à un virage aussi radical ? Il ne semble pas permis de le savoir. Köder ne dit rien, et ne donne pas d'interviews.

Les organes de presse allemands ont avancé une hypothèse : Köder aurait voulu se débarrasser d'un caillou qu'il avait dans son soulier en dénonçant, à la fin de sa carrière, l'hypocrisie des hautes hiérarchies vaticanes sur un sujet – l'homosexualité de nombreux prêtres – que la plupart des catholiques allemands ne regardent plus comme un tabou depuis belle lurette.

En Allemagne, depuis au moins quinze ans, les journaux et la télévision assument le débat sur l'orientation sexuelle de beaucoup de religieux.

La glace a été brisée en 1996 par la parution, dans le *Süddeutsche Zeitung*, d'un article intitulé « Rompre le silence », signé de la plume du prêtre catholique Hanspeter Heinz, professeur de théologie pastorale à l'université d'Augsbourg en Bavière. Selon lui, le pourcentage de prêtres homosexuels tournait autour des 20 %.

Le vif débat suscité par cet article a mené à la naissance d'une organisation nommée *HuK* (*Homosexuelle und Kirche* : « Les homosexuels et l'Église ») dont les statuts disent ceci : « Il est discutable et discriminatoire de définir la légitimité d'un comportement sexuel sur la base de la possibilité ou non de procréer. Cela peut correspondre à la tradition de l'Église catholique jusqu'à nos jours, mais certainement pas à des principes chrétiens. La Conférence épiscopale allemande aurait intérêt à ne pas laisser passer l'occasion de réfléchir et de dialoguer offerte par l'article du professeur Heinz, et à ne pas se cramponner à des principes moraux qui, nous semble-t-il, ne portent aucune trace de l'amour du Christ. »

C'est un fait que l'analyse de Hanspeter Heinz a poussé l'Allemagne sur une voie sans retour.

Dans son numéro 18 de l'année 1997, l'hebdomadaire *Der Spiegel* décoche un autre coup de poing dans le ventre de l'Église catholique. Trois prêtres homosexuels allemands, sous couvert d'anonymat, y disent comment leur vie est suspendue entre mensonge et réalité.

Leurs propos vont droit au cœur. En voici un extrait.

« J'ai eu un entretien avec mon évêque au sujet de mon homosexualité. Pour lui, mon *coming out* faisait figure de nouveauté, et il a su avoir la bonne réaction. Le problème, dans mon cas, est ailleurs : si le fait devait devenir public, je n'aurais plus la moindre chance de pouvoir continuer mon travail de pasteur des âmes. Je serais obligé de faire mes valises et de mettre fin au scandale.

« Je parle de mon orientation sexuelle avec mes parents et mes amis. Ils l'acceptent sans réserve. Il n'en va pas de même avec les prêtres plus âgés. Eux ont peur de s'ouvrir. Moi aussi, du reste, j'ai très peur de perdre le travail que j'aime. C'est pourquoi j'ai décidé de rester dans l'ombre. Les temps ne sont pas encore mûrs.

« Dans ma paroisse précédente, des gens étaient au courant. C'est moi, cela dit, qui avais choisi de le dire à telle personne et pas à telle autre, en me basant sur la confiance.

« C'est seulement après mon ordination que j'ai clarifié les choses. Jusque-là, j'avais réussi à tout garder en moi. D'ailleurs je n'avais personne à qui en parler.

« Accepter mon homosexualité, au début, n'a pas été chose facile : je souffrais d'un fort sentiment de culpabilité, j'avais l'impression qu'il y avait en moi quelque chose de faux. Puis ces difficultés initiales se sont révélées être une richesse. Aujourd'hui, grâce à ce chemin intérieur, je pense disposer d'une sensibilité particulière vis-à-vis des autres personnes, une sensibilité que je ne rencontre pas souvent chez mes collègues hétérosexuels. Surtout quand il faut soulager quelqu'un d'un puissant sentiment de culpabilité.

« Non, mes paroissiens ne savent pas que je suis homosexuel, même s'il y en a qui perçoivent en moi une force que les autres prêtres n'ont pas.

« Le théologien pastoral d'Augsbourg, Hanspeter Heinz, a publié un article dans lequel il estime que 20 % des prêtres sont homosexuels. Je pense qu'il se trompe. C'est beaucoup plus : nombreux sont ceux qui ne le disent pas. L'Église représente une société *for men only*. C'est ce qui explique, au moins en partie, pourquoi elle attire autant d'homosexuels. En faire partie procure une formidable couverture publique à ceux qui ne souhaitent pas avoir une femme auprès d'eux.

« Le célibat des prêtres, pour moi, à cette époque, c'était l'échappatoire idéale pour éviter d'affronter le sujet de mon homosexualité.

« Je me souviens qu'au début je m'énervais beaucoup quand on me demandait s'il existait une relation de causalité entre mon orientation sexuelle et la décision de prononcer mes vœux. Aujourd'hui, je puis le dire sereinement : l'homosexualité à joué dans ma décision au moins à 50 %.

« La position intransigeante de l'Église n'a qu'un seul résultat, c'est de nous pousser à la schizophrénie. D'un côté, ils t'autorisent à être homosexuel, puisque Dieu en a décidé ainsi, mais de l'autre ils t'empêchent de vivre comme tel.

« Je connais des prêtres qui vivent leur homosexualité de façon anonyme, par exemple en fréquentant les saunas et les clubs. Et une fois en chaire, pour éloigner les soupçons, ils se métamorphosent en prédicateurs hypermoralistes et homophobes.

« On n'en parle pas, mais il y a eu des cas de prêtres morts du sida. Encore un tabou que l'Église doit briser.

« Oui, je crois que beaucoup d'évêques allemands sont homosexuels.

« La position de l'Église sur l'homosexualité s'éloigne du message de tolérance dont le Christ s'est fait le porteur. Je crois qu'il est de notre devoir, à nous autres prêtres homosexuels, de redécouvrir ce message dans son authenticité. Telle est du moins la mission que je sens être la mienne au sein de l'Église. »

Quelques années plus tard, en 2002, en Grande-Bretagne, Channel 4 diffuse un documentaire au titre emblématique : *Pédé et catho*.

L'auteur du film, Mark Dowd, est un ex-frère franciscain devenu journaliste. Homosexuel lui-même, il signe des sujets mis à l'antenne par la BBC et Channel 4.

Dans ce documentaire, un couple d'ex-séminaristes anglais raconte ce qu'il a vécu au Venerable English College de Rome. Ils se souviennent devant la caméra de la vive activité homosexuelle abritée par ces murs. Activité qui comprenait même une amusante petite comédie montrant deux ex-amis en train d'avoir un rapport sexuel au son d'un disque de Take That.

Le film de Dowd est essentiellement axé sur les séminaires.

Ses sources comprennent le révérend Kevin Haggerty, recteur du séminaire Saint-John, dans le Surrey : il affirme en connaissance de cause que le nombre de séminaristes gays est significatif. Quant au père Donald Cozzens, recteur du séminaire Saint-Mary, il estime que 50 % des prêtres ont un penchant homosexuel.

Le même Cozzens affirme dans un livre, *The Changing Face of the Priesthood*[1] (« Changer le visage de la prêtrise ») que le nombre de prêtres homosexuels au sein de l'Église catholique est si important que le métier est en train de se transformer en une profession gay.

J'invite Dowd à prendre un café à la British Library de Londres. Je l'interroge sur Haggerty.

1. Donald Cozzens, *The Changing Face of the Priesthood*, Liturgical Press, 2000.

– Après que nous avons diffusé ce documentaire, il a disparu. Je n'ai plus jamais réussi à avoir de ses nouvelles.

– Parlons du film.

– Les deux ex-séminaristes subissaient des attentions homophobes de la part de leurs supérieurs. Et ces mêmes personnes qui leur adressaient de sévères reproches, vous les retrouviez dans les soirées romaines. Ils avaient un comportement schizophrénique : ils dissimulaient leur homosexualité, ils se montraient très critiques et négatifs à l'égard des comportements vaguement homosexuels, parce qu'ils vivaient un fort conflit intérieur, dans la mesure où ils étaient homosexuels eux aussi. S'il est possible de généraliser ce concept, cela veut dire que plus l'Église se montre mal à l'aise sur ces sujets, plus les gens qui siègent au sommet de la hiérarchie ecclésiastique endurent de profonds conflits intérieurs vis-à-vis de leur propre homosexualité.

Dowd établit une relation précise entre homosexualité et clergé catholique : le célibat aurait été un refuge pour ceux qui se sont découverts homosexuels entre les années cinquante et quatre-vingt.

– Comme l'affirmait aussi le père Cozzens, dans ces années-là, les hommes qui se sentaient attirés par d'autres hommes l'interprétaient comme un signe d'un appel de Dieu. Tes parents, tes amis, te disaient : « Trente-deux ans et toujours pas marié ! Tu ne veux donc pas fonder une famille ? Tu ne veux pas avoir d'enfants ? ». En devenant prêtre, tu te mettais à l'abri de toutes ces questions. Tant que l'homosexualité générera un sentiment de culpabilité, le célibat du clergé catholique sera perçu comme une issue.

Le travail de Dowd, et ses réflexions, s'inspirent en partie des études d'Elizabeth Stuart, professeur de théologie chrétienne à l'université de Winchester, fondatrice du Centre d'études sur le christianisme et la sexualité.

Madame Stuart a été la première à enquêter sur le lien entre homosexualité et clergé catholique.

Elle publie en 1993 *Chosen : Gay Catholic Priests Tell Their Stories*[1] (« Élus : des prêtres catholiques gays racontent leurs histoires »), ouvrage rassemblant les témoignages d'une dizaine de prêtres et de séminaristes homosexuels.

Ainsi le père Brian, séminariste : « Lors de ma première année au séminaire, un camarade m'a dit qu'il était attiré par moi. Nous avons passé un an sans aller au-delà de la masturbation réciproque, puis notre relation a évolué jusqu'à inclure la pénétration anale, certes toujours avec la protection d'un préservatif. »

Le père Simon : « Mon sacerdoce ne s'est pas ressenti de cette période où j'avais des relations avec une autre personne. »

Madame Stuart achève son livre sur ce tableau : « Personne ne s'est déclaré à l'aise avec le célibat, beaucoup ont reconnu une activité sexuelle après l'ordination, certains en ont eu une avant, neuf d'entre eux sont sexuellement actifs, quatre se sentent en faute, cinq affirment que c'est quelque chose qui a amélioré leur activité pastorale, deux se masturbent et en éprouvent de la culpabilité. »

Je joins le professeur Stuart au téléphone.

Ses réflexions sur la foi et la sexualité l'ont amenée à adhérer à ce courant d'études théologiques connu sous le nom de *Queer Theology.*

– La sexualité de l'individu, comme son genre, ne sont pas des catégories qui devraient intéresser la théologie. Selon la perspective de Dieu, ni ta sexualité ni ton genre ne disent qui tu es. Tel pourrait être le message de l'Église adressé au monde, un monde obsédé par la sexualité et les genres. Mais le message, au contraire, est le suivant : ton orientation sexuelle

1. Elizabeth Stuart, *Chosen : Gay Catholic Priests Tell Their Stories*, Geoffrey Chapman, 1993.

définit qui tu es. Pour la *Queer Theology*, c'est l'inverse. Sexualité et genre ne sont pas des catégories stables permettant de définir qui tu es. Si seulement ce message pouvait passer, ça changerait tout. Ça ne nous intéresserait plus, de savoir si une personne est homosexuelle ou non, ça deviendrait des mots sans signification.

– Que pensez-vous du célibat dans le clergé catholique ?

– Dans l'Église romaine, le célibat n'est pas une question de doctrine, mais de discipline. Je crois que ça marche mieux quand le clergé peut s'attendre à être soutenu dans son vœu de chasteté. À ne pas être abandonné. Mais ce n'est pas le cas. Le thème de l'homosexualité est emblématique : puisque l'Église ne parvient pas à l'affronter, les prêtres qui ont une orientation homosexuelle sentent qu'ils ne peuvent s'ouvrir librement à leurs supérieurs de ce qu'ils éprouvent, des conflits qu'ils traversent. Ce n'est certes pas la meilleure façon de créer une atmosphère dans laquelle on puisse résister. C'est valable pour les gays comme pour les hétérosexuels. Si tu veux demander à ton clergé de rester célibataire, alors il te faut créer l'atmosphère qui le permet. Non seulement ce n'est pas le cas, mais on a parfois l'impression que les directives du Vatican rendent la vie du clergé encore plus compliquée.

« Pour l'Église, il est très difficile de s'en tenir à une position cohérente sur le célibat dans le même temps qu'elle ouvre sa porte aux prêtres anglicans mariés, et à leurs familles. Ce n'est pas tout, il y a aussi le fait de prêcher une théologie matrimoniale très positive : ce n'est pas une aide pour le clergé.

« Jusqu'aux années cinquante, la vocation par excellence, c'était l'appel à la vie religieuse. Aujourd'hui, c'est le contraire : on a introduit une théologie de la famille beaucoup plus positive, qu'elle ne l'a jamais été. Pour un prêtre, il doit être très difficile de voir l'Église glorifier le mariage et ouvrir ses portes aux prêtres anglicans déjà mariés, et en même temps s'entendre dire : "Ce n'est pas pour toi." Difficile de faire coexister les deux messages. »

38

Lettre d'un séminariste adressée à l'association ONLUS que dirige Marco Marchese.

« Je me rappelle mon père, avant sa mort, il y a quelques années. Il se méfiait de l'Église, et refusait d'avoir affaire aux prêtres. Ceux-ci lui avaient laissé le souvenir d'une expérience amère qu'il n'était jamais parvenu à me communiquer, ni d'ailleurs à dépasser.
Il aurait voulu que je sois comme lui, mais j'avais encore une psychologie adolescente ; je voulais n'en faire qu'à ma tête, sans écouter les autres.
Et voici ce qui s'est passé.
Mon papa nous abandonna, et je quittai ma famille pour entrer au séminaire.
J'avais mythifié une certaine idée du prêtre, tout en pensant être fait pour ce monde-là. Mais je ne tardai pas à m'apercevoir que le milieu ecclésial était une réalité rien moins que mythique.
La structure du séminaire dans laquelle j'entrai, appartenant à un diocèse du nord de l'Italie, accueillait à

l'époque une quinzaine d'étudiants. Le fait est qu'elle ne proposait aucun repère précis sur ce qu'un prêtre devait être. À part les cours et, de temps en temps, une conférence spirituelle, les séminaristes étaient livrés à eux-mêmes.

Le samedi et le dimanche étaient consacrés aux activités paroissiales et, paradoxalement, il y avait des curés qui attendaient du séminariste qu'il apporte toutes les réponses, qu'il soit bien formé et ait toutes les ressources nécessaires pour vivifier l'air des paroisses. Ceux qui étaient là pour nous apprendre réclamaient des aides déjà formés.

Je constatai l'existence d'un fossé impossible à combler entre la demande, et ce que pouvait offrir un séminariste tel que moi. Ce qui manquait, ce n'était pas la formation intellectuelle de base, mais quelque chose de plus grand et de plus précieux : une formation humaine.

Dans un séminaire abritant quinze garçons livrés à eux-mêmes, où la figure du directeur elle-même était plus formelle que réelle, il est clair que chacun était obligé de se débrouiller et de faire au mieux. On se formait soi-même, individuellement, une image du prêtre, en se fondant sur son caractère et ses inclinations. Il y avait le méditatif, le réflexif, l'impulsif, le pieux. Mais il y avait aussi celui qui recherchait des aventures à caractère sexuel.

Je me souviens qu'au moins sept d'entre nous étaient homosexuels. Ces homosexuels n'étaient pas tous "dangereux" ; l'un d'eux, qui avait beaucoup de maturité, était même respectueux et équilibré. Je ne l'appris que de nombreuses années après : certains garçons intelligents et matures étaient aussi homosexuels. Et encore, par le truchement d'une confidence personnelle, non pas du fait d'une conduite inappropriée.

Cependant, il y avait un homosexuel "chasseur", une âme inquiète.

Je m'assurai que les supérieurs, même s'ils ne s'occupaient guère des séminaristes, connaissaient le tempérament de chacun. Sans ignorer qu'un cas unique pouvait se révéler dangereux, ils ne faisaient pas grand-chose.

Ayant découvert que ce garçon pouvait représenter un péril, j'en fis part à l'évêque du diocèse. Il ne sut que répondre. Il resta muet, embarrassé. Je lui dis qu'il y avait un risque à faire prêtre une personne aussi agitée, qui ne se faisait pas scrupule de se mettre en quête de victimes propres à satisfaire ses appétits.

Cela me valut une sévère réprimande de la part du recteur du séminaire. Il était furieux d'avoir à tenir compte de ce que je lui avais confié. Pour finir, c'est moi qui étais coupable ; c'est sur moi que retombèrent les ennuis.

Quelle solution trouvèrent-ils ? Comme le problème avait fait le tour de l'établissement, ils expédièrent le garçon d'abord chez un psychologue, puis dans une sorte de retraite spirituelle : il fut contraint de vivre dans un couvent à deux heures de voiture du séminaire.

Imaginez. Dans ce couvent, le séminariste obsédé sexuel était libre de faire tout ce qu'il voulait. Il entrait et sortait à toute heure.

Je compris que ce qui comptait le plus, en fait, ce n'était pas la substance des choses. En éloignant le séminariste, on sauvait les apparences, et on faisait taire les bavardages.

Vint le moment où l'évêque demanda au séminariste s'il voulait devenir prêtre. Le garçon répondit oui. Il devait m'avouer par la suite qu'il avait réagi ainsi faute d'avoir les couilles de refuser.

Mais alors, c'est moi qui renonçai à rester plus longtemps au séminaire. J'allai voir le recteur et je lui

communiquai ma décision. Il ne dit pas grand-chose. Il se contenta de deux phrases assez significatives : "Rappelle-toi que ce n'est pas nous qui te mettons dehors, et ne nous dénigre pas publiquement."
Le séminariste ne changea pas de conduite, même une fois devenu prêtre. Il fut affecté à différentes paroisses ; finalement, pour des motifs graves, ils l'envoyèrent dans un endroit où il pourrait suivre une cure. À sa sortie, il changea encore de paroisse.
Toutefois je nourris de sérieux doutes sur les capacités de ce prêtre à se passer de sexe et à mener chaste vie. Sa sexualité était si prégnante qu'elle le poussait à rechercher sans cesse de nouvelles aventures, ce qui provoquait des situations paradoxales et scandaleuses. »

Le Canada compte aujourd'hui six séminaires dont trois anglophones.

Pour y entrer, ainsi qu'à chaque fin d'année, il faut se soumettre à des tests psychologiques, à des entretiens, à des évaluations.

L'objectif est d'évaluer le niveau de maturité de l'étudiant, et de juger s'il est à même de respecter le vœu de chasteté. La commission fouille l'intimité du séminariste pour tenter de mesurer la place occupée par le sexe dans sa sphère privée. Les questions les plus fréquentes sont : « Combien de temps avez-vous fréquenté quelqu'un ? » ; « Avez-vous jamais eu une fiancée ? » ; « Avez-vous jamais été abordé par un garçon ? » ; « Avez-vous jamais été abordé contre votre volonté ? ».

En dépit des contrôles préventifs, trois prêtres sur dix, en Amérique du Nord, présentent des « signes de faiblesse » cinq ans après leur départ du séminaire. Au bout de dix ans, trois prêtres sur cinq souffrent de stress et de surmenage. La plupart accusent des formes d'anxiété et de dépression. Les désordres de nature sexuelle sont une minorité.

Dans tous les cas, les prêtres en difficulté récupèrent dans des cliniques de rééducation.

Un des établissements les plus connus est le Southdown Institute, fondé en 1965 par l'Emmanuel Convalescent Foundation pour répondre aux besoins des frères, prêtres et sœurs qui souffrent de problèmes de dépendance et de santé mentale.

La clinique se trouve à Aurora, dans l'Ontario, à cinquante kilomètres au nord de Toronto. Elle peut accueillir jusqu'à quarante patients des deux sexes, venant de toute l'Amérique du Nord.

L'équipe du Southdown, composée de psychologues, de psychiatres, de consultants et de guides spirituels, offre trois types de services : clinique, neuropsychologique, vocationnel.

Des traitements intensifs sont prévus pour ceux qui ont subi ou commis des abus sexuels, sont dépendants au sexe, à l'alcool, à la drogue, au jeu, à Internet, souffrent d'anxiété, d'obésité ou de troubles de la personnalité, ont violé les normes ecclésiastiques, présentent du stress ou des désordres post-traumatiques. Tous les patients, après une consultation psychiatrique, se voient assigner un « directeur spirituel ». Ils suivent une cure qui prévoit une méditation privée, des thérapies individuelles et de groupe, des activités de gymnastique, du yoga, de la natation.

La plupart des personnes restent au Southdown entre deux et six mois, mais à leur sortie elles continuent d'être suivies pendant un an et demi environ, grâce à des contacts mensuels.

Ces quarante dernières années, la clinique a soigné plus de 4 000 religieux, hommes et femmes. Elle compte aujourd'hui une trentaine de patients, en majorité des hommes, souffrant de problèmes liés au respect du vœu de chasteté ou à la masturbation. L'âge moyen est de cinquante ans.

Un des membres les plus anciens de l'institution est Philip Dodgson, psychologue clinicien de l'université de Waterloo, dans l'Ontario, membre de la Canadian Psychological Association, de l'American Psychological Association et de l'Association for the Treatment of Sexual Abusers.

Je parviens à le joindre par téléphone.

Avant d'entamer l'entretien, Philip Dodgson tient à clarifier un point. Pour lui, dès lors qu'il est question d'hommes et de femmes d'Église, une simple relation sexuelle clandestine est déjà un abus :

– Un prêtre qui a un rapport avec quelqu'un de sa paroisse commet un abus sexuel, même si les deux sont d'accord.

– Je respecte cette opinion qualifiée, mais je ne la partage pas du tout.

– C'est une faiblesse professionnelle, et le signe d'un mauvais comportement sexuel.

– C'est clair. Cela dit, je n'arrive pas à faire entrer cela dans le cadre de l'abus sexuel.

– La situation est identique à celle du médecin ou du psychiatre avec un patient. C'est prohibé par la loi. Donc c'est un abus. Évidemment, le prêtre est un homme, et il a des instincts sexuels, comme tous les êtres humains. Mais il doit vivre chastement. Il en a fait la promesse.

– Les prêtres viennent-ils vous voir de leur propre chef ?

– Il est rare que ce soit les intéressés qui s'adressent à nous parce qu'ils sont en proie à des remords ou à un sentiment de culpabilité. Souvent, on nous demande d'intervenir quand ces personnes ont été découvertes.

– Découvertes par qui ? En train de faire quoi ?

– Par la secrétaire de la paroisse, par exemple. Elle travaille sur l'ordinateur, et trouve des sites pornographiques dans l'historique Internet. Ou l'ordinateur est confié à un technicien pour effectuer des réparations, lequel technicien note l'accès à des sites de ce genre, ou à d'autres genres de matériels. Ou encore c'est le chef de la paroisse, ou l'évêque, qui demande une évaluation du problème.

– Qui sont les prêtres qui finissent par venir se faire soigner chez vous ?

– Ils sont souvent issus d'une famille très religieuse, avec des parents castrateurs qui ont imposé à l'enfant adolescent des restrictions et des règles très strictes. L'interdiction de sortir avec une femme, par exemple.

– D'une répression à l'autre…

– C'est ainsi que l'on en arrive à une sexualité sous-développée, immature.

– Et quand prennent-ils conscience de leur sexualité ?

– À un certain âge, quand on en vient à penser à la mort, et à dresser un bilan de sa vie. C'est à ce moment-là qu'ils commencent à explorer leur sexualité.

– Et que font-ils ?

– Beaucoup surfent sur Internet où il est facile de trouver du matériel érotique. Et ça peut se faire en cachette. Jusqu'à il y a trente ou quarante ans, pour acheter certains journaux interdits aux mineurs, il fallait se rendre en magasin, ou au kiosque : il fallait s'exposer. Chose vraiment embarrassante pour un prêtre.

– Les prêtres qui se soignent chez vous ont-ils des relations normales, qu'ils soient homosexuels ou hétérosexuels ?

– Beaucoup préfèrent se masturber et c'est tout. Certains ont des rapports avec des prostituées ; pour les payer, ils en viennent à se servir dans la caisse de la paroisse. Ce sont en général des personnes qui ont une histoire triste, et sont épuisées nerveusement. Elles sont souvent victimes d'elles-mêmes. Du fait de n'avoir pas atteint la maturité et le développement sexuel qui permettent d'affronter ces problèmes. Elles doivent choisir entre le sacerdoce et une relation sentimentale qui inclut aussi une composante physique. Ce n'est pas un choix facile. Surtout pour les homosexuels.

– Avec qui ces personnes nouent-elles des relations ?

– Il s'agit souvent de femmes qui travaillent dans la paroisse, des secrétaires, des gens avec qui le prêtre passe ses journées. Ou alors des femmes dont le mariage est en crise, des filles avec lesquelles ils ont grandi, parfois une ancienne camarade d'école revue à l'occasion d'une messe. C'est comme ça qu'ils raccrochent leur soutane pour revêtir les habits de l'ami.

– Tout part du confessionnal…

– Pour nous, c'est le cas classique de la défaillance professionnelle, et par conséquent de l'abus sexuel. Ça commence toujours par un : « Mon père, j'ai besoin de parler. » Elle se confie, elle se sent mieux, et c'est à ce moment-là que la barrière est franchie. Ce sont des relations consenties, mais le prêtre s'est mis dans une situation que nous appelons en anglais *fiduciary*, un terme légal pour qualifier le rapport professionnel qui lie le médecin et son patient.

– Un rapport de confiance…

– Oui. Et même si la femme dit : « Merci, mon père, pour votre soutien », si elle l'embrasse en le prenant dans ses bras, le prêtre alors doit dire : « Non », et la repousser.

– Plus facile à dire qu'à faire…

– On devrait enseigner aux prêtres à réagir dans les situations de ce genre.

– Qui devrait leur enseigner cela ?

– Ça devrait être fait au séminaire.

– Et ça ne se fait pas… Du coup, les voilà chez vous. Quelle est votre approche ? Comment vous positionnez-vous par rapport à la sphère sexuelle ? Vous essayez de les convaincre qu'avoir des instincts sexuels, c'est être dans l'erreur ?

– Notre programme ne consiste pas à les convaincre de quoi que ce soit, mais à rechercher la solution la plus juste pour le patient.

– Donnez-moi un exemple.

– Prenons le cas d'un prêtre homosexuel qui fréquente des hommes rencontrés dans des clubs. Souvent, il ne leur dit pas qu'il est prêtre. Il dit qu'il est assistant social. Preuve, déjà, qu'il n'est pas adapté à la vie solitaire qui est celle d'un prêtre. Ce serait se condamner à vivre dans un état de tension chronique.

– Mais ces personnes, souvent, ne cherchent que l'amour.

– C'est vrai, beaucoup sont affamées d'amour, d'intimité, d'affection. La pornographie ou la masturbation ne compensent pas ce manque en elles, mais quand une personne est stressée, et qu'elle ne se sent pas à son aise, elle cherche une solution pour être mieux. Le sexe est alors regardé comme une sorte d'issue.

– Mais la masturbation elle-même, qui est un fait privé, doit-elle devenir un épouvantail ?

– D'un point de vue médical, il n'y a rien de mal à se masturber. Mais l'Église juge que c'est une conduite fautive. Notre clinique se concentre sur comment et pourquoi le prêtre a besoin de se masturber pour maîtriser et contrôler sa sexualité. Notre équipe lui demande si c'est vraiment ainsi qu'il veut passer le restant de ses jours.

– Et ça suffit pour qu'il arrête ?

– Il continue peut-être. Mais moins souvent. Et il n'ira plus sur les sites pornographiques. Nous l'aidons à développer sa spiritualité pour qu'il soit capable d'accepter ses limites.

– Après que les prêtres ont suivi une cure chez vous, ils rentrent dans leur paroisse et les problèmes sont finis à jamais ?

– Dans le cas d'abus sur mineur, ils ne peuvent plus être prêtres. Tolérance zéro. Les cas d'abus répétés sur un adulte, il faut les analyser. Si c'est un abus chronique, les prêtres doivent démissionner. Si ça se produit sporadiquement, ils devront rester sous le contrôle d'une sorte de programme spécial.

– Et en ce qui concerne la dépendance à la pornographie ?

– Dans ce cas, ils doivent combattre la tentation de retomber dans le tourbillon. Il faudra qu'ils rencontrent régulièrement un superviseur. Ils ne pourront pas avoir d'ordinateur dans leur chambre. Ils seront même obligés d'avoir des filtres sur leur PC, pour empêcher l'accès à certains sites. Ils devront promettre de ne pas rencontrer en tête à tête des personnes de sexe féminin. Ils pourront dans certains cas rencontrer des femmes, à certaines heures, dans certains lieux, mais pas aller prendre un café, ni être seul avec elle.

– *Mamma mia* ! Un prêtre ne peut plus aller au théâtre avec une amie, alors ?

– S'ils ont fait un séjour chez nous, les prêtres ont l'obligation formelle de dire non. De tels comportements ne sont pas mauvais en soi, mais ils peuvent les faire retomber en tentation, donc dans une relation sentimentale.

– Quel est le pourcentage de rechute ?

– Difficile à établir. Il arrive que le prêtre retombe dans les mêmes erreurs après avoir suivi le programme de soins. Dans ce cas, il revient. On le soumet à un autre traitement. On élève le niveau de ses restrictions, en lui interdisant par exemple d'assumer la responsabilité de la paroisse, ou de groupes du diocèse. Toutes ses activités sont limitées, et filtrées.

39

Le sujet de l'homosexualité touchant une partie du clergé catholique revient irrésistiblement sur la scène médiatique dans la presse germanophone en 2003.

L'élément déclencheur de ce retour est le séminaire du diocèse de Sankt Pölten en Autriche.

Le scandale explose à l'automne avec le suicide d'un séminariste. Au cours de leur enquête, les policiers découvrent du matériel porno gay sur les disques durs de plusieurs prêtres et étudiants. Dans certains cas, il s'agit même carrément de matériel pédopornographique.

Le 12 juin 2004, la revue *Profil* publie des photos du directeur du séminaire, Ulrich Küchl, et du vice-directeur, Wolfgang Rothe, en train d'embrasser des séminaristes, ou d'avoir envers eux des gestes ambigus.

Puis c'est l'évêque du diocèse, Kurt Krenn, qui s'applique à nourrir le scandale. Le prélat déclare à la radio avoir vu de ses yeux une photo de Küchl en train d'avoir une relation orale avec un homme travesti. Dans l'Église autrichienne, l'esclandre est sans précédent.

Un séminariste avoue : « Une atmosphère gay régnait à l'intérieur du séminaire. Les relations homosexuelles avaient lieu au vu et au su de chacun, celles notamment entre le directeur, le vice-directeur et des étudiants. De l'extérieur, l'établissement passait pour une citadelle d'intégrité et d'idées conservatrices, mais à l'intérieur, nous étions immergés dans un bourbier moral. »

Le tableau est complété au cours des mois suivants avec l'apparition de nouveaux détails. Des médias comparent la vie, au sein de ce séminaire du péché, aux *Derniers Jours de Sodome et Gomorrhe*. Des orgies ont lieu, avec mariages gays célébrés par le directeur et son vice-directeur, ainsi que des fêtes « alcool et sexe » durant toute la nuit. Au point que beaucoup d'étudiants sont obligés d'aller dormir sur le carrelage du rez-de-chaussée pour échapper au vacarme des fêtards.

Il est sûr que le scandale de Sankt Pölten et les débats auxquels il a donné lieu dans la presse et à la télévision marquent une étape importante dans les relations entre l'Église catholique et la sexualité. Non seulement en Autriche, mais aussi dans les autres pays germanophones.

Après Sankt Pölten, ce qui était un secret est devenu un fait avéré connu du grand public : l'homosexualité est fort répandue chez les ministres de Dieu.

Le journaliste Michael Brinkschröder a pu écrire à ce propos : « Le prêtre, depuis Sankt Pölten, a une image homosexuelle. Soyons clair, il ne s'agit pas d'une image heureuse, exaltée, gay, mais au contraire d'une image tragique. Elle est associée désormais dans les médias à une sexualité malade, perverse et dangereuse, qui peut mener à la pédophilie et aux abus sexuels. »

Même l'Église irlandaise, ces vingt dernières années, a été emportée dans une multiplication de scandales en série dont la plupart avaient un arrière-plan sexuel.

Affaires endormies au fil du temps, mais toujours prêtes à ressurgir à la première occasion. Comme ça s'est produit en 2010 suite à la simple arrestation d'un jeune homme qui faisait du tapage nocturne devant un pub de Dublin.

Ross Hamilton : c'est son nom. Il a trente-trois ans. Il est mannequin et acteur.

Il connaît bien la police irlandaise et ses méthodes musclées : il a déjà été arrêté pour détention de cannabis, ivresse sur la voie publique et divers coups et blessures.

La presse a coutume de faire ses choux gras des mésaventures de Ross, car à chaque fois les médias en profitent pour raconter l'histoire de son père, Michael Cleary.

Michael Cleary était prêtre, une personnalité très en vue dans l'Église catholique irlandaise. Il n'était pas haut placé, mais jouissait d'une popularité en tant qu'animateur d'émissions à la radio et à la télévision. Un personnage public, en somme.

Il apparaît déjà en 1967 dans un documentaire, *Rocky Road to Dublin*, où il s'exprime sur le célibat et affirme sans langue de bois qu'il préférerait pour sa part avoir une famille.

Il fait de nouveau parler de lui quand il confesse avoir touché à toutes les drogues sauf l'héroïne.

Puis il enregistre deux albums, ce qui lui vaut le surnom de « Prêtre chantant ».

Un génie hors des règles. Mais le tableau n'aurait pas été complet sans une femme. Une femme qui existe pour de bon, du reste, même si elle est obligée de rester cachée : Phyllis Hamilton, la bonne du curé. Deux fils naissent de leur relation. Le premier sera adopté. Quant au second, Ross, il reste auprès de sa mère et de son père, Michael.

À dix ans, Ross Hamilton apprend l'identité de son géniteur.

Peu après, le père Michael Cleary succombe à un cancer. L'Église autorise Ross et sa mère à rester dans la maison où ils ont vécu avec le prêtre. Du moins jusqu'en 2001 : cette année-là sa mère meurt. Les autorités ecclésiastiques demandent et obtiennent l'expulsion de Ross.

Cleary était ami avec une autre figure importante de l'Église catholique irlandaise : Eamon Casey, l'évêque de Galway.

L'évêque Casey, dans ses prêches, combat la sexualité prématrimoniale, l'avortement, le préservatif et ainsi de suite. Mais en secret, c'est un grand libertin.

En 1992, les médias dévoilent sa relation avec Annie Murphy, une Américaine divorcée. Ils ont même un fils, Peter. Annie Murphy, par la suite, affirmera que pendant sa grossesse Casey a essayé de la convaincre de faire adopter le bébé.

Emporté par le scandale, Casey présente sa démission et devient missionnaire en Équateur.

Le *Guardian* a estimé qu'il y a 1 000 enfants de prêtres catholiques en Angleterre et en Irlande. Et il suffit en effet de sonder la culture populaire pour prendre la dimension du phénomène.

Trois patronymes sont particulièrement répandus en Irlande : McEntaggart, McEsnespie et McNabb. Et ces noms signifient respectivement : « Fils du prêtre », « Fils de l'évêque » et « Fils de l'abbé ».

Mais le clergé irlandais a aussi été ébranlé par les frasques de quelques prêtres homosexuels.

Un samedi soir de 1994, le corps sans vie du père Liam Cosgrove est découvert dans le sauna d'un club gay de Dublin. Le rapport médical fait allusion à une crise cardiaque. À en croire les journaux, le défunt pourrait avoir succombé à un rapport sexuel fatal.

Un personnage très en vue, représentant du clergé catholique, se permet une plaisanterie : « Ce qui me rassure, c'est qu'il avait à ses côtés quelqu'un qui était à même de lui donner l'extrême-onction. »

En effet, le directeur de l'établissement affirmera bientôt dans les colonnes de l'*Irish Times* que vingt prêtres, au moins, figuraient parmi sa clientèle d'habitués.

Quelques années plus, c'est au tour des séminaires de se retrouver dans l'œil du cyclone.

En 2002, deux ex-séminaristes de Maynooth, s'exprimant dans le *Daily Mirror*, racontent qu'enseignants et étudiants « payaient pour avoir des rapports sexuels dans les clubs gays de Dublin, et y organisaient des fêtes qui dégénéraient en scènes de sauvagerie ».

Le séminaire en question ne tarde pas à être rebaptisé *The Pink Palace* – « le Palais rose ».

Les faits remontent aux années quatre-vingt-dix. Dix séminaires étaient alors en activité. Le plus important accueillait 700 étudiants. Aujourd'hui, il n'en reste plus qu'un, fréquenté par 70 étudiants.

Et c'est justement Maynooth, le Palais rose.

40

Londres. Pénétrant dans le hall d'entrée de l'hôtel, je l'aperçois : sombre silhouette tournée vers l'entrée. Son visage sanguin jure avec la soutane noire.

Je cherche un prêtre irlandais. À moins que le stéréotype ne m'abuse, ça ne peut être que lui.

Je marche à sa rencontre. Son col entoure un cou rasé de frais d'où émane un intense parfum d'after-shave. Les décorations sont celles d'un prélat de haut rang.

Même si l'Église ne l'a jamais reconnu comme tel, Pat Buckley s'est autoproclamé évêque voilà deux ans. À l'index de sa main droite, brille un anneau d'évêque à pierre rouge ; une chaîne d'or voyante pend à son cou. Pas de crucifix.

Il a des lèvres fines et la peau laiteuse, parsemée de taches de rousseur à peine visibles. Au sommet de son nez proéminent, reposent des lunettes à monture légère. Ces lunettes sont certainement ce qu'il porte de plus sobre. Les yeux sont verts, vifs, expressifs. Des sourcils roux, épais, ouvrent sur un front haut, large. Le physique est puissant, robuste, pas vraiment typique du cardinal romain.

Certains détails laissent deviner une personnalité nettement plus orageuse que cette apparence solennelle ne le laisse entendre. Ce que confirment ses manières directes.

Pat s'exprime avec distinction, mais en piochant tranquillement dans des formes idiomatiques populaires qu'il souligne d'un œil amusé et d'un rire franc.

On dirait une espèce de don Camillo irlandais. À cette importante différence près, toutefois : l'archevêque Pat est homosexuel.

Pat Buckley voit le jour en 1952 dans un petit village de la campagne irlandaise. Il est l'aîné de dix-sept enfants.

– Une fois, en Afrique, on m'a demandé : « Il a combien de femmes, ton père ? ». J'ai répondu : « Une seule. »

En 1969, il entre au séminaire à Clonliffe. Au début, son caractère l'empêche de s'adapter aux règles en vigueur dans l'établissement. Au point qu'il en est exclu.

Il fréquente un autre séminaire et devient prêtre.

Il a vingt-quatre ans. Une première expérience le conduit au pays de Galles. Puis il est nommé curé de la cathédrale Saint-Pierre de Belfast, en Irlande du Nord. Mais il ne tarde pas à entrer en conflit avec l'évêque Cahal Daly.

La situation s'aggrave. En 1986, on lui fait une offre : 10 000 livres sterling et un transfert en Californie. Pat refuse. Il est démis de sa charge. Nouveau refus : il se barricade chez lui et en interdit l'accès à son successeur. Il ouvre une chapelle au rez-de-chaussée et devient indépendant.

Il célèbre des mariages entre homosexuels et divorcés.

Il crée Bethany, une association qui propose un soutien psychologique aux femmes qui ont entretenu des relations avec des prêtres catholiques. L'association ne fonctionne pas sur la base d'un agenda préétabli et de réunions de groupes. Buckley rencontre les femmes chacune son tour ; il leur offre son aide et les met en contact les unes avec les autres. De 1992 à aujourd'hui, Bethany a aidé 120 femmes.

En 1998, sous la menace d'une excommunication, il s'autoproclame évêque. Ce qui déclenche aussitôt l'excommunication en vertu du droit canonique.

Mais d'autres coups de théâtre sont à venir. Quelques années plus tard, en 2002, Pat déclare son homosexualité dans les colonnes des *News of the World*.

« *Why I Want the World to Know I'm Gay* » : « Pourquoi je veux que le monde sache que je suis homosexuel ». Tel est le titre qui barre la une du journal sur cinq colonnes.

En mars 2010, il s'unit civilement à son compagnon philippin Eduardo Yango.

Voilà qui est Pat Buckley.

Ma première question :

– Vous êtes toujours prêtre catholique, officiellement ?

– Je suis toujours prêtre catholique. J'ai toujours rêvé de l'être, et trente-quatre ans ont passé depuis mon ordination. Aujourd'hui je suis plus heureux que jamais. Je n'ai aucun problème avec ma foi, ni avec mon sacerdoce. En revanche, j'ai beaucoup de problèmes avec le pape Benoît.

– Commençons par le début : le séminaire.

– Je suis entré au séminaire à dix-huit ans, pour être fait prêtre à vingt-quatre.

– Mais avant, vous avez été exclu d'un autre séminaire. Pourquoi ?

– Parce que je refusais de me réveiller de bonne heure pour aller suivre un cours ennuyeux. Mais dans ces murs, l'homosexualité était vraiment un problème.

– En quel sens ?

– Au sens où il y avait beaucoup de rapports sexuels. Soit parce que les gens étaient gays, soit parce qu'ils avaient besoin de se soulager sexuellement. C'est une réaction très commune. Je travaille beaucoup avec les détenus, et ils sont nombreux à avoir des rapports sexuels, du fait que leurs instincts sont réprimés.

– Que disent les chefs ?

– Ils font semblant de rien. En Irlande, nous disons : « Si tu vois un cochon à deux têtes, ne dis rien, de toute façon personne ne te croira. » Je me suis rendu compte que la prêtrise était en train de devenir une profession nettement homosexuelle.

– Bon, vous devenez prêtre. Vous arrivez à Belfast. Et là, c'est un sacré bordel, non ?

– Je suis arrivé en Irlande du Nord dans une période de grandes tensions. Les questions sociales m'ont beaucoup accaparé. Puis a débarqué un évêque ultraconservateur qui voulait que je reste enfermé dans ma paroisse à prier. Il m'a muté trois fois. À la fin, il m'a proposé 10000 livres pour que je m'en aille en Californie. Je lui ai répondu que je n'étais pas une marchandise d'exportation. Que je n'étais pas de la Guinness. J'ai refusé. Ensuite j'ai appris par la radio que j'étais licencié, et que mon remplaçant arrivait. C'est comme ça que j'ai refusé de le laisser entrer chez moi. J'ai transformé le rez-de-chaussée en chapelle. Et je suis toujours là...

– C'était juste une question d'incompatibilité entre l'évêque et vous, ou il y avait autre chose ?

– Mes positions très libérales et critiques envers l'Église dérangeaient. L'Irlande, alors, était très conservatrice, très catholique : les évêques et les prêtres vivaient sur un grand pied, d'un point de vue social. Tous les autres étaient en dessous. J'étais celui qui essayait de changer cet état des choses, je n'en faisais qu'à ma tête.

– Comme célébrer des mariages de divorcés, ou s'autoproclamer évêque. Ça faisait un peu beaucoup...

– En Irlande, on dit : « Il vaut mieux être pendu par un mouton que par un agneau. » C'est comme ça que je suis devenu évêque : sans la permission de Rome. Pendant tout ce temps j'ai travaillé avec des gens que l'Église regarde comme des brebis galeuses : les divorcés, les gays, les femmes maîtresses de prêtres.

– Excusez-moi, mais je n'ai pas bien compris : pour finir, vous avez été excommunié ou non ?

– Non. Ils ont dit que je m'étais excommunié tout seul en me nommant évêque moi-même. Mais nous autres, les catholiques, nous pensons qu'un prêtre est prêtre pour toujours. Ils peuvent déchirer ta « carte de membre », mais t'empêcher d'être un prêtre catholique, non, ils ne le peuvent pas. Et moi, je suis une personne libre, un prêtre libre.

– Il fait quoi, un prêtre libre ?

– Il parle avec des gens auxquels l'Église ne donne pas la parole. Il dit oui au lieu de dire toujours non. Certes, il est important d'avoir une morale commune, mais quand une institution devient trop grande, ses propres règles finissent par l'étouffer.

– Et Bethany ?

– En 1992, a éclaté l'affaire de l'évêque de Galway, Eamon Casey. On a appris soudain qu'il avait eu un fils d'une Américaine. Les gens ont été très choqués. Ils croyaient que les prêtres et les sœurs étaient tous des saints. Tu parles… Quand on était petits, on croyait qu'ils se faisaient même opérer pour ne pas être obligés d'aller aux toilettes ! J'ai évoqué l'affaire Casey, à l'époque, en disant que c'était la partie visible de l'iceberg. Tout ce que la hiérarchie a trouvé à répondre, c'est que je donnais la parole à de méchantes voix. Peu après, une femme m'a appelé et m'a dit : « Moi aussi je suis une méchante voix. »

– Combien sont-elles, ces voix ?

– Si je devais faire une estimation en me fondant sur mon expérience, je dirais que 80 % des prêtres ont eu des relations sexuelles plus ou moins régulières, à un moment ou à un autre de leur sacerdoce. Certains ont même des partenaires très fidèles. Et puis il y a ceux qui ne font que se servir de leur soutane pour attraper des femmes. Ces dernières années, la soutane est devenue synonyme d'attrape-mouches. Qui sait pourquoi ? Il semble bien qu'elle attire beaucoup les femmes.

– Combien de maîtresses de prêtres avez-vous aidées ?

– J'ai accueilli 120 femmes. Dont six avaient des enfants. Quatre ont été forcées d'avorter. Dans deux des cas, le prêtre les a accompagnées à Londres et a payé l'IVG. En Irlande, l'avortement est toujours illégal. Deux de ces femmes avaient une liaison avec le même prêtre. Un autre prêtre entretenait des relations avec six femmes. Moi-même, beaucoup de femmes m'ont fait comprendre qu'elles voulaient coucher avec moi. Y compris des sœurs.

– Des sœurs ?

– Bien sûr. Bethany s'est occupé de nombreuses sœurs. C'est ce qu'on appelle dans l'Église la troisième voie : des prêtres et des sœurs qui satisfont réciproquement leurs instincts, ont une liaison. Tout est très sécurisé puisque aucun des deux ne parle. J'ai rencontré dans ma vie quatre sœurs attirées par moi. Il y en a une qui m'a même volé du linge intime.

– Quelle est votre opinion sur le célibat ?

– C'est un principe très important. Mais la plupart des gens ne sont pas à la hauteur. Ça devrait rester optionnel.

– Et vous, comment vous êtes-vous arrangé avec le célibat ?

– Je suis gay. Pendant de longues années, j'ai refusé de l'accepter. Je vais à la messe depuis l'âge de quatre ans. J'ai toujours été très religieux. Comme tel, on m'a enseigné que l'esprit était la partie bonne de moi-même, et le corps la mauvaise.

– Quand avez-vous découvert votre homosexualité ?

– Je le savais depuis la puberté, mais je ne pouvais l'admettre pour moi-même. C'est ainsi que je suis resté célibataire jusqu'à trente-quatre ans. Dès que j'avais une mauvaise pensée, je courais me confesser, et je suppliais Dieu de me pardonner.

– Mais après avoir découvert votre homosexualité, vous l'avez cachée…

– Se montrer au grand jour n'était pas chose facile. Puis je suis tombé malade. En partie à cause du stress provoqué par le fait de vivre cette double vie. J'éprouvais le besoin de réconcilier ma dimension spirituelle et la dimension physique, plus charnelle. J'ai fait cinq années de cure analytique jungienne.

– Après quoi vous avez vidé votre sac…

– Je me suis enfermé deux jours dans une chambre d'hôtel, et de là j'ai fait paraître mon article dans *News of the World*, journal auquel je collaborais depuis des années. Je l'ai fait pour moi-même, mais aussi pour mieux aider ceux qui s'adressaient à moi en raison du même conflit intérieur.

– Quelles furent les réactions ?

– Surtout de l'estime et de la compréhension. Deux ou trois réactions négatives, la plupart venues d'ignorants. Imaginez, quelques jours après, j'avais un mariage dans un village du cœur de l'Irlande, une région très catholique. Je dois avouer que j'étais assez nerveux. À un moment, un homme s'est approché de moi avec ses grandes mains de paysan, et il m'a dit : « Buckley, c'est vous ? ». J'aurais voulu faire comme si de rien n'était, j'étais très tendu, j'aurais voulu lui répondre : « Buckley ? Qui c'est, Buckley ? ». Au lieu de quoi j'ai répondu : « Oui, c'est moi. » Alors il m'a serré la main et m'a dit : « J'ai toujours aimé les gens honnêtes. »

– Qu'est-ce qui a changé dans votre vie de prêtre, après votre confession publique ?

– J'ai vu un plus grand nombre de personnes se tourner vers moi. Maintenant, je peux être honnête jusqu'au bout. Avant, c'était comme vivre en prison. Aujourd'hui je suis un homme libre. L'instinct sexuel est inné. Si un homme se retrouvait seul en Afrique, il aurait des rapports sexuels avec une guenon. Une fois, je suis tombé sur un prêtre qui avait des rapports avec un chien. Réprimer son instinct sexuel peut ruiner une vie.

41

Le *coming out* est souvent vu comme la fin d'un cauchemar. Une fois que tout le monde sait, ce sont les robinets de la vérité qui s'ouvrent.

Le père Sebastian, cinquante-deux ans, accepte de recevoir les caméras du réalisateur allemand Peter Schmidt qui tourne pour la télévision le documentaire *Gay avec Dieu*.

Il parle sans montrer son visage. De peur des mesures de rétorsion. Mais il vide son sac.

Il n'est pas le seul. Le film de Schmidt présente trois protagonistes.

Parmi eux, le père Theo Koster, frère dominicain de cinquante-six ans établi aux Pays-Bas : « Le pape devrait nous parler, à nous les prêtres homosexuels, et essayer de nous comprendre. Il se rendrait compte que nous ne représentons pas une menace pour l'Église, mais une grande richesse qui ne demande qu'à être valorisée. »

Le troisième intervenant est le diacre Christian Leutenegger, quarante-six ans ; voilà une dizaine d'années, il monte sur l'autel de sa paroisse de Saint-Gall, en Suisse, et s'adresse aux fidèles en ces termes : « Eh bien ! Mes amis, je dois vous dire une chose : je suis homosexuel. »

Le 11 avril 2010, Franz-Josef Overbeck, évêque d'Essen, en Allemagne, est l'invité d'une émission de la chaîne ARD ; il confirme devant des millions de téléspectateurs : « Vivre son homosexualité constitue un péché. »

À la même époque, le secrétaire d'État du Vatican, le cardinal Tarcisio Bertone, affirme publiquement qu'il existerait un rapport de causalité entre la pédophilie et l'homosexualité : « Beaucoup de psychologues et de psychiatres ont reconnu qu'il n'y a pas de lien entre célibat et pédophilie. Nombre d'autres études, en revanche, ont démontré qu'il existe un lien entre homosexualité et pédophilie. »

Le théologien catholique allemand David Berger n'y tient plus. C'est trop. Soupçonné d'entretenir une relation homosexuelle, il a été chassé l'année précédente de son poste d'enseignant à l'Académie pontificale de Saint-Thomas-d'Aquin à Rome.

Le 23 avril, il signe une tribune incendiaire dans le quotidien *Frankfurter Rundschau*. Titre de l'article : « Je refuse de me taire davantage ».

Outre le fait qu'il s'exprime sans honte sur sa propre homosexualité, il adresse un *J'accuse* accablant à l'*establishment* du Vatican, dévoile un système d'oppression perfide organisé depuis les plus hautes sphères ecclésiastiques aux dépens des religieux homosexuels : « Il faut savoir qu'un grand nombre de prêtres, en Europe et aux États-Unis, ont un penchant homosexuel. La pire situation, dans l'Église catholique, est celle des prêtres homophiles qui mènent une lutte désespérée contre leur propre sexualité. »

David Berger a récemment publié un ouvrage sur son expérience du séminaire : *La Sainte Illusion*. Il y accuse ouvertement l'Église de Rome de mener une politique « hypocrite et bigote sur le sujet de l'homosexualité ».

Il dénonce notamment la présence croissante d'inquiétantes sectes homophobes qui, dans un climat de chasse aux sorcières, exploitent l'homosexualité d'autrui et en font un instrument de chantage : nombre de religieux homosexuels ont certes la possibilité de poursuivre leur carrière à l'intérieur de certaines limites, mais leur orientation devient une arme servant à les discréditer dès que surgissent des jalousies ou des rivalités. « La vérité est que, dans certaines hautes sphères de l'Église, il est habituel de collecter en cachette des informations sur les homosexuels, afin d'exercer sur eux, ensuite, un chantage. »

Mais la sortie la plus éclatante a sûrement été celle du père Bernard Lynch.

Il ne s'agit pas d'un prêtre quelconque.

Je le vois pour la première fois en septembre 2010, à la manifestation contre la visite d'État de Benoît XVI au Royaume-Uni.

En fin de cortège, des ribambelles d'intervenants se succèdent sur la fourgonnette des organisateurs. Des activistes, des écrivains, des journalistes, des personnalités, et même un prêtre. Catholique. Il se fraie un chemin entre les orateurs, vêtu de son habit noir à col blanc. La foule l'observe, silencieuse, partagée entre surprise et excitation : « Cher Saint-Père, je suis un de tes prêtres, au service de l'Église catholique depuis trente-neuf ans. En tant que prêtre catholique ouvertement gay, je te souhaite la bienvenue. »

Cette dernière phrase reste suspendue dans l'air. « Prêtre catholique ouvertement gay ». L'expression sonne comme un oxymore.

Le tonnerre d'applaudissements qui s'ensuit renvoie à plus tard tout autre effort d'interprétation.

En ce qui me concerne, l'occasion de faire la connaissance du père Bernard se présente quelques semaines plus tard. J'ai rendez-vous avec lui dans un café du quartier londonien de Camden Town.

Je m'attends à le voir vêtu de l'habit ecclésiastique amidonné. J'ai la surprise de le trouver en survêtement bleu foncé.

– J'ai deux heures de libres. Après, je vais à la gym.

Me reviennent en tête des images d'archives diffusées quelques années plus tôt sur Channel 4 : on le voyait faire son jogging à New York, à Central Park. C'était la fin des années soixante-dix. Sa tenue ne mentait pas, on aurait dit John McEnroe, le rebelle : le débardeur moulant, le short archicourt, l'inévitable bandeau dans les cheveux.

Aujourd'hui, trente ans plus tard, il ne reste plus trace des cheveux qui s'échappaient du bandeau. Les grandes joues rasées de frais et le crâne absolument chauve dessinent ensemble un ovale parfait.

Son physique est toujours celui d'un sportif : le père Bernard tient le coup. Sa passion pour la gym et le jogging ne l'a jamais quitté, sans doute.

Mens sana in corpore sano : ce proverbe correspond bien au côté rebelle du prêtre, mais aussi à la pointe de narcissisme qui affleure sur ses traits. Pour ce qui concerne l'esprit, en revanche, c'est un problème entre lui et le Très-Haut.

Bernard Lynch est né en Irlande voilà soixante ans. Il entre très jeune au séminaire : il a dix-sept ans. Il en sort à vingt-quatre. À la fin des années soixante-dix, il s'établit à New York où débute son activité pastorale, et où il entre en contact avec la communauté gay.

Les années suivantes se révèlent dramatiques : elles marquent non seulement son sacerdoce, mais également sa sexualité. L'étincelle qui déclenche l'incendie est un sigle de quatre lettres : sida. Sa communauté est littéralement réduite de moitié : 600 jeunes disparaissent en l'espace de quelques années.

Pour lui, c'est une tragédie. Pour les hiérarchies ecclésiastiques, c'est « le résultat naturel d'actes contre nature ».

En 1986, on peut lire dans la *Lettre pastorale des cardinaux catholiques* à l'égard des personnes homosexuelles : « Il convient en revanche de préciser que l'inclination particulière de la personne homosexuelle, si elle n'est pas en elle-même un péché, constitue toutefois une tendance, plus ou moins forte, vers un comportement intrinsèquement mauvais d'un point de vue moral. Pour cette raison, l'inclination elle-même doit être considérée comme objectivement désordonnée. » On trouve au bas de la page la signature de Joseph Ratzinger : il est alors à la tête de la Congrégation pour la doctrine de la foi.

Ce sont ces prises de position qui poussent le père Bernard à tout dévoiler. Il réfute les dogmes romains et entre en conflit ouvert avec les hiérarchies catholiques locales ; il réclame à grands cris la fin de la discrimination civile et religieuse à l'égard des homosexuels.

Il se découvre gay lui-même, et ne s'en cache pas. C'est pourquoi il est expédié à Rome pour quelques mois de vacances forcées.

À son retour, il est accusé de pédophilie. Mais les faits qui lui sont reprochés se révèlent infondés. Une fois blanchi, il écrit un livre, *A Priest on Trial* (« Un prêtre en procès ») dans lequel il soutient la thèse selon laquelle les accusations en question ont été habilement fabriquées par de hauts prélats new-yorkais.

Au milieu des années quatre-vingt-dix, le père Bernard déménage à Londres où il célèbre l'union civile de centaines de couples gays.

Bien que l'Église ne lui ait plus confié de charge pastorale suite aux événements de New York, il demeure légalement un prêtre catholique.

Il répond à mes questions en sirotant un cappuccino.

– Que signifie être prêtre catholique et gay en même temps ?

– Ce n'est pas moi qui ai choisi d'être prêtre : c'est Dieu qui m'a fait don du sacerdoce. Mon homosexualité aussi est un don de Dieu. Personne ne choisirait d'être gay dans un monde qui hait et discrimine l'homosexualité. C'est très difficile, mais on n'y peut rien. C'est comme vouloir écrire avec la main gauche. Je serai toujours prêtre, sûrement. De même que je serai toujours gay.

– Quelles sont vos occupations aujourd'hui ?

– Légalement, je suis toujours prêtre catholique. Mais je travaille sur les effets du VIH pour le compte d'institutions séculières, en dehors de l'Église. Car l'Église ne me donne plus de travail depuis que j'ai déclaré mon homosexualité.

– Pourquoi avez-vous décidé de rendre publique votre homosexualité ?

– C'est arrivé à New York, lorsque j'ai pris contact avec la communauté gay, et que j'ai commencé à travailler sur les effets du VIH. Au début, on croyait que c'était un rhume. Ensuite il y en a un qui est mort, puis un autre, et un autre encore. En quelques années, le sida a emporté la moitié de ma communauté. Tous des hommes de moins de trente-cinq ans.

« J'étais jeune, gay moi aussi. Et j'étais leur prêtre. On les discriminait : les gens voyaient le sida comme une punition divine. Et c'est ce que l'Église disait alors : elle enseignait que l'on méritait la mort quand on avait des rapports contre nature. Beaucoup se sont fait expulser. Les hôpitaux refusaient même de leur donner à manger, on avait peur de les toucher. Quand j'allais les voir, je trouvais leurs plateaux-repas dans le couloir : le déjeuner et le dîner étaient toujours là, empilés l'un sur l'autre. Personne ne les avait apportés au malade. Il y en a qui mouraient de faim. Alors j'ai tout révélé au grand jour. Si tu crois en la justice de Jésus, tu ne peux pas traiter les gens ainsi.

« La municipalité de New York discutait d'une ordonnance visant à limiter la discrimination à l'égard des homosexuels dans le travail et les politiques familiales : l'Église s'y est opposée. J'ai dit : “Ça n'a pas de sens.” L'ordonnance a été adoptée. Dès lors ils ont commencé à s'acharner sur moi. Ils ont même fini par monter de toutes pièces, contre moi, un procès pour pédophilie.

– Dans quelle mesure cette expérience a-t-elle influencé vos choix de vie et de prêtre ?

– Quand tu es en train de mourir, tu as juste besoin de quelqu'un qui te prenne la main et te rassure. C'était douloureux, mais en même temps c'est une expérience qui m'a rempli l'âme. Avoir été auprès de ces hommes malades a été un privilège pour moi. D'autre part, chez ces malades, celui qui était catholique était au désespoir à cause de la position de l'Église sur l'homosexualité, à savoir que le sida était le résultat normal d'actes contre nature. Quand les personnes sont malades et meurent, l'Église devrait montrer son plus beau visage. Et elle montre le pire.

– Des prêtres aussi mouraient ?

– Oui, cinq prêtres et même un évêque. Si on est prêtre, dans une situation de ce genre, il suffit de se taire et ils t'aident. C'est le culte du secret.

– Ensuite vous avez enduré les accablantes accusations de pédophilie, puis avez été blanchi ?

– J'étais dévasté de l'intérieur. Je n'arrivais pas à croire que l'Église ait pu me faire ça. Si j'avais été italien, je l'aurais cru. Mais je suis irlandais. J'avais une vision encore un peu naïve. Je n'avais pas encore suffisamment lu Savonarole. Je ne suis pas passé loin du collapsus nerveux. Je ne dormais plus, je ne pouvais plus sortir. J'ai préféré déménager à Londres quelques années. Arrivé ici, j'ai continué à travailler avec les malades atteints du sida, et je suis resté finalement.

– Et la parenthèse romaine, qu'en dites-vous ?

– À Rome, beaucoup de prêtres essayaient d'engager des relations sexuelles avec des séminaristes, ou avec d'autres prêtres, dans les clubs gays. Mais tout se faisait en cachette. Ne serait-ce que du fait de la double personnalité dont souffrent franchement bien des individus. C'était toujours la même rengaine : des rapports sexuels anonymes, ensuite chacun repart de son côté. Nombreux étaient ceux qui souffraient d'un sentiment de culpabilité. Je n'ai pas vécu là-bas une belle expérience.

– Quelle relation entretenez-vous avec le célibat ?

– Je suis resté longtemps célibataire. Et quand j'ai reconnu publiquement mon homosexualité, je n'ai pas trouvé de partenaire. Aujourd'hui j'ai un compagnon, et je pense que seule une minorité de prêtres catholiques sont réellement célibataires. J'en ai connu beaucoup. J'écoute leurs histoires dans les rencontres de soutien que j'organise. Peu d'entre eux ont reçu le don du célibat. La plupart ont reçu le don de la sexualité. C'est tout aussi précieux.

– Pourquoi, en dépit de tout cela, restez-vous dans l'Église catholique ?

– Je suis prêtre. Je n'ai pas choisi de l'être, c'est quelque chose qui vient de mon âme. Aujourd'hui je milite pour un changement, j'espère un changement. Je suis pessimiste sur l'institution, pas sur les personnes. Il faut changer les personnes, bien sûr, et nous aussi, les prêtres, il faut que nous changions. Mais j'espère surtout un changement par le bas, car rien ne viendra d'en haut ; personne ne lâchera le pouvoir qui est le sien. Je ne sers pas l'Église catholique, je cherche à rendre justice, non seulement aux gays, mais à tous. Je me rappelle ce qu'une sœur, à New York, disait aux malades : « Tu dois t'élever au-dessus de l'Église pour trouver Dieu, sinon tu demeureras désespéré. »

42

Quelqu'un en Écosse a essayé de s'élever au-dessus de l'Église entendue comme institution terrestre : le père Gordon Brown.

Il y a une dizaine d'années, le cardinal Thomas Joseph Winning, numéro un de l'Église catholique écossaise, compare ceux qui soutiennent les associations de la communauté homosexuelle à des nazis.

Sur quoi le père Brown, curé d'une petite chapelle d'Édimbourg, se dévoile dans la presse locale : « Je suis prêtre depuis trente ans. Et je suis gay depuis plus longtemps encore. »

Le père Brown raconte qu'il n'est pas seul. Il est la cheville ouvrière d'un réseau de prêtres homosexuels qui se sont organisés pour se prêter secours mutuellement.

Un autre a joué cartes sur table et s'est fait chasser : don José Mantero.

Nous sommes en Espagne. José découvre qu'il est gay à douze ans. Ses amis aiment les blondes mais lui, c'est quand il voit les muscles des hommes que ses hormones s'affolent. Cependant il veut être prêtre.

Adolescent, il fait partie d'un groupe de jeunes chrétiens qui se vouent à l'action sociale. C'est là que lui parvient le fameux appel. Rien de céleste, pas de trompettes sonnant au-dessus des nuages. Seulement le sentiment que quelqu'un a besoin de lui, dans l'Église et dans la société.

Prêtre, José tombe amoureux, vit des relations homosexuelles, connaît le plaisir physique. Toujours en cachette.

Jusqu'au jour où il entend un homme très jeune lui dire derrière la grille du confessionnal : « Je suis un monstre. Je suis prêtre et j'ai des relations sexuelles avec des hommes. » C'est comme si José avait reçu un coup dans la poitrine. Il écarte le rideau :

– Regarde-moi dans les yeux : ai-je l'air d'un monstre ?

– Non.

– Bien. Parce que moi aussi je suis gay, et je ne le vis pas comme un problème.

En juin 2001, José écrit pour une petite revue catholique un éditorial intitulé : « Fierté gay ». L'année suivante, il dit toute la vérité dans *Zéro*, une revue très connue dans les milieux gays espagnols. Titre du papier : « Remercie Dieu d'être gay ! ».

En voici un extrait.

« Si je crois que Dieu est le créateur, comme il est dit dans les Psaumes, et si je vois qu'il a créé une personne gay, alors je me dis qu'il a voulu que cette personne soit gay. Nombreux sont les prêtres gays en Espagne, un sur cinq au moins. Souvent les évêques sont au courant, mais ils se taisent. »

L'article déclenche un tollé. En Espagne, c'est véritablement la première fois qu'un prêtre déclare publiquement son homosexualité.

José a trente-neuf ans ; il est prêtre depuis plus de vingt ans. L'Église lui fait remettre une lettre l'informant qu'il est suspendu de son sacerdoce pour avoir enfreint la règle du célibat. Il est contraint d'abandonner l'habit clérical.

« Je ne pourrais continuer à être catholique : ça signifierait être complice d'un système qui traite en esclaves les frères et les sœurs qui ont la même orientation sexuelle que moi.

L'Église ne parle du sexe que dans une optique négative, pour supprimer. Le motif ? Comme le disait Oscar Wilde, qui contrôle la sexualité contrôle la totalité de la personne. Ce qui est la forme la plus haute du pouvoir. »

Pendant mes recherches en Espagne, alors que je navigue sur un blog d'homosexuels catholiques, je tombe sur des prêtres gays.

Le seul qui consente à se raconter est Gonzalo. À une condition : que ce soit par e-mails. Gonzalo a vingt-six ans.

Je lui demande de me parler de sa vie sacerdotale.

Les personnes comme moi sont bonnes et dévouées, exactement comme les autres prêtres. Ce qui se passe, c'est juste que nous devons vivre cette vie dans le monde tel qu'il est aujourd'hui.

Si vous travaillez de bonne foi, c'est-à-dire pour nous soutenir et non pas pour faire du tort à l'Église, alors je serai heureux de vous aider.

Je le remercie et le rassure, puis lui demande de me dire où il vit, où il travaille ; de me parler aussi un peu de lui.

Je vis en Castille. Je suis le curé de beaucoup de petits villages habités par des gens simples, bons et très accueillants.

J'ai toujours eu conscience d'être gay. Je ne me le suis jamais caché à moi-même, même s'il m'a fallu affronter des moments de grandes difficultés.

Aujourd'hui, je vis ma condition discrètement. Les gens, souvent, peuvent se montrer cruels, mais ça permet aussi de comprendre qui sont les vrais amis, à qui l'on peut se fier, quels sont ceux qui ne t'abandonneront jamais. Ce sont ceux qui sont toujours, toujours, toujours à tes côtés.

Quant au fait d'être prêtre, ça n'a rien à voir avec mon orientation sexuelle. Je pourrais être gay sans être prêtre, plus ou moins au grand jour. Mais depuis tout petit je me suis senti orienté vers le sacerdoce, même si ma famille n'était pas catholique pratiquante, même si ça n'a pas tellement fait plaisir à mon père, que je prononce mes vœux.

Maintenant je suis en tout point satisfait, mais ça n'a pas été simple.

Si vous avez des doutes, nous pouvons continuer à échanger des mails.

Au revoir, comptez sur moi pour vous soutenir dans votre très important travail.

Je l'interroge sur ses relations, sur les moments de crise, sur ses amours, ses amitiés.

Parfois tu as l'impression que ta façon d'être n'est pas la bonne, que tu es différent. Alors tu cherches à changer. Tu essaies. Mais tu te rends compte que ça ne marche pas, parce que c'est impossible. Tu es gay, et c'est quelque chose qui ne peut pas être modifié. C'est la vie qui te le dit. L'homosexualité n'est pas une maladie sans remède, c'est une façon d'être.

Alors tu comprends aussi que ce n'est pas la peine de diviser le monde entre homos et hétéros. Beaucoup plus simplement, tu prends conscience qu'il y a des hommes qui aiment les hommes, et d'autres qui aiment les femmes.

Le plus difficile à dépasser, c'est la déception venue de ceux qui semblaient pouvoir te soutenir, et qui t'ont laissé tomber rien que parce que tu es gay.

Souvent j'ai cru pouvoir me confier à quelqu'un, avant de me rendre compte que je pouvais lui parler de tout sauf de mon orientation sexuelle.

Il m'est arrivé de tomber amoureux. Il me semblait alors que tout était parfait, que l'autre me rendait mon amour, et puis... Puis le fait que je sois prêtre le bloquait, l'empêchait d'aller plus loin.

J'ai eu des liaisons. Toutes clandestines : rien au grand jour.

La plus importante, avec un ami : nous avons partagé des passions, le dialogue et le besoin de chaleur humaine.

Mes parents ignorent mon homosexualité. Peut-être la soupçonnent-ils. Tu sais, les mères sont très intelligentes. Plus que nous ne le pensons.

Dans ma vie, j'ai été soutenu par des amis. J'ai rencontré des gens qui m'ont aidé à comprendre à quel point être gay était positif, et ont accepté d'en parler ; ça m'a permis de faire sortir tout ce qui couvait en moi et qu'il fallait explorer, ce qui n'a pas été sans créer des problèmes d'équilibre psychophysiques.

Le jour où je me suis affranchi de ma situation, je crois que ç'a été le plus heureux de ma vie. C'était un après-midi, je me promenais avec un ami très cher. Nous avons commencé à aborder des sujets très élevés, très abstraits. La sexualité, l'importance de la vie affective. Petit à petit, nous en sommes venus à parler de nous. Je me suis senti libéré.

Le célibat, tout le monde le sait, n'est pas une institution divine, voulue par Dieu et obligatoire pour tous. Ça ne l'a jamais été. C'est juste un instrument de discipline. Il vaudrait mieux que ce soit optionnel : qui le veut le choisit. Qui n'en veut pas s'en passe. D'ailleurs, je suis sûr qu'avec le temps le célibat sera dépassé. Aimer quelqu'un n'est pas un péché. L'amour est une bonne chose.

Imposer le célibat, c'est une décision qui a permis de mettre fin à une situation où les femmes des religieux avaient plus de pouvoir que les religieux eux-mêmes : c'étaient elles qui géraient les biens de la paroisse, qui les donnaient en partage à leurs enfants. Il ne restait presque plus rien pour l'Église.

Il suffit de tourner les yeux vers l'Europe de l'Est et les frères de l'Église orthodoxe : ils sont plus conservateurs que nous, mais n'ont pas l'obligation du célibat. Ils choisissent de donner tout leur temps à Dieu. Mais ils sont sereins. Ils savent qu'ils peuvent aussi opter pour une vie familiale.

Je lui écris que je voudrais en savoir davantage sur sa sphère intime.

À ce moment-là, Gonzalo disparaît.

43

Un jour d'octobre, aux premières heures de l'après-midi. Le site Internet est Me2, un des lieux de rencontre des homosexuels.

Mon pseudo est Tuttoprete, « Toutprêtre ». Le sien, Checulett, évoque une pâtisserie et un « Petit pédé ».

Lui : *Ciao*, comment va ?

Moi : Bien. Tu cherches quoi ?

Lui : Sexe. Un partenaire actif.

Moi : Me voilà.

Lui : Mmmm. D'où es-tu ? Moi, c'est la Lombardie.

Moi : Moi, Brescia. Centre-ville. Tu es comment ?

Lui : Brun, passif, 1,67 m, 67 kg, yeux verts, cheveux courts, 36 ans, homme, non efféminé.

Moi : Mmmm, j'adore.

Lui : Et toi ? Je suis prêtre.

Moi : Moi, 1,81 m, 77 kg, brun, homme, doué.

Lui : Je suis du genre sérieux, réservé, pas de coups tordus.

Moi : Je suis fiancé à une femme. Je dois donc me montrer très discret. Je cherche quelqu'un de discret.

(...)

Lui : OK. Alors tranquille. Moi, je ne cherche pas d'embrouilles. Je suis calme et discret.

Moi : Parfait. (...) Tu m'envoies une photo de toi par mail ?

Lui : Oui, bien sûr, je t'envoie une photo. Tu travailles dans quoi ?

Moi : J'ai un commerce au centre de Brescia. Qu'est-ce que tu aimes ?

Lui : J'aime tout, jouer avec la bite et la sentir glisser dans mon cul. Là, je ne peux pas t'envoyer de photo. Je t'en envoie une demain dès que je peux. Et toi, qu'est-ce que tu aimes faire ?

Moi : Tout.

Lui : Tu vends quoi ? Ce serait vraiment bien de pouvoir venir chez toi et, si ton magasin est fermé, de se mettre à bien baiser.

Moi : J'adore le fait que tu sois un prêtre. (...) Après 18 heures, je peux recevoir. Je vends des vêtements. Mais d'où es-tu exactement ?

Lui : Pour le moment, je ne dis pas d'où je suis.

Moi : OK, OK, pardon.

Lui : Qu'est-ce que tu aimes ?

Moi : Tout, vraiment. J'adore le sexe.

Lui : J'aime être dominé.

Moi : Parfait. Je domine comme un dieu. Tu permets que je dise « dieu » ?

Lui : Bien sûr. Sur ce sujet-là, je permets. Qu'est-ce que tu entends par dominer ?

Moi : Si tu viens au magasin en habit de prêtre, ne mets pas de slip, que je puisse te baiser tout de suite.

Lui : Mmmm. J'adore. Et ensuite ?

Moi : Après, je te ferai mal.

Lui : J'adore les pieds, le foutre et tout le reste. Je suis cochon. Mais qu'est-ce que tu fais dans la chat room Venise si tu es de Brescia ?

Moi : Je cherchais un homme rencontré la semaine dernière.

Lui : Tu es dans ton magasin, là ?

Moi : Oui, et je suis très excité.

(...)

Lui : Mais on ne pourra pas se voir maintenant si le magasin est fermé ?

Moi : Je fais la journée continue. Et j'ai une employée.

Lui : Waouh. Tu n'es jamais seul ?

Moi : Demain, je serai seul.

Lui : Ah, OK. Si je viens vers midi, tu pourras fermer le magasin ?

Moi : Ce serait mieux à 13 heures.

Lui : J'aime sentir la bite gonfler dans ma bouche, et la lécher ensuite comme une glace.

Moi : Mais tu viens habillé en prêtre et sans slip ?

(...)

Lui : Mmmm. Je préfère sans préservatif. Si tu veux, je viens sans slip. Mais alors toi aussi : sans slip. OK ?

Moi : Je vends aussi des vêtements pour femmes. Tu aimerais passer un habit de femme et te faire baiser durement ?

Lui : Oui, je m'habillerai en femme. Qu'est-ce que tu voudras que je mette ?

Moi : Quelque chose de court, et de blanc. Candide cochon.

Lui : OK. Tu décides :)

Moi : Tu amènerais des accessoires d'église ?

Lui : Pardon ?

Moi : Je dis juste que ça m'excite beaucoup que tu sois prêtre. Quels sont les accessoires d'église avec lesquels on pourrait jouer ?

Lui : Je ne sais pas. Je jouerai avec ta bite : ça me suffit. Qu'est-ce qui t'excite dans le fait que je sois prêtre ?

Moi : La transgression. Moi hétéro, toi prêtre.

Lui : OK, OK, mais tu aimes baiser un beau mec ?

Moi : J'aime les pédés.

Lui : Je pourrai t'embrasser ?

Moi : Oui, tu es sûr que tu es prêtre ?

Lui : Évidemment que je suis sûr d'être un prêtre. Alors puisque tu aimes baiser, on se roulera des pelles pendant que tu me baiseras.

Moi : Oui, plein.

(...)

Lui : Si c'était possible, j'aimerais bien rester au lit toute une nuit. Dis-moi, allez, dis-moi ce que tu me dirais.

Moi : Des choses qui pourraient gêner ton côté prêtre.

Lui : Genre blasphèmes ?

Moi : Oui, mais seulement si ça ne t'offense pas.

(...)

Lui : Mais le soir, tu n'es jamais libre, je suppose ?

Moi : La semaine prochaine, oui.

Lui : Allez, allez, je te désire, mmm.

Moi : Tu es où, là ?

Lui : À la maison. Si tu penses être libre, dis-le-moi d'avance que je m'organise. J'ai envie de ta grosse queue.

Moi : Tu l'auras.

Lui : Je te la lècherai, les couilles et le gland.

Moi : Ça te va, une branlette au téléphone ?

Lui : C'est moi qui appellerai. Je ne peux pas donner mon portable.

Moi : J'espère que je peux me fier à toi.

Lui : *Idem.*

Moi : Je ne sais même pas comment tu t'appelles.

Lui : Andrea.

Moi : Don Andrea ?

Lui : Oui, mais appelle-moi Andrea.

Moi : Si je te baise en tant que prêtre, je veux t'appeler don Andrea.

Lui : Comme tu voudras.

Moi : Samedi soir, je suis libre.

(...)

Lui : Si tu veux, je viens chez toi samedi soir et je reste toute la nuit.

Moi : OK, mais d'où viens-tu ? Dis-le-moi. Il faut être discret, mais ça au moins...

Lui : Allez, ne demande pas. Je ne veux pas le dire maintenant. Je te le dirai quand on se verra.

Moi : Putain, je suis prêt à te donner mon adresse, là.

Lui : Je ne te demande pas l'adresse de chez toi. Allez, essaie de comprendre ma situation.

Moi : Je comprends, ça m'excite, mais tu peux au moins me dire ça.

Lui : Je viens de la région de...

Moi : Allez, je ne cherche pas seulement une baise du samedi soir.

Lui : Moi non plus.

Moi : OK, OK, OK. Depuis quand tu es prêtre ?

Lui : Je suis prêtre depuis quatre ans. Si tu veux, tu pourras venir me voir : on baisera dans des lieux spéciaux.

Moi : C'est-à-dire ? Dans l'église ?

Lui : Dans le confessionnal.

Moi : Vrai ?

Lui : Si ça te va. J'aimerais que tu entres, et que tu me fasses comprendre que tu as envie de moi. Après, tu me montres ton engin. Et je te lèche le gland, le bâton, les couilles. Puis tu viens de mon côté et tu me baises.

Moi : Je l'approche de la grille et toi, depuis l'autre côté, tu me le lèches ?

Lui : On s'entend déjà. On s'y croirait.

Moi : En vrai, je te baise en te pétant le confessionnal.

Lui : J'aime entendre mon mec, le désirer. Mais on ne peut pas casser le confessionnal. Un autre endroit où j'aimerais baiser, c'est le clocher. Dans l'escalier. Tu m'arrêtes par-derrière, et tu m'invites à te sucer la bite, ensuite tu m'encules sur les marches. En bas il y a les gens qui passent, et nous, en haut, on baise.

Moi : Allez, envoie-moi une photo, et je te donne mon numéro : on se branlera au téléphone.

Lui : OK. Je cherche la photo. Tu te branles, là ?

Moi : Non, j'attends la photo.

Lui : Je suis en train de faire un travail pour ce soir.

Moi : Quel travail ?

Lui : Il y a le conseil pastoral de la paroisse. Une réunion avec des gens de la paroisse.

Moi : Tu as des collègues gays ?

Lui : Non, aucun.

Moi : Et ce bordel, cet été, à Rome : tous ces prêtres gays.

Lui : Des conneries.

Moi : Trop d'impudence, c'est ça ? Tu ne les fréquentes pas ?

Lui : Je ne vais jamais dans les lieux gays. Je m'en fous, de tout ça, et des trucs du même genre. Je veux dire les clubs, les saunas ou autres.

Moi : *Idem*.

Lui : J'ai envoyé la photo.

Moi : Tu as vraiment une tête de cochon. Moi aussi je t'ai envoyé ma photo.

Lui : OK, toi aussi tu es un beau mec. Mes compliments, vraiment. Alors on se voit pour baiser ?

Moi : Oui, soit je vais chez toi, soit tu viens chez moi. Samedi. Très bien.

Lui : Si tu viens chez moi, ça me va. Même si le samedi, c'est le bordel. Le catéchisme, les messes. Je serais plus libre le soir, ou la nuit.

Moi : Eh bien, je vais voir pour le soir. Tu as l'église à ta disposition ?

Lui : Eh bien, on pourra. Ça dépend de nous, si on veut inaugurer le confessionnal. Ou de toi, pour le magasin et le lit.

Moi : Tu n'as pas de lit ?

Lui : Si, j'ai un lit, mais je ne peux pas recevoir. Tu comprends ? Ce n'est pas que je dorme par terre, mais je ne peux pas recevoir dans ma chambre.

Moi : Tu vis avec d'autres ? Tu as déjà baisé dans l'église ?

Lui : Non. Je vis comme les autres prêtres. Qu'est-ce que tu aimerais faire, la première fois ? Et où ?

Moi : Tout. Et dans l'église.

Lui : Mmm.

Moi : Bon, au pire, on prendra une chambre à l'hôtel.

Lui : Ah ! OK. Il y a beaucoup d'hôtels dans le coin.

Moi : OK.

Lui : Je suis du genre sérieux. J'insiste. Alors j'espère que tu ne vas pas faire circuler mes photos, tout ça.

Moi : *Idem* avec mon numéro, OK ?

Don Andrea m'appelle sur mon portable. Il veut se masturber au téléphone. Et je crois que c'est ce qu'il fait pendant que nous parlons.

Le rendez-vous est fixé au samedi suivant, reste à décider du lieu. Nous sommes convenus de rester en contact par mail.

Checulett m'écrit le lendemain.

Mercredi 27 octobre à 13 h 32

Voilà.

Ciao.

Efface la photo X, s'il te plaît. Merci.

Il m'envoie en pièce jointe une autre photo de lui en pied.

Il est brun. Il porte des lunettes de vue. Il a un pantalon noir, une chemise claire à carreaux déboutonnée, avec dessous un maillot de corps blanc sur lequel pend un crucifix en bois au bout d'un cordon. Il se trouve dans un pré, l'herbe monte jusqu'à ses genoux. Derrière lui, des montagnes. Devant, un épieu de bois planté dans la terre, avec un mouchoir blanc accroché tout en haut. On dirait un campement scout.

Je suis perplexe. Je trouve bizarre qu'il m'envoie comme ça une photo de lui en prêtre, alors qu'il ne me connaît pas. Je me demande si ce n'est pas une photo téléchargée sur Internet. Même dans ce cas, je ne veux rien tenir pour acquis. Le risque de faire une bêtise est élevé.

Il n'existe qu'un moyen de savoir si je ne suis pas tombé sur un de ces innombrables fanatiques qui grouillent sur la toile : le rencontrer. Et c'est mieux qu'il soit alors dans l'exercice de ses fonctions.

Je lui envoie un mail le lendemain jeudi vers l'heure du déjeuner.

Alors on se voit ?

Mais samedi, si tu es libre plus tôt, je pourrais venir me confesser, faire connaissance au confessionnal.

Dis-moi vraiment. Je veux être sûr que tu es bien un prêtre, et pas un dingue. OK ?

Baiser sur ton petit cul.

Checulett :

Ciao, évidemment que je suis un vrai prêtre et pas un dingue.

C'est une blague ou quoi ?

Je suis sérieux. Je ne suis pas un con.

Si tu es libre, fais-le-moi savoir. On s'organisera si ce n'est pas moi qui viens chez toi.

Vendredi 29 octobre, 10 heures.

Moi :

Samedi, je peux venir chez toi.

Au confessionnal, même sans baiser.

Après, on trouvera un motel, d'accord ?

Dis-moi aujourd'hui, que je puisse m'organiser. OK ?

Demain je suis libre.

Checulett :

Alors au confessionnal, c'est possible, mais après la messe.

J'avais oublié que j'avais un dîner : un couple de la paroisse qui se marie. Ils insistent pour que je vienne. Alors jusqu'à 22 heures je serai coincé dans ce dîner de noce.

Je n'ai pas trouvé d'excuse pour ne pas y aller, mais ça m'embêterait de ne pas te voir.

On fait quoi ?

Ciao, ciao.

Moi :

On fait comme ça : je viens à l'église me confesser, ensuite tu vas à ton dîner. Je vais dîner de mon côté. On se revoit après. OK ?

Où est l'église ?

Pour moi, *no problem*.

On se voit à l'église, je te dis bonjour, on se dit bonjour normalement.

Après, tu vas à ton dîner. OK ?

Checulett :

Ciao, bello.

J'attendais ta réponse.

J'ai réussi à parler aux mariés. Je ne vais pas au dîner, mais il faudra juste que j'aille couper le gâteau aux alentours de 22 h 30.

Donc, après la messe, j'aurai du temps pour être un peu avec toi.

Le seul truc, c'est que je n'ai pas d'endroit, et qu'il y a d'autres prêtres...

Moi :

Parfait... Mais on pourra faire connaissance dans l'église ?

Ensuite, je t'emmène au motel.

Ensuite je te libère pour que tu ailles couper ton gâteau, et je t'attends au motel. OK ?

Checulett :

« Mmmmmmmmmmmmmmmmmmmmmmmmmmmmmmmmmmm mmmmmmmmmmmmmmmmmmmmmmmmmmmmmmmmmmmmmm mmmmmmmmmmmmmmmmmmmmmmmmmmmmmmmmmmm »

Bien sûr qu'on pourra faire connaissance dans l'église.

Écoute, tu n'aurais pas une photo plus récente à m'envoyer ?

Et si je venais moi te retrouver dans une heure ???

Moi :

Tu ne te rappelles pas ? Aujourd'hui, je ne suis pas seul. Jusqu'à la fermeture. Donc impossible...

Le vendredi, je suis très occupé avec ma compagne.

En plus, pour venir chez toi demain, j'ai dû lui dire que j'avais un match...

Il y a plein de choses que j'ai envie de faire avec toi, alors ne me pose pas un lapin, OK ?

Checulett :

OK, alors si tu réussis à trouver le village, c'est [...].

À quelle heure penses-tu être là ?

Ciao, ciao, j'y serai l'après-midi à partir de 16 h 30, 17 heures.

Dis-moi, *ciao*.

Moi :

Avant la messe ?

Indique-moi pour l'église.

Checulett :

La messe est à 18 h 30.

Si tu veux, viens avant, ou alors à 19 h 30.

La paroisse est celle du village que je t'ai dit.

Ciao.

Moi :

Mais trésor, j'ai vu qu'il y avait plusieurs églises dans le village...

Dans laquelle es-tu exactement ?

Checulett :

Ciao, je viens de trouver ton mail.

L'église, c'est la basilique. Au centre.

Si tu me dis à quelle heure tu peux être là, je te dis le lieu précis du rendez-vous.

À 17 heures, je suis à l'église. On pourra me trouver au confessionnal. OK ?

Ciao, ciao.

Moi :
Je peux être sûr que tu es prêtre et que tu seras bien là ?
OK.
Alors à 17 h 30 au confessionnal. OK ?
Confirme.
Parfait.

Samedi 30 octobre Le matin, vers 9 heures, j'ai un mail de lui.

Checulett :
Mon programme a changé.
Ils m'ont demandé de dire la messe à 17 h 30 dans une église qui n'est pas celle du centre. Je finis vers les 18 h 15. (...) À ce moment-là, je ne sais pas s'il n'y aura pas quelqu'un d'autre au confessionnal.
S'il y a deux confessionnaux allumés, je mettrai mon nom sur la porte, comme ça pas d'erreur.
Ciao, ciao.

Moi :
OK, super...
Je suis un peu angoissé mais je viens.
C'est la première fois que je fais ça mais je suis super excité. OK ?
Donc, après, à la basilique.

Checulett :
OK. Alors je t'attends vers les 18 h 20, 18 h 30.

Viens tranquille, on fera connaissance et on verra où aller.
Ciao, Ciao.
(...)

La vérité est que j'ai un peu peur. Peur de me retrouver face à un maniaque. Peur de me retrouver face à un vrai prêtre. Peur de me retrouver face à un homme qui veut un rapport sexuel. Peur d'être percé à jour.

Mais qui m'oblige à le faire ? C'est la question que je me pose chaque fois que je fais ce genre de choses.

J'ai toujours peur.

Puis les gens m'appellent : « Comment tu as fait ? ». C'est vrai, comment ai-je fait.

Je ne suis jamais tranquille. Et le fait de ne pas me sentir à l'aise avec ma conscience ne m'aide pas à me sentir mieux.

Il y a des moments où certaines choses, on n'arrive plus à les faire. Il y a des moments où tu te demandes si ça en vaut la peine, si le jeu en vaut la chandelle, si tu n'es pas en train de piétiner la vie des gens, et ta propre vie.

Il y a des moments où tu as envie de tout envoyer au diable. Et où tu le fais.

16 heures. C'est presque l'heure de notre rendez-vous. J'ouvre mon ordinateur et je lui écris un mail :

PROBLÈME.
IMPOSSIBLE DE VENIR.
MON EMPLOYÉE MALADE : ELLE RENTRE CHEZ ELLE.
DE GRÂCE RÉPONDS-MOI.
JE HAIS LES EMPLOYÉES.
ON REMET, OK ?

Checulett, un quart d'heure plus tard :
OK.

On remet à lundi.

Ciao, *Ciao*.

(...)

J'ai déjà éteint l'ordinateur. Le lendemain, je ne consulte pas ma boîte mail.

Le lundi, vers l'heure du déjeuner, je lui écris :

Ciao, trésor. Comment vas-tu ?

Excuse-moi encore pour l'autre jour.

Si tu veux, aujourd'hui je suis libre, et je peux venir chez toi. Tu me confesses ? J'ai trop envie d'être confessé par toi. Ouiiiiiii.

Checulett :

Ciao,

Bien sûr. Comme tu veux.

Je serai à l'église, mais tu pourrais venir à quelle heure ? Si tu veux, on se voit dans l'église.

Tu as vu ma photo : tu me reconnaîtras.

Si tu viens vers les 18 heures, 18 h 30, c'est-à-dire pendant la messe, je serai au confessionnal avec mon nom accroché à la porte.

Si tu viens avant, je serai dans l'église à partir de 16 h 30.

J'attends de tes nouvelles.

Je consulte mes messages à 14 h 30 et à 16 heures.

Ciao.

Checulett m'écrit de nouveau dix minutes plus tard :

Mais ce soir, tu serais libre pour sortir et aller dormir dans un motel ????

Dis-moi, que je m'organise.

Ciao, *Ciao*.

Moi :

Cher trésor,

Malheureusement impossible de dormir dehors. J'ai une femme, comme je te l'ai dit.

Et cette expérience est assez nouvelle pour moi. Un pas après l'autre, s'il te plaît.

Ça m'excite énormément, l'idée de me confesser à toi pendant la messe.

Je vais essayer de m'organiser (c'est le bordel sur les routes à cause des inondations) et je te tiens au courant dès que possible.

Tu me confesses ? Allezzzzzz !

Baiser brûlant.

Checulett :

OK.

Alors dis-moi, toi, si tu seras là avant 18 heures ou après 18 heures.

Je t'attends.

Le seul truc, c'est que dans le confessionnal, on ne pourra pas faire grand-chose...

De toute façon, faisons connaissance. Puis je viendrai te voir au magasin.

Ciao, Ciao.

Son mail a été posté à 15 h 10.

Exactement à l'heure où tout le nord de l'Italie est sous la tempête. Je lis ce que publient les agences de presse.

En Toscane, on a retrouvé le corps sans vie d'une femme et de son fils de deux ans, arrachés à leur maison par une vague de boue et de détritus. L'autoroute A4 Milan-Venise est bloquée à cause des inondations. Il paraît que des rivières sont sorties de leur lit dans les régions de Vicence et de Vérone.

Routes effondrées, danger, alertes. État d'urgence. Dans toute l'Italie.

Quantités de pluie exceptionnelles. Séismes.

Des événements exceptionnels ? Pitié ! Ils n'étaient pas prévisibles, peut-être ?

Même les enfants savent que nous vivons sur un territoire doté d'une mauvaise nature géographique, d'une orographie schizophrénique. Et comme si ça ne suffisait pas, nous avons aussi une haute densité démographique. Nous sommes donc exposés, plus que les autres pays européens, à des risques fréquents de catastrophes naturelles.

On ne peut rien faire pour les éviter ; le mieux, c'est encore de tâcher d'en atténuer les effets.

Il suffirait de regarder la réalité en face, de ne pas détourner les yeux en se disant : « On verra bien, demain est un autre jour. »

La Californie et le Japon sont dans la même situation, voire pire. Ils ont conscience d'être assis sur une bombe, ils savent que dans les trente prochaines années, ils auront droit à un gros tremblement de terre. Mais ils font tout ce qu'ils peuvent pour essayer d'en limiter les conséquences.

En Italie, nous savons fort bien que la terre tremble et continuera de trembler. Que les catastrophes naturelles reviendront tôt ou tard. Que le Vésuve n'est pas éteint. Qu'il suffit d'un rien pour que les torrents de l'Apennin se transforment en machine infernale, en arme de guerre. Que Venise n'est absolument pas à l'abri des eaux.

Nous le savions, en 1980, quand un tremblement de terre a frappé l'Irpinia, faisant 3000 morts, 9000 blessés et 280000 sans-abri. Nous le savions en 1987, quand les inondations dans la Valteline ont fait 53 morts, des milliers de sans-abri et des dégâts pour un montant cumulé de 4 milliards de nos vieilles lires.

Nous le savions le 31 octobre 2002. San Giuliano, dans les Pouilles. Une honte qui ne s'effacera jamais de notre histoire : 27 enfants et leur maîtresse sous les décombres de leur école après un tremblement de terre.

C'est cela, l'Italie. Affairisme sans scrupules, gouvernements marchant sur un fil entre deux gratte-ciel, bureaucratie aveugle et sourde, arguties juridiques.

Même quand les lois existent, elles ne sont là que pour être battues en brèche et contournées par de surpuissantes coalitions d'intérêts électoraux, ou par les profits individuels. Cela représente une gigantesque montagne de milliards, autour de laquelle se déchaînent des appétits pantagruéliques.

Dommage que la facture, en définitive, soit toujours pour nous.

Car l'argent dont quelques-uns se servent pour s'enrichir outre mesure, c'est le nôtre ; ce sont nos impôts, c'est notre épargne, nos revenus.

Ça me fait enrager. Ça me fait de la peine. Ça me décourage. Je me sens impuissant. Inutile. Je prêche dans le désert. J'enrage parce que rien n'est fait pour sécuriser le pays. Pour sécuriser nos vies à tous.

On attend l'arrivée de la pluie, ou du tremblement de terre, puis on en rejette la faute sur les catastrophes naturelles.

Quelle honte.

Quelle honte.

Quelle honte.

Le lundi 1er novembre, à quelques heures de mon rendez-vous avec le prêtre, la Vénétie compte des disparus. Il y a des milliers de sans-abri entre Vérone et Vicence. Une femme est morte, emportée alors qu'elle s'était arrêtée avec sa voiture sur l'autoroute.

Cette rencontre au confessionnal tombe mal.

J'écris un mail :

Ciao, comme je le redoutais, c'est le délire sur les routes. Ici, tout est bloqué et inondé. Dans quelques jours, tout sera plus calme.

Agité comme je suis, il ne manquait plus que les inondations.

Ne m'en veux pas : tu verras que je saurai me faire pardonner, c'est promis.

Je suis impatient de te connaître.
Un baiser.

Checulett :
OK.
Ici aussi il pleut beaucoup.
Tu es pardonné.
Mais si tu me dis viens au magasin, je viens dès demain, si tu es seul.
Tu verras que nous ferons connaissance à fond.
Ciao, *Ciao*.

Moi :
Qu'est-ce que tu aimerais faire dans le magasin ?
Tu l'imagines comment ?
Dis-moi, ça m'excitera encore plus.

Checulett :
Eh bien, si tu me dis où c'est, je viens choisir un pantalon et... après je te demande où est la cabine pour l'essayer, je te suis, et tout en allumant tu me prends la tête et tu me la fourres contre ton paquet et tu fais sortir l'oiseau et tu me pousses d'avant en arrière de toutes tes forces, puis on se déshabille, on s'embrasse et on se met nus pour notre première baise...
Si ça te va, dis-moi quand et où : je viens tout de suite.
Ciao, ciao, bello.
Je te désire très fort... Tu n'imagines pas combien je te désire à la minute précise...

Le lendemain mardi, vers 10 heures, il m'envoie un mail.
Une photo.

Un homme de dos, cadré entre les genoux et le cou. Il est torse nu, et porte un slip blanc qui lui rentre dans les fesses et fait l'effet d'un string.

Le message inscrit sur le côté :

Prise pour toi... Baisers en attendant plus... *Ciao*.

(...)

Moi :

Dès que ce sacré mauvais temps est fini, je cours vers toi.

J'ai envie de te connaître...

Baiser, trésor, à très vite.

Checulett :

Amour, je suis impatient de t'embrasser et d'être à toi.

Je t'attends vite.

Ciao.

Moi :

Moi aussi je suis impatient.

Je suis partagé. Je t'avoue qu'à certains moments, je suis pris d'un sentiment de culpabilité. Après, je relis ton mail, je regarde tes photos et je sens l'incendie se déclarer en moi.

J'ai envie de toi.

Checulett :

Moi aussi, quand j'écoute mon cœur, je suis partagé à cause de ce que tu m'as dit, que tu as une femme et tout.

Mais je suis un homme. Et tu me plais. Si on se voit, et si on devient amis, ce sera beau de s'aimer. Je te désire tellement. J'espère seulement que ce n'est pas une attente pour rien, que ça deviendra réalité.

Ciao, trésor.

Moi :

Ça va bientôt devenir réalité. Je le veux, je ne peux pas m'en empêcher. Patience pour la culpabilité, je me ferai une raison.

À propos, ton identité de prêtre, ça te culpabilise ou ça rend la transgression encore plus excitante ?

Ciao, trésor.

Checulett :

Amour, je vais te dire : mon identité de prêtre ne peut pas me priver d'une chose aussi importante que l'amour d'une personne.

J'ai essayé d'éliminer cette dimension, mais je t'avoue que j'ai vécu alors comme un déprimé, je n'avais plus d'énergie vitale, d'aptitude à être avec les autres ; j'avais l'air d'un zombie.

Alors je dis au Seigneur qu'il me connaît, qu'il sait qui je suis. Pas besoin que je lui raconte, ni que je lui dise mes sentiments, ce que j'éprouve. J'essaie de vivre puisque je suis vivant ; sinon, je serais chaste, mort, incapable d'aimer comme le Seigneur me demande d'aimer.

Ciao.

Je te désire, je veux t'aimer.

Baisers.

(…)

Des obligations professionnelles m'empêchent d'aller le voir à la fin de la semaine. Je gagne du temps, ne sachant plus quelle excuse inventer.

Pour vérifier qu'il y a bien un prêtre portant son nom dans l'église principale du village qu'il m'a indiqué, j'appelle la mairie sous un faux prétexte. Son identité est confirmée.

Le jeudi 4, après une journée de silence de ma part, il m'envoie un mail :

Ciao, l'ami. Où es-tu passé ?
Malade ? Fatigué ?
Ciao.

Moi :
Ciao, trésor.
C'est le bordel à mon travail.
Je t'écris plus tard.
Baiser.

Checulett :
J'ai compris.
Merci pour toutes les belles paroles contenues dans tes propositions. Je crois que je ne t'intéresse pas.
C'est peut-être mieux comme ça...
Ciao.

Moi :
Qu'est-ce que tu racontes ? Si tu ne m'intéressais pas, je perdrais du temps avec toi ? Crois-moi, j'ai des problèmes au travail. En ce moment, je n'arrête pas entre les fournisseurs et les banques. J'y suis jusqu'au cou.
Aie confiance.
Je t'embrasse, et je vais venir te voir bientôt.
Ciao, trésor.

Checulett :
OK, baisers.
Je t'attends.
Embrasse bien ta belle queue.
(...)

De nouveau deux jours de silence. Je disparais.

Il est clair que la magie de la rencontre s'est évaporée. Mais c'est ainsi. Je n'y peux rien. Il y a les heures avec et les heures sans.

Le lundi 8 novembre, il m'écrit :

Ciao.

Tu vois que j'avais raison : ça ne t'intéresse pas de me connaître.

Les jours passent et tu n'écris pas, on ne se voit pas, et tu es comme tous ceux qui parlent, qui parlent, et qui restent dans le vide de l'oubli.

Quoi qu'il en soit, *Ciao.*

Ça ne fait rien. C'est bien comme ça. J'ai l'habitude des gens qui ne tiennent pas parole.

Ciao.

Moi :

Ciao, trésor.

Tu te trompes et je t'en fournirai bientôt la preuve. Ce week-end, je viens te trouver. Je te raconterai tout ce qui m'arrive ces jours-ci. Avec tout ce bordel, il ne manquait plus que les inondations. Mon magasin est à Brescia, mais ma famille n'est pas de Brescia. On s'est tous retrouvés dans la flotte. C'est pour ça aussi que je ne peux pas trop rester devant l'ordi.

Ne perds pas la foi.

Je ne suis pas dans l'oubli ; moi aussi je brûle d'impatience.

Ça me fait plaisir de lire que tu m'attends, que tu es impatient de me voir.

Une curiosité : pourquoi dis-tu que je suis comme les autres ? Quelle expérience as-tu vécue ?

Baiser.

Checulett :

OK.

Alors j'attends l'heure de te voir.

Ciao.

Je refais signe le vendredi suivant :

Ciao, trésor, me voilà.

Dis-moi que tu m'as attendu.

J'ai enfin vu le bout du tunnel. Si on se voyait, qu'en dis-tu ? Dimanche après-midi, je pourrais venir te voir. Dis-moi oui, s'il te plaît. Faisons comme tu disais la dernière fois, OK ? Tu mettras ton nom ? Que je ne me retrouve avec un de tes collègues...

Checulett :

Ciao, mec, me voilà.

Malheureusement, dimanche après-midi je pars avec un groupe, et je ne sais pas si je serai rentré avant 18 h 30.

Mais je serai peut-être chez moi à 19 heures, ou en bas.

Dis-moi à quelle heure tu devras rentrer.

Ciao, *Ciao*.

Moi :

Je ne sais pas ; toi, dis-moi.

Pour la première fois, je voudrais te rencontrer dans une situation qui me mette à l'aise, un endroit tranquille. Comprends-moi.

Et quoi de plus tranquille qu'un confessionnal ?

Tu pourrais, samedi après-midi ? Mais je dois voir si je peux me libérer.

Ou alors dimanche, à quelle heure ?

Checulett :

Ciao, samedi je suis à l'église de 17 heures à 18 heures. Après, j'ai la messe. Dimanche, j'ai sortie avec les enfants, mais je serai de retour vers 19 heures. Toutefois je ne serai pas à l'église comme les autres fois, au confessionnal ; il faudra qu'on se voie ailleurs, peut-être aller faire connaissance autour d'un verre.

Je n'ai plus ton numéro de portable : je l'ai perdu.

J'attends de tes nouvelles. Baisers.

Moi :

Si je viens demain après-midi à l'église avant la messe ? Tu seras au confessionnal ?

Checulett :

Ciao.

Oui, si tu viens entre 17 heures et 18 heures, le samedi je suis au confessionnal.

Ciao, baisers.

(...)

Moi :

OK, je n'en peux plus d'attendre. J'arrive. Je suis très excité.

Le dernier mail, je l'écris le samedi après-midi, quelques heures avant notre rendez-vous tant rêvé.

Je me gare devant l'église, je descends de voiture ; je suis sur le seuil quand je me retrouve devant lui. Il me regarde. Je le regarde.

C'est lui. Mais moi, je ne suis pas moi.

Je ne lui dis pas que c'est moi. Je ne me sens pas de le faire.

Ça suffit comme ça.

J'entre dans l'église. Je fais le signe de croix. Je m'assieds deux minutes. Et je m'en vais.

Il est là, deux bancs derrière. Je passe près de lui pour sortir.

Il me regarde. Je le regarde.

Je ne me sens pas de le faire. Il y a des heures avec et des heures sans…

Le lendemain, je reçois un dernier mail qui restera sans réponse :

Ciao, mais où étais-tu ?

Je ne t'ai pas vu, rien. Je t'ai attendu tout ce temps.

Mais... Qui sait où tu es allé finir ?

Ou alors tu as oublié le nom du village ; je me demande bien où tu es allé me chercher.

Ou bien tu m'as vu et tu es reparti.

Ma foi, je ne sais pas.

Ciao.

Ciao, don Andrea ; les personnes ne sont pas toujours comme on les a imaginées.

Désolé.

44

Richard Sipe a soixante-dix-huit ans. Né dans une petite ville près de Minneapolis, Minnesota, États-Unis, il est issu d'une famille catholique de dix enfants. En 1953, il devient moine bénédictin. Six ans plus tard, il est ordonné prêtre. Il restera dix-huit ans au service de l'Église pour la quitter en 1979 avec la permission de la hiérarchie romaine. Il se marie, il a un enfant.

Il se spécialise en psychothérapie, et en particulier dans le traitement des problèmes des prêtres. Ses recherches concernent la sexualité et le célibat des prêtres et des évêques catholiques.

De 1998 à 2010, Richard Sipe intervient au titre de consultant dans 250 affaires judiciaires concernant des abus sur mineurs perpétrés par des prêtres aux États-Unis et au Canada.

Il a signé plusieurs livres[1] et est universellement reconnu comme le meilleur expert en matière de sexualité au sein de l'Église catholique ; il est cité par des théologiens reconnus

1 *Sex, Priests, and Power : Anatomy of a Crisis* ; *Celibacy : A Way of Loving, Living and Serving* ; *Celibacy in Crisis : A Secret World Revisited* ; *Living the Celibate Life : A Search for Models and Meaning* ; *Sex, Priests, and Secret Codes : the Catholic Church's 2 000 Year of Paper Trail of Sexual Abuse* ; et l'introduction de *The Serpent and the Dove : Celibacy in Literature and Life*.

comme Hans Küng. Sa thèse, fruit de trente années de recherches, est dure et cruelle : le célibat peut favoriser des tendances pédophiles.

Il a isolé un type d'inhibition du développement psychosexuel qui se retrouve plus fréquemment chez les célibataires, par rapport à la population moyenne. Souvent la conscience des déficits du développement psychologique et des tendances sexuelles n'est atteinte qu'après l'ordination au sacerdoce.

Conclusion : les problèmes de type sexuel apparus ces dernières années finiront par détruire définitivement la crédibilité de l'Église catholique. Ce sont là des affirmations fortes qui devraient faire réfléchir.

Son livre le plus efficace et le plus célèbre est certainement *A Secret World : Sexuality and the Search for Celibacy*. (« Un monde secret : la sexualité et la quête du célibat. ») Y sont rassemblés vingt-cinq années de travaux de psychothérapie, et plus de 1 500 entretiens avec des prêtres.

La synthèse de Sipe, en substance, est la suivante : 30 % des prêtres sont impliqués dans une relation sexuelle à court ou long terme. Pratiquement un sur trois.

Il s'agit d'une donnée significative.

Sipe pointe aussi les contradictions du système. L'Église a beau condamner toute activité sexuelle de la part des religieux, et exiger le vœu de chasteté, beaucoup de jeunes prêtres tourmentés par leurs propres curiosités sexuelles se sont vu adresser par leurs supérieurs le même conseil : « Prends une femme qui s'occupera de toi et de la maison, ou trouve-toi une maîtresse. »

Pour beaucoup de prêtres dépourvus de la moindre expérience, la première rencontre se produit souvent avec une paroissienne mariée qui a besoin de conseils pour des difficultés familiales. C'est la candidate idéale : faible d'un point de vue émotif, et en demande de soutien, mais experte en même temps sur le plan sexuel. Elle a aussi l'avantage de ne pas exiger du prêtre un attachement exclusif. Nullement possessive, elle accepte de partager son amant avec l'Église et les autres paroissiens. La relation apparaît donc comme facile à gérer, dans le cas où le religieux aspire seulement à un soulagement sexuel.

La situation change dès lors que le prêtre, ayant pris de l'assurance, se sent capable de gérer une liaison avec des personnes jeunes et inexpérimentées.

Dans nombre de séminaires, explique Sipe, des jeunes gens sont convaincus qu'il n'est véritablement possible d'embrasser l'Église sans doutes ni regrets qu'après avoir eu une relation, et éprouvé un sentiment de rejet envers l'acte sexuel.

Pour les jeunes séminaristes, l'acte sexuel se produit souvent sur le mode expéditif, dans l'insatisfaction, de sorte qu'il est associé à des sentiments de gêne et de malaise. En outre, les prêtres immatures ont tendance à raconter leurs aventures sexuelles aux autres séminaristes, lesquels sont tout aussi inexpérimentés.

Les études de Sipe montrent que les prêtres solitaires, les dévots, les zélés, les peu sociables, inclinent à faire des rencontres occasionnelles, avec des prostituées bien souvent. Ils vivent ces transgressions comme un terrible péché qui déclenche le chaos dans une vie ordinairement très structurée. Après avoir soulagé des instincts incontrôlables, il n'est pas rare qu'ils s'autoflagellent, y compris physiquement, et se forcent à travailler avec un surcroît de zèle.

En ce qui concerne les prêtres homosexuels, Sipe a réalisé de nombreuses études et publié ses résultats. L'une d'elles montre qu'ils étaient de 20 à 22 % dans les années soixante et soixante-dix ; mais leur nombre a augmenté entre 1978 et 1985 jusqu'à atteindre 42 % des prélats, du fait notamment du mouvement de libération touchant l'homosexualité. Dans deux diocèses américains, l'homosexualité a même atteint les 75 %, au point que l'on en venait communément à parler de « séminaires roses ».

Autre livre fort intéressant de Richard Sipe : *Celibacy in Crisis* (« Le Célibat en crise »). Paru en Amérique en 2003, il explique comment les abus sur mineurs au sein de l'Église catholique des États-Unis ont creusé un fossé profond entre la société et le clergé.

En 2002, plus de 400 prêtres américains ont dû quitter l'Église suite à des scandales nés d'abus sur mineurs. Rien qu'en 2003, l'Église a dépensé là-bas plus de un milliard de dollars pour dédommager les victimes, payer des avocats et des soins psychiatriques.

Les études publiées dans ce livre montrent que 50 % des prêtres seulement pratiquent l'abstinence. Dans l'autre moitié : 30 % ont des rencontres homosexuelles, 30 % ont seulement des tendances homosexuelles, 15 % sont engagés dans de vraies relations homosexuelles (dont 8 % sont des relations stables) ; 5 % de ces prêtres trouvent une distraction dans la pornographie et l'exhibitionnisme ; 6 % ont des rapports sexuels avec des mineurs.

Beaucoup d'aspirants séminaristes auraient même été éloignés de leur vocation par le fort penchant homosexuel et le niveau élevé de sexualité à l'intérieur de l'Église.

Et ce n'est pas tout. La révolution sexuelle des années soixante-dix aurait fait fuir aussi des fidèles américains : ces gens ne croient plus à la figure du religieux comme personne innocente susceptible d'être admirée, bien au contraire.

Il est intéressant de voir comment la métamorphose s'est même déplacée jusqu'à Hollywood. Dans les films, autrefois, la façon de représenter l'Église était très différente. Les prêtres vus comme des hommes forts, honnêtes, virils, pétris de valeurs, ont cédé la place à des personnages confus, en proie au doute, faibles, beaucoup plus féminins.

Entre 1938 et 1948, on pouvait voir sur le grand écran Spencer Tracy et Pat O'Brien, deux catholiques fervents qui avaient même songé à prononcer leur vœu dans la vie réelle : ils regardaient les gens d'Église comme des êtres supérieurs, des modèles, et c'était ainsi qu'ils les représentaient dans leurs films.

« J'ai beaucoup hésité avant d'accepter le rôle, car je craignais de commettre un sacrilège en jouant un prêtre sans l'être vraiment », dit Tracy, parlant de ses débuts en habit noir et col blanc. Il finira par assumer ce costume dans quatre films : *San Francisco*, avec Clark Gable, en 1936 ; *Des hommes sont nés* en 1938 ; *Des hommes vivront* en 1941 et *Le Diable à 4 heures* en 1961. Il remportera même l'oscar du meilleur acteur en jouant le rôle d'un prêtre qui fonde dans le Nebraska un foyer d'accueil pour enfants des rues.

Le prêtre joué par Tracy est honnête et sans peur. De même ceux interprétés par O'Brien dans plus d'une dizaine de films. Par exemple, le film *Les Anges aux figures sales*, en 1938, le montre en prêtre ami d'enfance d'un dangereux gangster condamné à la chaise électrique. Le prêtre réussit à le convaincre de se faire passer pour un lâche, afin de décourager les gosses de son quartier de marcher sur ses traces.

Puis vient le couple de prêtres combatifs dans la comédie à succès *La Route semée d'étoiles* : Bing Crosby y tient le rôle du jeune prêtre O'Malley, redresseur de torts dans la paroisse de son vieux curé, Barry Fitzgerald. Ce film aux nombreux oscars a fait aimer la soutane à toute l'Amérique.

Dans les années soixante, une mutation se produit à Hollywood. Les prêtres, désormais, affrontent leurs tentations sexuelles, comme William Holden en froc de missionnaire dans *Une histoire de Chine* (1961) ; et ils s'engagent davantage dans la vie sociale et politique que dans la foi.

Dans les années soixante-dix, ils se transforment en personnages crédules et immatures, comme le père aumônier Mulcahy dans *MASH* de Robert Altman, et dans la série télévisée qui a suivi la sortie du film. Mulcahy est un homme candide et sympathique, mais peu subtil, désorienté aussi ; il boit, supporte les championnats de boxe, joue au poker et fait des paris.

Il y a enfin *The End*, une comédie dirigée et interprétée par Burt Reynolds en 1978 : un jeune prêtre, joué par Robby Benson, oublie son rôle spirituel au cours d'une confession, tant il est absorbé par les récits épicés du don Juan qui lui parle – Burt Reynolds *himself*.

Richard Sipe m'accorde une interview téléphonique.

L'homme est cordial, patient, préparé, disponible. Jamais son propos n'est banal.

– L'activité sexuelle est largement pratiquée dans l'Église. Tout le monde le sait. C'est un secret de polichinelle. Cependant personne ne veut en parler.

« La société, aujourd'hui, est chargée d'images sexuelles. D'un côté les catholiques attendent de leurs prêtres qu'ils incarnent une société pure et asexuée, de l'autre ils ne se scandalisent plus de savoir que le sexe est partout. Ceci parce qu'ils préfèrent avoir un prêtre qui vient dire la messe tous les dimanches, célébrer les baptêmes et les mariages, plutôt que personne.

– Quelles en sont les causes ? Pourquoi le phénomène est-il si répandu ?

La raison principale, c'est que le clergé n'a pas un niveau d'éducation élevé en matière de sexualité. Le célèbre jésuite américain John L. Thomas disait qu'un prêtre doit tout savoir sur le sexe sans en avoir l'expérience. J'ai enseigné dans beaucoup de séminaires pendant plus de vingt ans, et je sais avec certitude que les séminaristes ne reçoivent aucune notion d'éducation sexuelle pendant leurs années d'études. Une fois, alors que j'enseignais l'éducation sexuelle, je me suis rendu dans un séminaire : les étudiants ne comprenaient pas, ils n'étaient capables de répondre à aucune question. Une autre fois, je suis même allé voir le directeur pour lui proposer un cours sur le célibat. Il m'a répondu qu'il n'y en avait pas besoin : deux semaines de cours de théologie morale suffisaient amplement. C'est cette façon de penser qui amène à n'avoir pas de certitudes.

– Vous avez l'expérience directe de la vie au séminaire. Est-il vrai que le sexe y est très répandu ?

– Bien sûr. Je le sais comme le savent tous les psychologues qui ont eu affaire à ce genre de milieu. 20 % des séminaristes environ ont des relations sexuelles entre eux, avec des membres de la faculté ou avec des prêtres. Ça peut apparaître comme un contresens, mais il existe bien un degré de tolérance.

– La hiérarchie le sait et feint de ne rien savoir ?

– L'attitude est la suivante. Ils sont tous convaincus qu'il est normal, pour n'importe quel jeune prêtre, de passer par une phase d'expérimentation sexuelle ; après, une fois atteint l'âge adulte, cette phase est surmontée naturellement.

– Pourtant le Vatican a des mots très durs sur le sujet…

– Le Vatican n'a pas l'intention de déclencher la moindre procédure disciplinaire d'aucune sorte. Il ne croit pas utile de punir un prêtre sexuellement actif avant quarante ans. La crise récente déclenchée par les abus perpétrés sur des mineurs par des prélats l'a confirmé : les prêtres sentent qu'ils peuvent agir sans craindre des représailles.

– Dans les séminaires, personne ne dit rien. Mais alors, comment se fait la découverte du sexe ?

– La principale source d'informations, c'est la confession. Les gens qui ont des expériences sexuelles s'y confient. Ils révèlent des détails qui ouvrent à ceux qui les entendent des univers inconnus. Raison pour laquelle je ne crois pas qu'il soit approprié d'aller se confesser à un prêtre. C'est dangereux. Il existe des documents qui le prouvent. En particulier ce que l'on appelle les « sollicitations en confession ». Il s'agit de la tension sexuelle à l'œuvre au sein de la relation délicate qui s'établit entre le confesseur et la personne qui se tourne vers lui, et s'en remet complètement à lui. Seul un séminariste sur vingt, et encore, peut s'estimer réellement préparé à confesser et à donner des conseils spirituels. Et un sur dix seulement est vraiment à même de prêcher.

– Êtes-vous en train de dire que le prêtre sort du séminaire sans être parfaitement préparé à faire ce qu'il a étudié ?

– Le niveau intellectuel du séminariste moyen est extrêmement bas. Loin de celui de l'étudiant de base, plus encore de celui qui a un master, surtout dans des disciplines comme les mathématiques ou la psychologie. Les rares séminaristes intellectuellement doués sont souvent immatures sur le plan psychosexuel : c'est démontré par de nombreuses études effectuées aux États-Unis. Leur connaissance de la sexualité est latente, tant du point de vue notionnel qu'en termes psychologiques et émotionnels. Ces gens-là ne sont pas capables de se référer au moindre aspect de la sexualité humaine.

– Pourtant, ces dix dernières années, l'âge moyen des séminaristes a augmenté. Ne croyez-vous pas que le choix effectué par un adulte présuppose une sexualité plus mûre ?

– Il y a un proverbe qui dit : « Il n'est pas de plus grand imbécile qu'un vieil imbécile. » Un immature d'un certain âge est plus dangereux qu'un jeune. Il n'est pas prouvé que les candidats à la vie ecclésiastique les plus vieux soient plus mûrs que les autres sous l'aspect psychosexuel.

– Ce que je voulais dire, c'est qu'ils ont pu avoir une expérience sexuelle, prendre conscience de leur sexualité...

– En choisissant le célibat et la chasteté, ils doivent combattre quelques éléments de leur passé. En revanche, s'ils n'ont encore eu aucune expérience sexuelle alors qu'ils sont déjà adultes, des questions surgissent à propos de leur développement.

– En Italie, personne n'a jamais rien écrit sur les prêtres et le sexe. Vous-même, avez-vous ébauché une recherche sur le Vatican ?

– Non. Je n'ai jamais pu réunir des données sur les activités sexuelles à l'intérieur du Vatican. Mais j'ai connaissance d'un médecin qui, au début des années quatre-vingt-dix, a publié une enquête sur le sida chez les séminaristes romains. En offrant de leur payer leurs examens sanguins, il a pu se pencher sur le cas de 65 étudiants, et découvrir que 25 d'entre eux étaient séropositifs. Je sais aussi qu'il a été demandé à ce médecin de briser les jambes d'un archevêque mort du sida, afin de pouvoir produire un certificat disant que son décès était dû à une chute. J'ai essayé de réaliser des entretiens, mais en Italie il n'est pas possible de parler de sexe au sein de l'Église.

– Quelque chose est peut-être en train de changer, dans la toute dernière période...

– L'année dernière, je crois que les choses ont bougé ; mais elles ne bougent que contraintes et forcées.

– C'est vrai.

– Personne ne peut s'exprimer librement. La crise ouverte par les abus sexuels a mis ces sujets en lumière, mais le sujet a l'air d'inspirer de grandes réticences aux journalistes italiens. Même la question de l'homosexualité à l'intérieur de l'Église est un sujet tabou. Je ne connais aucun pays au monde où la question soit aussi sensible qu'en Italie. Je me souviens qu'à la fin des années quatre-vingt-dix, un livre est sorti, écrit par cinq membres anonymes de la curie romaine : *Via col vento in Vaticano* (« Autant en emporte le vent au Vatican »). Ils dénonçaient les vices et les péchés des cardinaux et des prélats ; et ils montraient que les *monsignori* avaient la conviction de vivre au-dessus des lois. C'est la vérité. Que tu sois haut prélat, évêque ou simple curé, peu importe : en principe, le comportement criminel est puni. Sauf que dans l'Église, ça ne marche pas comme ça.

– Pourquoi ? Pourquoi est-ce ainsi ?

– L'habitude du secret. C'est ce qui domine l'Église dans tous ses aspects. Je vous raconte un fait. Ici en Amérique, voilà quelques années, un accord a été conclu entre cinq centres de traitements pour réaliser une étude. Après l'élaboration du cahier des charges, les fonds destinés à la recherche ont immédiatement été coupés, et l'Église n'a plus voulu en entendre parler. Selon moi, elle redoutait que les médias ne parviennent à publier les résultats.

– Comment expliquez-vous que ce soient toujours les petits poissons qui se fassent attraper, pendant que les évêques et les cardinaux ont l'air d'accomplir scrupuleusement leur devoir ?

– J'ai eu l'occasion de travailler avec un prêtre qui avait été nommé pour devenir évêque de sa petite ville. Il avait eu des relations sexuelles avec dix-sept femmes au bas mot. Il savait qu'il avait quatre enfants, et n'excluait pas qu'il puisse y en avoir davantage. C'était un prêtre très dévoué, aimé de ses paroissiens. J'ai pu vérifier que c'est souvent chez ce type de personnes que l'on trouve les plus grands pécheurs en termes d'activité sexuelle. Le père Marcial Maciel Degollado, par exemple. Le fondateur des Légionnaires du Christ. Un homme à succès qui a rapporté plein d'argent à l'Église catholique : il a eu des femmes et des enfants dans tous les pays. Le père Marcial n'est pas discipliné, sexuellement parlant ; mais il a pu agir en toute liberté pour la bonne raison qu'il y a dans l'Église un haut niveau de tolérance, et que ces situations-là sont pardonnées.

– Le Vatican ferme les yeux ?

– Exactement. Du pape aux sphères les plus basses : tout le monde ferme les yeux.

– Par crainte du scandale ou pour d'autres raisons ?

– La vraie raison qui fait qu'ils sont tous prompts à pardonner, c'est que beaucoup d'évêques et de cardinaux sont sexuellement actifs. Parfois même avec des mineurs. Et puis beaucoup ont des tendances homosexuelles, ils regardent la conduite sexuelle des prêtres non pas comme un problème psychologique latent, mais comme un péché que l'on confesse et qui se pardonne.

– Nous avons ce défaut de parler de l'Église d'un point de vue masculin. Mais les sœurs ? Quel genre de problèmes rencontrent-elles ? Combien y a-t-il de sœurs lesbiennes dans l'Église ?

– Les sœurs aussi ont leur sexualité. Et beaucoup d'entre elles sont homosexuelles. Mais la situation est différente, étant donné leur sacerdoce.

– En quoi est-elle différente ?

– En ce sens qu'aux États-Unis, elles sont supérieures aux hommes d'Église, intellectuellement parlant. Beaucoup ont un doctorat, une spécialité. Elles sont plus mûres aussi. J'ai travaillé avec un grand nombre de sœurs qui avaient besoin d'un guide spirituel et d'une thérapie. Quelquefois parce qu'elles avaient été victimes d'atteintes sexuelles de la part de prêtres. Mais j'ai eu affaire aussi à des sœurs qui ont agressé sexuellement d'autres sœurs, des étudiantes, des étudiants. Dans la majorité des cas, il s'agissait de femmes perturbées, plus ou moins gravement, souvent avec des tendances sadomasochistes. Ce que je puis dire, en me fondant sur mon expérience d'enseignant et de chercheur, c'est que les femmes qui ont subi des atteintes sexuelles de la part d'une sœur sont moins promptes à dénoncer les faits : elles ne considèrent pas qu'il s'agit d'une agression.

– Combien de prêtres et de sœurs se sont adressés à vous ? Que recherchaient-ils ? Du réconfort ? Un soutien ? Un jugement ? Un conseil ? Quel type de sentiments exprimaient-ils ?

– La vie est dure dans l'Église, et marquée par la solitude. Elle exige un grand sacrifice et beaucoup de renoncements. Je dirai que la plupart de mes patients recherchent une aide pour des problèmes de dépression et de stress. Je ne peux ni ne veux généraliser. Je crois qu'il y a dans l'Église des hommes honnêtes et de mauvaises personnes. Le problème de l'Église, ce ne sont pas les personnes. C'est la culture du secret qui y règne, et le fait que ceux qui en font partie sont convaincus de n'avoir pas à répondre de leurs actes devant la société et ses lois. Il y a là des conceptions profondément enracinées dans l'histoire de l'Église, et ce depuis des siècles. Rien n'a bougé pendant des centaines d'années. Mais le monde, lui, a changé. Résultat, les gens d'Église sont déconnectés de la réalité, ils ont souvent des conduites psychotiques. Ils prêchent une chose et en font une autre. Raison pour laquelle beaucoup ont décidé de partir, de se marier, de faire autre chose. Ceux qui restent se débrouillent pour soulager leurs instincts sexuels, mais sans se faire voir ni choisir de clarifier les choses avec eux-mêmes et avec les autres, d'où certaines conséquences psychiques à prendre en considération.

– Ne pensez-vous pas que le fait de considérer le sexe comme tabou conduit à pousser les gens d'Église vers des comportements extrêmes ?

– Si, bien sûr. Le fait que le sexe soit tabou rend les hommes d'Église immatures, et beaucoup d'entre eux éprouvent le besoin d'expérimenter et de manifester leur sexualité avec quelqu'un. Mais ils n'y sont pas préparés, si bien qu'ils ne savent pas comment se conduire, ni gérer leurs pulsions. Le vrai problème, c'est qu'ils ont rarement à craindre une punition. L'Église peut se montrer extrêmement hypocrite. Ces situations sont facilement pardonnées.

– J'ai cité dans mon enquête le cas d'un prêtre qui passe des jours et des nuits devant des films pornos téléchargés sur Internet ; même le Vendredi saint, après avoir célébré la messe. Un autre m'a invité à avoir un rapport sexuel dans son confessionnal ou dans le clocher, en se servant même du calice. Quelles réflexions cela vous inspire-t-il ?

– Je crois que les cas que vous décrivez incarnent à la perfection le fait que l'Église, où la corruption règne depuis des siècles, s'appuie sur deux codes de valeur : un pour ceux qui en font partie, un autre pour le reste du monde. Ce concept, on l'inculque aux séminaristes dès le début de leurs études. C'est la raison pour laquelle les représentants de l'Église, qui agissent dans les situations indiquées ci-dessus, s'accommodent de cette dichotomie comme si elle était naturelle. À la base, l'Église fait preuve d'une extrême arrogance qui amène ses membres à penser qu'ils ne sont pas soumis aux lois de l'État, qu'ils n'ont de comptes à rendre à personne en-dehors de leur milieu clos et protégé. Si bien que le concept fondamental, à l'intérieur de l'Église, est celui du secret en toutes choses, surtout en matière sexuelle. En ce qui concerne l'homosexualité, impossible de ne pas voir à quel point la structure de l'Église se fonde sur la figure et sur le pouvoir de l'homme, les femmes en étant depuis toujours exclues. Il suffit de penser au Père, au Fils et au Saint-Esprit. À l'intérieur, la relation entre hommes est encouragée, tandis que la relation avec les femmes est un péché.

– Quel est l'avenir de l'Église catholique ? Pensez-vous que les questions sexuelles puissent avoir des répercussions sur ses fondamentaux ?

– Ils devront forcément changer, je n'ai pas de doute là-dessus. La doctrine sexuelle de l'Église est une folie. Il est ridicule de penser que le seul acte sexuel qui ne soit pas un péché est celui de deux personnes mariées s'unissant dans l'intention de procréer. Tous ceux qui ont des expériences sexuelles en dehors de ce cas particulier commettent-ils un péché mortel ? C'est absurde. L'Église affirme que la masturbation est un péché mortel. C'est délirant. Tout peut être un péché, dès qu'on le pousse à l'extrême. Le péché de gourmandise existe, mais manger n'est pas un péché. Prenons par exemple le scandale sur l'usage du préservatif comme instrument de contrôle des naissances. Il n'y a rien d'immoral là-dedans. Je crois qu'ils devraient tous retourner à l'école. Et puis l'Église continue d'utiliser la formule « intrinsèque » dans n'importe quel contexte : l'avortement est intrinsèquement mauvais, la masturbation est intrinsèquement mauvaise, la contraception est intrinsèquement mauvaise. Tout cela est parfaitement stupide. Aucune personne dotée d'un minimum d'éducation, aujourd'hui, ne peut prendre pour vraie une telle affirmation. Non seulement elle n'a pas de valeur scientifique, mais elle échappe à la logique et au simple bon sens. L'Église affirme que les homosexuels sont intrinsèquement désordonnés et mauvais. L'amour est l'amour. Et l'Église, un jour, devra l'admettre. Le problème, c'est qu'ils ont tous peur de perdre le contrôle. Et peu importe s'il n'y a plus de lien entre ce qui est prêché et la réalité. Il suffit de voir le niveau de natalité en Italie : un des plus bas du monde. Qui peut croire que ça résulte de l'abstinence et de la chasteté ?

Merci, docteur Sipe.

Post-scriptum

Je n'ai pas l'intention de présenter des excuses à quiconque.

Pas même aux prêtres que j'ai piégés.

Les sentiments que j'éprouve à la fin de ce long chemin, je les garde pour moi et pour ma conscience inquiète.

Je garde le silence.

Le silence des milliers de prêtres qui souffrent, se fustigent, vivent la paroisse comme une prison. Et pas une prison dorée.

Le silence des sœurs manipulées, abusées, ignorées.

Le silence des femmes qui vivent dans l'ombre, attendent, rêvent ; qui ont vu leur vie se dissoudre, qui se sentent coupables sans avoir commis de faute.

Le silence des enfants qui demandent : « Maman, pourquoi les autres ont un papa et pas moi ? ».

Le silence des gays, des lesbiennes, de ceux que l'on marginalise à cause de leur orientation sexuelle.

Le silence des divorcés et de ceux qui se sentent piétinés dans leur dignité de croyants.

Le silence des évêques, des cardinaux et de tous ceux qui ont apporté leur pierre au mur du secret, à l'omerta.

Le silence du pape Jean-Paul II, du cardinal Joseph Ratzinger, du pape Benoît XVI et de leurs prédécesseurs au fil des siècles.

Il n'est pas correct de recouvrir tout cela sous le bouclier humain des pauvres prêtres – la majorité – qui s'échinent à aider leur prochain.

C'est sournois.

J'ai moi aussi péché. Je ne jette pas la pierre.

Bibliographie

Abbé Pierre, *Mon Dieu... pourquoi ?* Plon, 2005.

M.-L. Abia, *Homme et femme Dieu les créa*, J&P, 2009.

J. Anderson, *Priests in Love : Roman Catholic Clergy and Their Intimate Relationships*, Continuum, 2005.

V. Andreoli, *Preti. Viaggio fra gli uomini del sacro*, Piemme, 2009.

ASETT, *Deporre i poveri dalla croce: cristologia della liberazione*, Adista, 2007.

F. Barbero, *La Bestia che seduce*, Pinerolo, 1990.

F. Barbero, *Il Dono dello smarrimento*, Pinerolo, 2000.

F. Barbero, *Olio per la lampada*, Pinerolo, 2004.

F. Barbero, *Omosessualità e Vangelo*, Gabrielli, 2008.

F. Barbero, *Solitudine : benedizione o condanna ?* Claudiana, 1980.

D. Berger, *Der heilige Schein : Als schwuler Theologe in der katholischen Kirche*, Ullstein, 2010.

F. Bollettin, *Bianco e Nera. Amanti per la pelle*, Gabrielli, 2008.

M. Bradfer, *Fils de prêtre*, L'Écriteau, 2008.

M. Brinkschröder, *Sodomals Symptom : Gleichgeschlechtliche Sexualität im christlichen Imaginären – Eine religionsgeschichtliche Anamnese*, Walter de Gruyter, 2006.

Pat Buckley, *A Sexual Life, A Spiritual Life. A Painful Journey to Inner Peace*, Liffey Press, 2005.

Pat Buckley, *A Thorn in the Side*, O'Brien Press, 1994.

M. Chiarucci, *Apri gli occhi mia chiesa. Lettere dal Brasile*, EMI, 2002.

D. Cozzens, *Freeing Celibacy*, Liturgical Press, 2006.

D. Cozzens, *Sacred Silence : Denial and the Crisis in the Church*, Liturgical Press, 2002.

D. Cozzens, *The Changing Face of the Priesthood : A Reflection on the Priest's Crisis of Soul*, Liturgical Press, 2000.

P. Cugini, *Il Futuro del Vangelo. Dal Brasile domande e proposte per la Chiesa*, EMI, 2010.

G. Denzler, *Lebensberichte verheirateter Priester*, Piper, 1989.

O. Desfonds, *Les Folles de la place Saint-Pierre*, Golias, 1996.

O. Desfonds, *Rivales de Dieu. Les femmes de prêtres témoignent*, Albin Michel, 1993.

J.-C. Deus, *Después de Ratzinger ¿ Qué ?* Península, 2009.

T. Doyle, R. Sipe, P. J. Wall, *Sex, Priests, and Secret Codes. The Catholic Church's 2 000 Year Paper Trail of Sexual Abuse*, Volt Press, 2006.

E. Drewermann, *Kleriker : Psychogramm eines Ideals*, Walter, 1989.

R. Gantier, *Confessions d'un prêtre marié*, Saint-Augustin, 2003.

R. Goss, D. L. Boisvert, *Gay Catholic Priests and Clerical Sexual Misconduct : Breaking the Silence*, Haworth Press, 2005.

K. Jäckel, *Sag keinem, wer dein Vater ist. Das Schicksal von Priesterkindern*, Bitter, 1992.

M. C. Jacobelli, *Risus Pascalis, Il fondamento teologico del piacere sessuale*, Queriniana, 1991.

P. Jenkins. *La Terza chiesa. Il cristianesimo nel XXIe secolo*, Fazi, 2004.

P. Jenkins, *Jesus Wars. How Four Patriarchs, Three Queens, and Two Emperors Decided What Christians Would Believe for the Next 1 500 Years*, Harper Collins, 2010.

P. Hermand, *Condition du prêtre : mariage ou célibat ?* Calmann-Lévy, 1969.

I millenari, *Via col vento in Vaticano*, Kaos, 1999.

A. Kaniski, *Obstinação eclesiástica e celibato sacerdotal*, Ser, 2002.

L. Laclau, *Pour l'amour d'une femme... privé d'Église*, Michel Lafon, 2008.

J. Landry, J. Potel, H. Pousset, *Femmes et prêtres mariés dans la société d'aujourd'hui*, Karthala, 1997.

G. Loizeau, *Prié de me taire. Je rêvais d'une autre Église*, Max Milo, 2009.

B. Lynch, *A Priest on Trial*, Bloomsbury, 1993.

Y. Maes, B. Slunder, *The Cannibal's Wife : A Memoir*, Herodias, 1999.

P. Manseau, *Vows : The Story of a Priest, a Nun, and Their Son*, Simon & Schuster, 2005.

J. Mantero, *Amor inconfesable*, Odisea, 2009.

C. Melina, *Vita da preti. Grazie e disgrazie del ministero sacerdotale*, Vallecchi, 2010.

J.-J. McNeill, *The Church and the Homosexuals*, Beacon Press, 1993.

J.-J. McNeill, *Sex as God Intended*, Lethe Press, 2008.

A. Murphy, *Ich, die Geliebte des Bischofs*, Goldmann, 1993.

A. Oxford, *Moi, fille de prêtre. Histoire d'un secret*, Éditions du Cygne, 2008.

N.-L. Pessinatti, *Políticas de comunicação da Igreja Católica no Brasil*, Vozes, 1998.

W.-E. Phipps, *Clerical Celibacy: The Heritage*, Continuum, 2004.

V. P. Prieto, *A Xeración « Nós ». Galeguismo e relixión*, Galaxia, 1988.

A.-W. R. Sipe, *A Secret World : Sexuality and the Search for Celibacy*, Routledge, 1990.

A.-W. R. Sipe, *Celibacy : A Way of Loving, Living and Serving*, Liguori, 1996.

A.-W. R. Sipe, *Celibacy in Crisis : A Secret World Revisited*, Routledge, 2003.

A.-W. R. Sipe, *Living the Celibate Life : A Search for Models and Meaning*, Liguori, 2004.

A.-W. R. Sipe, *Sex, Priests, and Power. Anatomy of a Crisis*, Routledge, 1995.

J.-C. Soucier, *Perfect : A Love Story*, Outskirts Press, 2008.

E. Stuart, *Chosen : Gay Catholic Priests Tell Their Stories*, Continuum, International Publishing, 1993.

E. Stuart, *Religion is a Queer Thing : A Guide to the Christian Faith for Lesbian, Gay, Bisexual and Transgendered People*, Pilgrim Press, 1998.

E. Stuart, *Gay and Lesbian Theologies : Repetitions and Critical Difference*, Ashgate Publishing, 2003.

M. Taubmann, *Femmes de prêtres*, Stock, 2003.

G. Urquhart, *Le Armate del Papa*, Ponte alle Grazie, 1996.

P.-M. Zulehner, *Wie geht's, Herr Pfarrer ?* Styria, 2010.

Remerciements

Merci à Giorgio Mulè. D'un point de vue professionnel, tout ce que je suis et tout ce que je mérite, c'est grâce à lui. Il m'a fait confiance. Il m'a offert une chance. Il m'a tout donné. Je lui ai tout donné.

Merci à Ilaria Molinari. Elle s'est occupée de ce livre comme d'un enfant. Elle l'a aidé à grandir. Elle a joué un rôle très important. Ilaria est une des meilleures journalistes de Mondadori.

Merci à mon fiancé, Michele. Intelligent, solaire, net. Je suis sûr qu'il parviendra à accomplir ses rêves.

Merci à Simone Di Meo. Si bon, si humble, efficace, disponible. Une crème de journaliste.

Merci à Vincenzo Marannano, collègue et ami.

Merci à Federico Bollettin et à Federica Bertoncello.

Merci également à Sandro Mangiaretta : sûr qu'il m'aurait donné un coup de main s'il n'avait été accaparé par la lecture de *Babilonia*, mon livre précédent.

Merci à Uschi, à Carlo Maria, à Dossy et à madame Marlis Kerber. Leur présence a agi comme un agréable rafraîchissement.

Merci à don Franco Barbero. Faire la connaissance de don Franco a été une vraie joie. Quand je lui ai demandé de m'aider, il a accepté à une condition : que le livre contienne une analyse plutôt qu'une documentation sur la sphère sexuelle des prêtres. J'ai donc fait à don Franco une promesse que je n'ai pas complètement tenue.

Ces lignes s'adressent à lui : je veux lui dire que j'étais sincère, que les choses ont changé par la suite et que je ne me sentais pas de l'informer du changement de perspective. Je redoutais trop qu'il me demande de ne pas publier sa lettre. Une lettre qui m'emplit d'émotion, qui me rend fier et enrichit ce travail.

Quoi qu'il en soit, je lui présente mes excuses sans insister davantage. Don Franco est un homme d'une profonde humanité et d'une intelligence supérieure : je suis sûr qu'il saura reconnaître la pureté de mes intentions et l'honnêteté de mon travail.

Merci aux prêtres, aux sœurs, aux hommes et aux femmes qui, sous le couvert de l'anonymat, m'ont offert leur témoignage de vie.

Merci à Daniele Nardini et à toute la rédaction de *Gay-it*.

Merci à Roberto Mirabile et à La Caramella Buona.

Merci à Carlo Musso. Prépare la chambre, j'arrive.

Autres remerciements

Chaque fois que j'ai franchi les frontières de l'Italie, j'ai profité de la contribution fondamentale de ces collègues dont j'ai beaucoup apprécié le sérieux et le professionnalisme.

À tous, mes remerciements les plus sincères, et bonne chance pour l'avenir.

Giorgia Castagnoli

Née à Rome, elle vit à Paris. Journaliste, elle collabore au *Monde des religions*, à *Rue89* et à *Micromega*. Elle travaille aussi avec les maisons d'édition Flammarion, Gallimard et Carocci.

Elle adore lire, écrire, voyager.

Jacopo Dettoni

Journaliste, il vit et travaille à Londres. Il écrit pour *Borsa&Finanza, Il Fatto, Finanza&Mercati* et *Panorama Economy*. Il compte parmi les fondateurs de *Raissa.it*, un Webmagazine d'enquêtes et d'informations sur Milan. Il voudrait changer le monde mais craint de n'en avoir pas le talent. C'est pourquoi il se contente de raconter le monde tel qu'il change.

Michele Fossi

Éclectique, sa passion de toujours est le journalisme. Il vit à Berlin depuis dix ans. Il collabore à l'*Uomo Vogue*, à *Vogue Italia*, ainsi qu'au magazine allemand *Design Hotels*. Il a participé à la rédaction, outre de deux livres d'éducation au goût pour l'association Slow Food, de *Motorcycles & Stars*, un livre de photos qui raconte l'histoire de la moto dans l'imaginaire collectif. Il est titulaire d'un doctorat en chimie biomoléculaire.

Simona Giacobbi

Carte d'identité de Plaisance, classe 1976. Elle est diplômée à Parme en langue et littérature étrangère. Après un master en communication sociale, elle s'est lancée dans le journalisme pour un quotidien local de Plaisance, *La Cronaca*. Elle vit à Toronto, au Canada, depuis 2006. Elle travaille au *Corriere Canadese*, avec pour spécialité la santé et le social.

Davide Lorenzi

Thiene, province de Vicence. Diplômé d'histoire avec une thèse sur la position de l'Église catholique durant le génocide rwandais. Il a beaucoup vécu en Afrique. Il a travaillé dans des communautés de petits chiffonniers et de réfugiés. Rentré en Italie, il s'est occupé de l'intégration scolaire des enfants rom et sinti ; il s'occupe également de trouver un abri aux personnes les plus démunies.

Paolo Manzo

Journaliste, quarante ans, diplômé en économie internationale. Spécialiste de l'Amérique latine, il a dirigé pendant six ans la rubrique internationale de l'hebdomadaire *Vita*.

En 2008, il a déménagé à São Paulo au Brésil où il est le correspondant des hebdomadaires *Panorama* et *Vanity Fair*, du mensuel *Popoli e Missione*, ainsi que des quotidiens *La Stampa*, *Il Secolo XIX*, *Europa*, *L'Eco di Bergamo*. Il écrit également pour *Giornale del Popolo* (Suisse), *Le Monde* (France) et l'hebdomadaire brésilien *Carta Capital*.

Ilaria Molinari

Journaliste, trente-quatre ans. Née à Rome, elle vit à Milan où elle travaille pour *Panorama Economy* et *Panorama*. Elle y suit l'actualité économique. Elle a vécu et travaillé en Espagne. Elle a grandi dans l'idée qu'Enzo Biagi, son mentor, était un modèle de style et d'éthique journalistique.

Erika Suban

Née à Trieste, elle a collaboré à l'antenne locale de la Rai avant d'obtenir son diplôme de science politique et de partir pour New York en 1998. Elle a obtenu là-bas un diplôme en médias à la New School University. Elle a produit et tourné un documentaire sur le rôle des femmes au sein des Nations unies. Elle a aussi travaillé pour *Il Sole 24 Ore* et pour l'hebdomadaire *Panorama*. Ses papiers paraissent dans *Panorama First*, *Il Piccolo*, *Fashion* et *Condé Nast Traveller*. Elle se passionne pour les voyages et projette de faire le tour du monde.

9956

Composition
NORD COMPO

Imprimé en Slovaquie
par NOVOPRINT SLK
le 2 avril 2012.

Dépôt légal avril 2012. EAN 9782290038376

ÉDITIONS J'AI LU
87, quai Panhard-et-Levassor, 75013 Paris

Diffusion France et étranger : Flammarion